Werner Bartens
Lexikon der Medizinirrtümer

SERIE PIPER

Zu diesem Buch

Verursachen Handys Krebs? Ist Schwitzen gesund? Woher kommt der Name Heroin? Sterben Manager häufiger an Herzinfarkt? Leiden immer mehr Menschen an Tinnitus, weil sie keine Ruhe finden? Nirgendwo sonst ist die Fortschrittsgläubigkeit so groß und der Wissensstand so flüchtig wie in der Medizin. Denn obwohl sich die Halbgötter in Weiß angeblich immer wieder neu auf Wahrheitssuche begeben, kursieren in kaum einem Bereich so viele verblüffende, erschreckende und unglaubliche Halbwahrheiten und Vorurteile – bei Ärzten und Patienten. Der Mediziner und Wissenschaftsjournalist Werner Bartens hat die populärsten Irrtümer der Medizin gesammelt: von Mode- und Zivilisationskrankheiten über eingebildete Kranke und verkannte Pioniere bis zu unbequemen Wahrheiten über Cholesterin, Krebs und das ewige Leben.

Dr. Werner Bartens, geboren 1966, ist Arzt, Historiker, Journalist und Autor. Er ist in der Wissenschaftsredaktion der Süddeutschen Zeitung tätig und lebt in München. Zuletzt veröffentlichte er »Dem Leben auf der Spur«, »Was hab ich bloß? Die besten Krankheiten der Welt«, »Lexikon der Medizinirrtümer«, »Die Krankmacher« und »Das neue Lexikon der Medizinirrtümer«.

Werner Bartens

Lexikon der Medizinirrtümer

Halbwahrheiten, Vorurteile, fragwürdige Behandlungen

Ein Eichborn. Lexikon

Piper München Zürich

Dieses Taschenbuch wurde auf FSC-zertifiziertem Papier gedruckt. FSC (Forest Stewardship Council) ist eine nichtstaatliche, gemeinnützige Organisation, die sich für eine ökologische und sozialverantwortliche Nutzung der Wälder unserer Erde einsetzt (vgl. Logo auf der Umschlagrückseite).

Ungekürzte Taschenbuchausgabe
Piper Verlag GmbH, München
April 2006

Umschlag/Bildredaktion: Büro Hamburg
Heike Dehning, Charlotte Wippermann,
Alke Bücking, Daniel Barthmann
Foto Umschlagvorderseite: Mark Tomalty/Zefa/Masterfile
Foto Umschlagrückseite: Ilja Clemens Hendel
Papier: Munken Print von Arctic Paper Munkedals AB, Schweden
Gesamtherstellung: Clausen & Bosse, Leck
Printed in Germany
ISBN-13: 978-3-492-24476-3
ISBN-10: 3-492-24476-9

www.piper.de

Halbwahrheiten, Vorurteile, fragwürdige Behandlungen

INHALT

Vorwort

Sind Brennnesseln gut gegen Rheuma? Erhöht Salz den Blutdruck? Ist Schwitzen gesund? Sterben Manager häufiger an Herzinfarkt? Ist Cholesterin gefährlich? Macht Liebe blind? Verursachen Handys Krebs? Kann man sich beim Küssen mit Aids anstecken? Es gibt Fragen, bei denen auch Ihr Arzt oder Apotheker nicht auf Anhieb weiterweiß. Denn in kaum einem Bereich gibt es so viel profundes Halbwissen wie in der Medizin. Gesundheit und Krankheit sind zwar ein weites Feld für Erklärungen und gute Ratschläge, aber auch für Mythen, Vorurteile und Ammenmärchen.

Viele Behauptungen sind uns seit Kindertagen vertraut. Aber sind sie deshalb richtig? Macht Senf wirklich dumm und sauer lustig? Soll man Zecken tatsächlich erst mit Klebstoff oder Öl ersticken, bevor man sie aus der Haut entfernt? Manche Empfehlungen und Warnungen leuchten sofort ein, andere erscheinen ziemlich abstrus. In diesem Buch sind populäre Irrtümer und Halbwahrheiten aus den Bereichen Medizin und Gesundheit von A bis Z versammelt. Oft ist es verblüffend, welche allgemein akzeptierten Glaubenssätze sich als falsch oder zumindest fragwürdig herausstellen, wenn man genauer hinschaut. Mindestens so verblüffend ist es, dass sich Medizin und Wissenschaft mit vielen Alltagsfragen noch kaum beschäftigt haben.

Ich versuche, Mythen und Vorurteilen in der Medizin und rund um das Thema Gesundheit auf den Grund zu gehen. Dazu habe ich Ärzte und Grundlagenforscher gefragt, sowie immer wieder die medizinische Fachliteratur zu Rate gezogen, die ich auszugsweise als Quellen angegeben habe. Wer sich mit der Heilkunde beschäftigt, merkt bald: Medizin und medizinische Forschung haben durchaus auch ihre amüsanten Seiten. »Die Wissenschaft hat festgestellt, dass Marmelade Fett enthält«, »Coca-Cola Schnaps enthält« und »Knackwurst Pferdefleisch enthält« – von mehr oder weniger abseitiger oder erstaunlich lebensnaher Forschung wissen schon Kinder ein Lied zu singen. Ich habe deshalb auch Kurioses und Komisches aus Medizin und Wissenschaft für dieses Buch gesammelt, besonders wenn es unserer Erwartungshaltung zuwiderläuft.

Manche Halbwahrheiten der Medizin hatten früher durchaus ihre Berechtigung und enthalten mehr als ein Körnchen Wahrheit. Wenn sie heute trotzdem falsch und überholt erscheinen und auf unsere Lebensumstände nicht mehr zutreffen, versuche ich zu erhellen, wie sich diese Vermutungen entwickelt haben könnten und auf welchen Vorstellungen sie beruhen. Denn die Art und Weise, wie Beschwerden erklärt werden, oder welche Kur als hilfreich gilt, verrät heute wie früher etwas darüber, was die Menschen beschäftigt, wovor sie Angst haben und wovon sie sich überfordert fühlen. Das Reden über Krankheit, das Ringen um die richtige Lebensführung und die beste Behandlung geben Auskunft über den jeweiligen Glauben an heilsame Wirkungen und schädliche Einflüsse.

Nicht nur so genannte Laien, auch Ärzte sitzen verblüffend oft Irrtümern und Vorurteilen auf. Vielleicht ist das der Grund, warum in jedem ärztlichen Fachbuch gleich am Anfang steht: »Medizin als Wissenschaft ist ständig im Fluss«. Doch obwohl sich die Medizin ständig neu auf Wahrheitssuche begibt, existieren auch innerhalb des ärztlichen Standes bemerkenswert viele Mythen und Unwahrheiten, die sich halten. Manche Mediziner brauchen lange, um sich von einer lieb gewonnenen Lehrmeinung zu verabschieden. Es ist auch für Ärzte nicht leicht, den Glauben an heilsame Wirkungen, schädliche Einflüsse oder besondere Formen der Behandlung aufzugeben.

Bei vielen Therapien glaubten die Mediziner zunächst uneingeschränkt, ihren Patienten etwas Gutes zu tun. Erst Monate oder Jahre später – etwa in der Contergan-Affäre Anfang der 1960er-Jahre oder bei der Behandlung von Herzrhythmusstörungen mit einer bestimmten Medikamentengruppe in den 1980er-Jahren – stellten sich fatale Nebenwirkungen heraus.

Einige Ärzte haben nicht Patienten oder gar Gesunde als menschliche Versuchskaninchen für ihre Studien benutzt, sondern im mehr oder weniger heroischen Selbstversuch eine Theorie zu bestätigen versucht. Manchmal wurden auf diese Weise Durchbrüche der Medizin erzielt, andere Forscher bezahlten ihren wissenschaftlichen Wagemut mit dem Leben.

Wer sich regelmäßig über Denk- und Fragwürdiges aus der Wissenschaft informieren möchte, dem seien noch die Arbeiten von zwei Kollegen empfohlen: Klaus Koch schreibt für verschiedene deutsche

Zeitungen und hat schon so manchen Mythos entlarvt. Er macht seine Artikel – thematisch von A bis Z geordnet – im Internet frei zugänglich (www.evibase.de). Christoph Drösser beantwortet in seiner Kolumne »Stimmt's?« in der »Zeit« Fragen des Alltags aus allen Wissensgebieten.

Hilfe und Anregungen für Fragen und Antworten haben viele Freunde, Bekannte und Kollegen gegeben. Ich danke herzlichst Silke – sowie in alphabetischer Reihenfolge:

Ulrich Bröckling, Alexander Dick, Martina Dören, Yngve Falck-Ytter, Martin Fischer, Christof Goddemeier, Martin Halter, Florian Heinen, Eckart von Hirschhausen, Stefan Hupka, Klaus Koch, Stefan Kohlbrenner, Tobias Korenke, Jakob Matschke, Heymut Omran, Martin Reincke, Julian Stalter, Christian Strub, Rudolf Walther, Andreas Weigel. Jetzt darf nicht der Satz fehlen, dass alle Fehler in diesem Buch trotzdem nur in meiner Verantwortung oder in der des behandelnden Arztes liegen. In diesem Sinne: Bleiben Sie gesund!

Abtreibung I

Wenn die Abtreibungsregelung liberalisiert wird, werden auch mehr Abtreibungen vorgenommen.

Das ist nicht anzunehmen, wenn man die bisherigen Erfahrungen aus vielen anderen Ländern zugrunde legt. In Frankreich etwa, den Benelux-Staaten und den skandinavischen Ländern wurde die Abtreibung in der zweiten Hälfte des 20. Jahrhunderts zunehmend liberalisiert. Danach kam es nicht etwa zu einem Anstieg der Abtreibungen, wie von Kritikern befürchtet, sondern die Zahl der Schwangerschaftsabbrüche blieb weitgehend konstant.

A

Dies lässt sich konkret für einzelne Länder belegen: Forscher schätzen, dass weltweit die Rate der Abtreibungen zwischen 32 pro 1.000 Frauen und 46 pro 1.000 Frauen schwankt, wobei in diese Berechnung alle Frauen im Alter zwischen 15 und 44 Jahren einbezogen sind. Die höchsten Raten finden sich in den Nachfolgestaaten der ehemaligen Sowjetunion mit 112 Abtreibungen pro 1.000 Frauen, in manchen osteuropäischen Staaten sind es sogar 186 pro 1.000. Im Gegensatz dazu kommt es in den Niederlanden, wo bekanntlich die liberalste Abtreibungsregelung gilt, nur zu durchschnittlich fünf Abtreibungen pro 1.000 Frauen.

Es ist ja nicht so, dass die Frauen gern eine Abtreibung vornehmen lassen, wie von Gegnern einer liberaleren Abtreibungsregelung immer wieder behauptet wird, und dass sie nur auf eine Lockerung der Gesetze warten. Zudem zeigt die Erfahrung: Wenn eine Frau wirklich abtreiben lassen will, findet sie – unabhängig von der Gesetzeslage – überall einen Weg dazu.

Literatur:
Kulczycki A, Potts M, Rosenfield A: Abortion and fertility regulation. Lancet 1996; 347:1663–1668

Abtreibung II

Die Abtreibung mit einem Medikament (Mifegyne, früher RU 486) ist für Frauen aus medizinischen Gründen zu gefährlich.

Die medikamentöse Abtreibung ist für Frauen nicht riskanter als andere Formen der Abtreibung. Die medizinische Gefährdung der Frauen wird von Ärzten als nicht größer eingeschätzt als bei einer operativen Abtreibung; viele Mediziner halten sie sogar für schonender. Erfahrungen aus anderen Ländern zeigen, dass das Medikament bei rund 97 Prozent der Frauen sicher und zuverlässig wirkte, ohne dass gravierende Nebenwirkungen auftraten. Bei den übrigen drei Prozent kam es trotz der Behandlung zu einer Fortsetzung der Schwangerschaft oder die Frucht wurde nicht vollständig ausgestoßen. Ganz selten kam es auch zu Blutungen oder Infektionen.

Jahrelang wurde debattiert, ob Mifegyne in Deutschland zugelassen werden soll. Das Mittel führt zu einer Abstoßung der Leibesfrucht nach der Einnistung in die Gebärmutter. Es kann nur in den ersten Wochen der Schwangerschaft angewendet werden. Ab der achten, neunten Woche verliert es zunehmend an Wirksamkeit. Danach sollte es nicht mehr verabreicht werden.

Aus politischen Gründen wurde die »Abtreibungspille« hier zu Lande jedoch nicht gewollt. Frauen werde die Abtreibung »zu leicht« gemacht, hieß es von Gegnern der Zulassung. Im November 1999 wurde Mifegyne dann trotzdem auf den Markt gebracht. Allerdings durfte es – um Missbrauch zu verhindern – nur direkt an die Ärzte ausgeliefert werden. Das kostete die Firma Femagen 15 Euro pro Sendung. Im Jahr 2001 stellte das Unternehmen den Vertrieb des Medikaments ein. Der Abbruch mit der Pille war in Deutschland fortan nur noch schwer möglich.

Die Ärzte haben an der medikamentösen Abtreibung nichts verdienen können und daher das Mittel kaum angefordert, so eine plausible Erklärung. Mit etwa 140 Euro wurde die Behandlung vergütet. 80 Euro entfielen auf die Pille – davon bekamen die Ärzte nichts. Für die aufwendige Betreuung und die bis zu dreimaligen Besuche der Patientin blieben den Medizinern nur etwa 60 Euro vor Steuern übrig. Viel zu wenig, um kostendeckend arbeiten zu können. Für einen operativen Abbruch hingegen erhalten die Ärzte bis zu 350 Euro. Ergebnis: Viele Gynäkologen boten die Abtreibung per Pille gar nicht erst an. Nur 4,5 Prozent aller Abtreibungen in Deutschland wurden im ersten Quartal des Jahres 2000 medikamentös vorgenommen. In Frankreich und Schweden beträgt die Quote 35 Prozent. In beiden Ländern wird der chirurgische und der medikamentöse Abbruch mit der gleichen Summe vergütet.

Durch das Honorarsystem, das Ärzten in diesem Fall die Wahl lässt, den Wünschen der Frauen nicht zu entsprechen oder patientinnenorientiert, aber unrentabel zu arbeiten, wurde die »Pillen-Abtreibung« den Frauen in der Tat »nicht leicht« gemacht. Sie konnten schließlich kaum wählen. Was den Gegnern eines Abbruchs mit Mifegyne durch weltanschauliche Argumente nicht gelang, erreichten sie unter Ausnutzung der Gesetzmäßigkeiten des freien Marktes.

Die Honorare werden vom Bewertungsausschuss festgelegt, der mit Vertretern der Kassen und der Kassenärztlichen Bundesvereinigung besetzt ist. Trotz massiver Proteste und der Forderung – etwa von pro familia und etlichen Ärzten – nach einer Neubewertung der ärztlichen Leistungen für den Schwangerschaftsabbruch hat sich bisher nichts getan.

Die Gegner der Zulassung von Mifegyne sind mit Hilfe der niedrigen Bewertung vorerst zum Erfolg gekommen: Das Mittel hat sich in Deutschland nicht durchgesetzt. Benachteiligt davon sind die Ärzte, die Frauen die optimale Behandlung zukommen lassen wollen, die Firma Femagen – und die Patientinnen, die nicht mehr die freie Wahl des Abbruchs haben. Es sei denn, sie bezahlen ihn selbst.

Literatur:

Peyron R, Aubeny E, Targosz V, et al: Early termination of pregnancy with mifepriston (RU 486) and the orally active prostaglandin misoprostol. New England Journal of Medicine 1993;328:1509-1513

Ulmann A, Silvestre L: RU 486: the French experience. Human Reproduction 1994; (Suppl. 1):126-130

A

Aderlass

Der niederländische Arzt und Philosoph Johan Baptist van Helmont (1579–1644) stellte in seinen naturphilosophischen Schriften viele Methoden der Medizin in Frage. Seine Ideen zum »Lebensgeist« und zu den magischen Wirkungen des Magnetismus trugen ihm jahrelange Verfolgungen der Kirchen (inklusive eines Prozesses vor der Inquisition) und vieler medizinischer Fakultäten ein. Erst zwei Jahre nach seinem Tod wurde Helmont von der katholischen Kirche rehabilitiert.

Helmont bezweifelte den Sinn des Aderlasses, der eine der verbreitetsten medizinischen Behandlungsformen im 17. Jahrhundert war. Er schlug deshalb eine Untersuchung vor, die fast heutigen Qualitätsanforderungen entsprach. Denn für die Studie war eine genügend große Teilnehmerzahl vorgesehen, eine zufällige Zuordnung (Randomisierung) der Probanden und eine halbwegs befriedigende statistische Auswertung. Die Studie hätte in die Medizingeschichte eingehen können. Es ist nicht überliefert, warum es nie zu diesem Experiment kam.

Vielleicht lag es an dem geplanten Versuchsaufbau und vor allem an den abschließenden Bewertungskriterien für Erfolg oder Misserfolg des Aderlasses. Helmont wollte 200 bis 500 »arme Leute« durch Losentscheid in zwei Gruppen aufteilen. Den Mitgliedern der einen Gruppe sollte so viel Blut entnommen werden, wie es die Befürworter des Aderlasses für therapeutisch sinnvoll hielten. Den Probanden der anderen Gruppe sollte die blutige Prozedur erspart bleiben. Als Maßstab für die Wirksamkeit der Behandlung schlug Helmont einen Vergleich der Anzahl der Begräbnisse vor, die in beiden Gruppen notwendig wurden. Trotz des ebenso einfachen wie überzeugenden Studienaufbaus schienen die Befürworter des Aderlasses jedoch nicht zu einer solchen Untersuchung bereit zu sein.

Literatur:
Debus AG: Chemists, physicians, and changing perspectives on the scientific revolution. Isis 1998;89:66-81

Aids I

Man kann sich beim Küssen, im Schwimmbad, durch Insekten oder durch gemeinsam benutztes Geschirr mit Aids infizieren.

Über wenige Krankheiten existieren so viele Mythen wie über Aids. Besonders zu den Möglichkeiten der Ansteckung gibt es die erstaunlichsten Theorien. Nachgewiesen ist, dass eine Ansteckung mit dem HI-Virus durch Geschlechtsverkehr und durch Blutübertragung möglich ist, wobei die Infektiösität deutlich geringer ist als etwa die des Hepatitis-B-Virus, der schwere Leberentzündungen verursachen kann.

Aids wird nicht durchs Küssen übertragen. In der Fachliteratur ist kein einziger Fall bekannt, wonach jemand durch noch so intensives Küssen angesteckt worden wäre. Zwar wird immer wieder darauf hingewiesen, dass nach einer Zahnoperation oder bei starkem Zahnfleischbluten theoretisch eine Übertragung möglich sei, praktisch kam dies bisher jedoch noch nicht vor.

Gleiches gilt für das gemeinsame Benutzen von Geschirr oder das Trinken aus demselben Glas oder derselben Flasche. Außerhalb des Körpers und außerhalb von Körperflüssigkeiten oder speziellen Nährmedien sind HI-Viren nicht überlebensfähig. Auch hier findet keine Übertragung statt und ist keine Ansteckung zu befürchten. In der Fachliteratur sind verschiedene Fälle dokumentiert, in denen ein HIV-Infizierter jemanden gebissen hat. Meist handelte es sich um infizierte Gefängnisinsassen, die Polizisten oder das Aufsichtspersonal bissen. Auch wenn es durch den Biss zu starken Fleischwunden kam, wurde keiner der Gebissenen infiziert. In Schwimmbädern besteht ebenfalls keine Gefahr der Infektion. Das Wasser ist so stark gechlort und desinfiziert, dass hier kaum ein Keim überlebt – erst recht nicht die HI-Viren.

Schwieriger ist die Abschätzung der Ansteckungsgefahr bei anderen sexuellen Praktiken. Beim Oralverkehr ist das Risiko einer Infektion zwar geringer als beim vaginalen Verkehr, doch ist nicht ausgeschlossen, dass über die Spermien oder die Scheidenflüssigkeit Viren übertragen werden.

Aids II

Die Gefahr durch Aids ist in Europa und den USA gebannt.

Diesen Eindruck müssen Kranke und jene, die sich um die Kranken und Infizierten kümmern, hier zu Lande gegenwärtig bekommen. Denn die Zuschüsse für Aids-Hilfsorganisationen werden gekürzt, und die Aufmerksamkeit für die früher sensationsheischend als »Lustseuche« bezeichnete Erkrankung ist bis auf die rituellen Gedenktage verloren. Auf die Aids-Hysterie Ende der 1980er-Jahre folgte seit Mitte der 1990er-Jahre eine neue Gleichgültigkeit.

A

Zwar gibt es eine Reihe neuer Medikamente, die den Ausbruch der Erkrankung hinauszögern. Und auch die Rate der Neuinfektionen ist zumindest in Deutschland rückläufig. Auch ist mittlerweile bekannt, dass Aids nicht mehr zwangsläufig einem sofortigen Todesurteil gleichkommt, sondern für manche Infizierte den Charakter einer chronischen Krankheit annehmen kann.

Doch auch in Deutschland sterben Jahr für Jahr etwa 600 Menschen an Aids. Und selbst hier müssen 20 Prozent der HIV-Infizierten als austherapiert angesehen werden, das heißt, medikamentös lässt sich ihr Zustand nicht mehr verbessern. Manche Erreger sind sogar gegen die neuesten Therapie-Kombinationen resistent geworden.

Global wird die Situation immer schlimmer. Nach Zahlen der WHO und der Aids-Organisation der Vereinten Nationen sind weltweit im Jahr 2002 mehr als drei Millionen Menschen an Aids gestorben, seit Ausbruch der Seuche bereits mehr als 26 Millionen. Rund 42 Millionen Menschen tragen das HI-Virus in sich. Diese Zahlen liegen um mehr als 50 Prozent höher als die ursprünglichen Schätzungen der WHO aus dem Jahr 1991. In Afrika ist die Situation am verheerendsten. Nach UN-Angaben wird in den kommenden Jahren mehr als die Hälfte der afrikanischen Bevölkerung an Aids sterben.

Aids III

Wenn viele Afrikaner an Aids sterben, haben die anderen mehr Geld zur Verfügung und bessere Lebensbedingungen.

Eine zynische Rechnung, die hinter vorgehaltener Hand jedoch immer wieder zu hören ist. In Afrika werden die Länder südlich der Sahara am schlimmsten von dem Virus heimgesucht. Etwa drei Viertel aller weltweiten Neuinfektionen, Erkrankungen und Todesfälle werden aus diesen Regionen gemeldet. In Botswana, Namibia, Zimbabwe und Südafrika sind schon mehr als 30 Prozent der 15- bis 49-Jährigen HIV-infiziert. In Botswana sind 38,8 Prozent der Gesamtbevölkerung HIV-positiv, in Zimbabwe 33,7 Prozent.

Bei dieser Krankheitshäufigkeit dürften die Folgen für die Länder alle Befürchtungen übertreffen. Tausende Aids-Waisen wachsen hier in eine ungewisse Zukunft heran. Bereits heute ist Aids eine erhebliche Bedrohung für die Wirtschaft in den ohnehin armen Ländern. Schätzungen der WHO gehen davon aus, dass die Seuche die Wachstumsrate der Wirtschaft in Südafrika jährlich um 0,3 bis 0,4 Prozent senkt. Daher wird prognostiziert, dass das Bruttoinlandsprodukt im Jahr 2010 um 17 Prozent niedriger ausfallen wird. Sogar in Botswana, das etwas wohlhabender als andere südafrikanische Länder ist, wird die Aids-Epidemie in den nächsten Jahren den Staatshaushalt zu etwa 20 Prozent belasten.

Aids IV

Aids breitet sich in Afrika immer weiter aus.

Im Jahr 2003 sind ungefähr drei Millionen Menschen weltweit an Aids gestorben, seit Ausbruch der Seuche sind es bereits mehr als 26 Millionen. Fünf Millionen infizierten sich allein im Jahr 2003 neu. Nach offiziellen Angaben tragen rund 42 Millionen Menschen das HI-

Virus in sich. UNAIDS, die Aids-Organisation der Vereinten Nationen, stellt gemeinsam mit der WHO fest, dass die Region südlich der Sahara nach wie vor am schlimmsten von Aids betroffen ist. Dort sind nach Schätzungen vom Dezember 2003 zwischen 25 und 28 Millionen Menschen von dem Virus infiziert, das heißt etwa acht Prozent der Bevölkerung zwischen 15 und 49 Jahren. Allein im Jahr 2003 starben 2,3 Millionen Menschen im südlichen Afrika an Aids.

Dennoch gibt es vereinzelt Regionen in Afrika, in denen weiterhin relativ niedrige Infektionsraten oder ein leichter Rückgang der Zahl der Neuinfektionen beobachtet werden können. Die Unterschiede sind enorm: In Mauretanien ist »nur« ein Prozent der erwachsenen Bevölkerung infiziert. In Botswana und Swaziland tragen hingegen fast 40 Prozent das Virus. In Senegal und Uganda haben Präventionsprogramme beachtliche Erfolge gezeitigt: In der ugandischen Metropole Kampala fiel die Rate der Infizierten auf 8 Prozent. Und in der ruandischen Hauptstadt Kigali sank der Anteil der HIV-positiven Schwangeren von 35 Prozent auf 13 Prozent innerhalb der vergangenen zehn Jahre. In Malawi ist der Anteil der HIV-infizierten schwangeren Frauen von 23 Prozent 1996 auf 15 Prozent im Jahr 2001 zurückgegangen. In Zimbabwe ging die Rate der HIV-Infektionen von 34 auf 25 Prozent zurück. In Äthiopien lässt sich eine ähnliche Entwicklung von 24 auf 11 Prozent für die Jahre 1995 bis 2003 beobachten.

Die in manchen Ländern stabilen oder sogar sinkenden Infektionsraten geben jedoch nur sehr bedingt Anlass zur Hoffnung – denn die Gesamtzahl der Infizierten und Erkrankten ist immer noch sehr hoch. Sicher gehen manche Erfolge auf lokale Aufklärungsprogramme und Schutzmaßnahmen zurück. In vielen Fällen zeigt die relative Stabilisierung aber lediglich, wie verheerend die Seuche bereits in manchen Ländern Afrika gewütet hat: In der Region südlich der Sahara sind nach Erhebungen von UNAIDS mancherorts schon so viele Menschen infiziert, dass immer weniger für eine Neuansteckung in Frage kommen. Nur in wenigen Staaten wie Uganda sinken die Infektionsraten aufgrund erfolgreicher Vorsorgemaßnahmen.

Alkohol I

Alkohol ist gut für das Herz.

In Maßen stimmt das zwar: Geringer bis mäßiger Alkoholkonsum scheint das Risiko für Herzinfarkt und Gefäßverkalkung tatsächlich zu senken. Dies trifft beispielsweise zu, wenn man mehr als fünf Gramm, aber weniger als 30 Gramm puren Alkohols täglich zu sich nimmt. Ein hochprozentiger Drink enthält bereits 10 bis 15 Gramm Alkohol, ein halber Liter Bier sogar etwa 25 Gramm Alkohol.

Warum Alkohol der Gesundheit nutzen kann, ist von der Wissenschaft noch nicht völlig verstanden worden. Der Nutzen schwindet allerdings schnell, wenn größere Mengen konsumiert werden. Beträgt der tägliche Konsum beispielsweise mehr als 50 Gramm, ist Alkohol für das Herz sogar schädlich – zumeist, indem er zu Schädigungen des Herzmuskels oder zu Herzrhythmusstörungen führt.

Bei dieser Alkoholmenge steigt außerdem das Krebsrisiko für verschiedene Organe deutlich an, zudem wird die Leberfunktion beeinträchtigt und schließlich – bei regelmäßigem Konsum – sogar dauerhaft geschädigt. Die Sterblichkeit steigt durch Alkoholkonsum in höherer Dosierung ebenfalls erheblich an. Gegenwärtig wird starken Trinkern jedoch empfohlen, ihren Konsum nicht ganz zu beenden, sondern auf ein bis zwei Drinks täglich zu begrenzen, da sie dann von den positiven Wirkungen profitieren könnten.

Literatur:
Doll R, Peto R, Hall E, et al.: Mortality in relation to consumption of alcohol. 13 years observation on male British doctors. British Medical Journal 1994;309:911-914
Gazziano JM, Buring JE, Breslow JL, et al: Moderate alcohol intake, increased levels of high density lipoprotein and its subfractions and decreased risk of myocardial infarction. New England Journal of Medicine 1993;329:1829-1832
Klatsky AL: Can »a drink a day« keep a heart attack away? Patient Care 1995;29:39-42

Alkohol II

Alkoholkonsum belebt die Wirtschaft.

Wenn man alle Faktoren – also nicht nur die Herstellung und den Vertrieb, sondern auch die »Nebenwirkungen« – einbezieht, stimmt das nicht. Allein in den USA werden 100.000 Todesfälle jährlich auf Alkoholeinfluss zurückgeführt, davon entfallen die Hälfte auf Unfälle. Bei der Hälfte aller Verkehrsunfälle war Alkohol im Spiel. Werden die beschädigten Autos durch neue ersetzt oder repariert, kurbelt das die Wirtschaft natürlich an.

Bei dieser zynischen Rechnung wird allerdings vergessen, dass durch die Todesfälle auch potenzielle Konsumenten »wegfallen« – denn wer soll beispielsweise das beschädigte Auto reparieren lassen oder ein neues kaufen, wenn die Insassen ums Leben gekommen sind? Schätzungen zufolge »kostet« der Alkohol allein die amerikanische Gesellschaft jährlich zwischen 100 Milliarden und 130 Milliarden US-Dollar.

Literatur:
Speicher, CE.: Rationale Labordiagnostik, Bern 2001

Alkohol III

Nach einem Alkoholrausch verschwindet der »Kater« durch ein Gläschen am nächsten Morgen.

Diese alte Regel wird von munteren Zechern zwar immer wieder gern zitiert – sie ist aber medizinisch fragwürdig. Die bei manchen Menschen vorhandene Lust auf ein Gläschen am Morgen nach einem Trinkgelage ist noch wenig erforscht. Zwei Erklärungen zu diesem Phänomen gibt es jedoch: Der Körper ist nach dem Genuss von Höherprozentigem noch ausgetrocknet (was von manchen Medizinern als Ursache des Katers angesehen wird), da Alkohol einen stark harntreibenden Effekt hat, der auch noch Stunden nach Ende der Trinkerei anhält. Demnach wäre der Wunsch nach einem »Gläschen danach« eher der Wunsch nach irgendeiner Flüssigkeit.

Eine weitere Erklärung: Der Kater entsteht durch das in vielen alkoholischen Getränken in Spuren vorhandene Methanol, einen Alkohol, der in schweren Zeiten schon mal als Schnapsersatz herhalten musste, aber zu Erblindung und sogar zum Tod führen kann. Im Körper wird Methanol zu den giftigen Substanzen Formaldehyd und Ameisensäure umgewandelt, was typische Katersymptome wie Brummschädel und Übelkeit auslösen kann. Stimmt die Methanol-Hypothese, würde das »Gläschen danach« sogar Sinn machen. Denn »richtiger« Alkohol blockiert die Synthese von Formaldehyd und Ameisensäure, wodurch der Kater eventuell wirklich schneller wieder verschwindet.

Wissenschaftlich hieb- und stichfest ist dieses These allerdings nicht. Gut möglich, dass das Gläschen danach nur einem einzigen Zweck dient: Es ist ein Ritual, mit dem der Zustand des Rausches möglichst schnell wieder hergestellt werden soll.

Alkohol IV

Den anderen »schönsaufen«.

Männer und Frauen können sich einen anfangs mäßig attraktiven Partner »schönsaufen«.

Das deprimierende Ergebnis von wissenschaftlichen Studien lautet: Bei Frauen funktioniert das »Schönsaufen« nicht, bei Männern schon. Dies ist zumindest die Erkenntnis, die auf mehrere Untersuchungen in Single-Kneipen beruht. Das Vorgehen der Forscher war jedes Mal ähnlich: Gegen sieben Uhr abends waren die meisten Besucher noch nüchtern. Um diese Zeit hatten Männer eine Frau auf einer Skala zwischen null und zehn nach ihrem Äußeren zu bewerten. Wenn die Männer am frühen Abend die Note fünf vergaben, wurde die Frau mit steigendem Alkoholkonsum und fortschreitender Zeit immer attraktiver. Gegen zehn Uhr abends kam sie bereits auf die Note 7,5 und gegen Mitternacht wurde sie sogar bei der Note 8,5 eingestuft.

Bei Frauen wirkt sich der Alkohol nicht so positiv auf die Wahrnehmung der Männer aus. Wenn die Damen einem Mann am frühen Abend die Note fünf gaben, änderten sie ihre Einschätzung auch Stunden später und nach mehreren Drinks nicht. Der Alkohol trug bei den Frauen nicht dazu bei, dass sich die Attraktivität des Mannes für sie erhöhte. In einigen Untersuchungen wurden die Männer mit zunehmendem Alkoholkonsum der Frauen sogar immer weniger begehrenswert. »Die/den sauf' ich mir schön« ist also eine Maxime, die nur auf Männer zuzutreffen scheint.

A

Alkohol V

Unter den Alkoholika hat nur Rotwein einen »schützenden« Einfluss auf das Herz.

Zwar ist der Rotwein das populärste unter den angeblich das Herz schützenden, das heißt »kardioprotektiven« alkoholischen Getränken. Doch auch Weißwein, Rosé, Bier und selbst Schnaps und andere harte Drinks haben bis zu einer gewissen Dosis einen positiven Einfluss auf die Gefäßverkalkung und die Einengung der Herzkranzgefäße.

Da Franzosen und Italiener eine höhere Lebenserwartung haben als Mittel- und Nordeuropäer, wurde das recht bald auf ihre Ernährung und die anderen Lebensumstände zurückgeführt. Und in den mediterranen Ländern wird nun einmal mehr Rotwein als Weißwein, Bier, Schnaps oder andere Alkoholika getrunken. Dass in den südlichen Ländern auch mehr Olivenöl und andere pflanzliche Fette konsumiert werden, die sich ebenfalls günstig auf das Herzinfarktrisiko auswirken, wurde lange Zeit nicht so positiv aufgenommen wie die Kunde vom angeblich herzschützenden Rotwein. Hier ergänzten sich schließlich Gesundheitsbewusstsein und Lebenslust.

Auch eine große amerikanische Untersuchung aus dem Jahr 2003 konnte nicht die endgültige Erklärung für den angeblich so unterschiedlichen Schutzeffekt der Alkoholika liefern. Mediziner aus Boston hatten zwischen 1986 und 1998 mehr als 38.000 Männer untersucht und nach ihren Trinkgewohnheiten befragt. Zwar zeigte sich, dass bei den Männern mit mäßigem Alkoholkonsum (drei oder vier Tage die Woche zwei oder drei Gläser Bier, Wein oder Schnaps) weniger Herzinfarkte auftraten (33 von 1.000 innerhalb von zwölf Jahren) als bei Männern, die in diesem Zeitraum vollkommen abstinent blieben (50 von 1.000). Bei starkem Alkoholkonsum stieg das Risiko für Herzinfarkt aber wieder an. Es ließ sich allerdings nicht nachweisen, ob eine Art Alkohol schützender wirkte als die andere. Auch die Unterscheidung, ob der Alkohol zu den Mahlzeiten oder unabhängig davon getrunken wurde, schien sich nicht auf der Herzinfarktrisiko auszuwirken.

A

Literatur:
Valmadrid CT, Klein R, Moss SE, et al: Alcohol intake and the risk of coronary heart disease mortality in persons with older-onset diabetes mellitus. Journal of the American Medical Association 1999;282:239-246
Mukamal KJ, Conigrave KM, Mittleman MA, et al: Roles of drinking pattern and type of alcohol consumed in coronary heart disease in men. New England Journal of Medicine 2003;348:109-118

Alkohol VI

Frauen trinken – wenn sie trinken – deutlich weniger als Männer.

Insgesamt trinken Frauen weniger als Männer. Das ist unbestritten. Fast zwei Drittel der Männer, aber nur ein Drittel der Frauen nehmen regelmäßig, das heißt täglich oder mehrmals in der Woche, alkoholische Getränke zu sich. Doch die fast 70 Prozent der Frauen, die unregelmäßig Alkohol trinken, tun dies dann in größeren Mengen. Alkoholforscher halten das Verhalten der Frauen für risikoreicher in Bezug auf eine mögliche Abhängigkeit. Denn der mäßige, aber regelmäßige Alkoholkonsum, wie er typisch für die meisten Männer ist, wirkt sich günstiger auf die Gesundheit aus als das Trinkverhalten der Frauen.

In den vergangenen Jahren konnte übrigens festgestellt werden, dass bei den Frauen insgesamt ein Anstieg des Alkoholkonsums zu verzeichnen ist, während Männer weniger Alkohol zu sich nehmen.

Literatur:
Hoffmeister H, Schelp FP, Mensink GB, et al: The relationship between alcohol consumption, health indicators and mortality in the German population. International Journal of Epidemiology 1999;6:1066-1072

Alkohol VII

Jugendliche und junge Erwachsene trinken am meisten Alkohol.

Falsch, in dieser Altersgruppe fällt der Alkoholkonsum nur erstmalig auf. In der mittleren Altersgruppe zwischen 36 und 59 Jahren ist der Alkoholkonsum am größten. Über den Alkoholkonsum in Deutschland gibt es Daten aus drei nationalen Gesundheits-Erhebungen aus den Jahren 1985, 1988 und 1991. Insgesamt ist der Alkoholkonsum demnach seit den 1970er-Jahren deutlich zurückgegangen. In allen drei Untersuchungen zeigte sich, dass die Altersgruppe der Jugendlichen und jungen Erwachsenen nicht den meisten Alkohol zu sich nahm, sondern die der mittelalten Erwachsenen.

Alkohol VIII

Mäßiger, aber regelmäßiger Alkoholkonsum führt in die Abhängigkeit.

Im Einzelfall mag das so sein. Für die Mehrzahl der regelmäßigen Alkoholkonsumenten trifft dies jedoch nicht zu. Denn in allen Untersuchungen zum Alkoholkonsum in Deutschland zeigte sich, dass Menschen in einem höheren Lebensalter ihren Alkoholkonsum wieder vermindern. Die größte Menge wird bei den 40- bis 60-Jährigen konsumiert. Vorher ist der Verbrauch geringer (s.o.), später fällt er wieder ab.

Alkohol IX

Mehr als 3,5 Promille im Blut kann man nicht überleben.

A

Der Deutsche gilt an sich als trinkfest. In jüngster Zeit scheint jedoch eine Rekordjagd eingesetzt zu haben, denn die Promillewerte im Polizeibericht übertreffen sich in immer kürzeren Abständen. Im September 2003 wurde aus dem mittelbadischen Kehl ein Autofahrer gemeldet, der bereits um die Mittagszeit mit 4,1 Promille Alkohol im Blut von den Beamten getestet wurde. Dies war für die Polizisten umso verwunderlicher, da der Mann noch gerade stehen und recht sicher gehen konnte. Deutlich übertroffen wurde er allerdings von einem jungen Mann aus Lörrach im deutsch-schweizerischen Grenzgebiet, der Anfang Oktober 2003 wegen nächtlicher Ruhestörung sogar mit knapp 5,5 Promille aufgegriffen wurde. »Wer 2,5 Promille hat, war monatelang im Trainingslager«, sagt Karl-Heinz Schmid, Pressesprecher der Freiburger Polizei. »Auffällig viele junge Leute und auch Frauen erreichen sehr hohe Werte.«

Der Promille-Rekord in Hamburg liegt nicht ganz so hoch, wobei 4,5 auch ein respektabler Wert ist. Der absolute Rekord für Deutschland stammt aus den neuen Bundesländern. Festgestellt wurde er anlässlich einer Routinekontrolle bei einem Pkw-Fahrer (es heißt, der Mann fuhr absolut unauffällig ...), der lediglich etwas nach Alkohol roch. Im Krankenhaus wollte man ihm Blut abnehmen, woraufhin er ziemlich unwirsch wurde. Die Probe ergab 6,5 Promille.

Bei entsprechender Gewöhnung kann die Promille-Höchstgrenze durchaus nach oben verschoben werden. Doch entgegen einer weit verbreiteten Meinung wird nicht der schnellere Abbau des Alkohols trainiert. Die Funktion der dafür zu etwa 90 Prozent verantwortlichen Alkoholdehydrogenase, einem Enzym in der Leber, lässt sich auch durch langjährige Übung nicht beschleunigen. Die Abbaugeschwindigkeit ist bei allen Menschen mit 0,1 bis 0,2 Promille in der Stunde recht ähnlich, wie der Hamburger Rechtsmediziner Jakob Matschke betont. Unterschiedlich und daher anscheinend trainierbar ist allerdings die Empfindlichkeit der Organe. Was bei ungeübten Trinkern zum Koma und im schlimmsten Fall sogar zum Tod durch Atemlähmung führt, lässt Gewohnheitstrinker häufig noch bei Bewusstsein.

Früher dachte man, dass ab 3,5 Promille Lebensgefahr bestehe – in der Fachliteratur wird jedoch mittlerweile von Vergiftungsfällen mit 8 und 9 Promille berichtet. Insbesondere nach den Erfahrungen aus den neuen Bundesländern und dem Osten Europas gibt man heutzutage keinen Grenzwert mehr an. Die Promilleskala ist nach oben offen – alles scheint möglich.

Alkohol X

Alkoholische Getränke sind krebserregend.

Man hat zwar festgestellt, dass regelmäßiger Alkoholkonsum mit einem größeren Risiko für Krebserkrankungen einhergeht, der genaue Mechanismus ist bisher jedoch noch nicht eindeutig geklärt. Allerdings ist unbestritten, dass gerade bei regelmäßigen Trinkern, die hochprozentige Alkoholika zu sich nehmen, vermehrt Tumoren des Kehlkopfes und der Speiseröhre auftreten. Auch Magenkrebs und Leberkrebs sind hier häufiger festzustellen, ebenso bei starken Alkoholikern eine erhöhte Krebshäufigkeit insgesamt.

Dass manche Alkoholika dennoch auch positive Auswirkungen auf die Gesundheit haben, ist ebenfalls bekannt. Schon länger weiß man von den positiven Effekten, die Wein (aber auch Bier) auf das Herz-Kreislauf-System bei mäßigen, aber regelmäßigen Konsumenten haben (s.o.). Verhältnismäßig neu ist die Erkenntnis, dass manche Alkoholika in mäßiger Dosierung auch einen gewissen Schutz vor Krebserkrankungen zu bieten scheinen.

Forscher von der Universität Chicago sind diesem Phänomen nachgegangen. In den letzten Jahren sind Hunderte Pflanzenarten daraufhin untersucht worden, ob sie eventuell eine Krebs verhindernde Wirkung haben könnten. Die amerikanischen Wissenschaftler untersuchten die Substanz Resveratrol, die erstmalig 1974 in Peru in einer Pflanze gefunden und nachgewiesen wurde. Resveratrol kommt in 72 verschiedenen Pflanzenarten vor – darunter in Maulbeeren, Erdnüssen und Trauben. In Rotwein ist die Substanz in erheblichem Maße vorhanden, etwas weniger findet sich auch in Weißwein und Rosé.

Resveratrol wurden erstaunliche Eigenschaften nachgewiesen. Die Substanz hemmt das Enzym Cyclooxygenase (COX), so wie dies auch einige Schmerzmittel wie Aspirin und Indomethazin tun, die ebenfalls eine gewisse Schutzwirkung vor Krebs haben. Weiterhin konnten die Forscher zeigen, dass Resveratrol die Bildung und das Wachstum von Krebszellen ebenso hemmt wie die Entstehung »freier Radikale«, die ebenfalls mit der Krebsentstehung in Zusammenhang gebracht werden. Im Tierversuch zeigte sich, dass bei Mäusen unter Resveratrol Entzündungen eingedämmt wurden und sich oberflächliche Hauttumore in mehr als der Hälfte der Fälle zurückbildeten. Die Wissenschaftler konnten also anti-kanzerogene, anti-mutagene und anti-entzündliche Eigenschaften der pflanzlichen Substanz nachweisen.

Diese Laboruntersuchungen weisen darauf hin, dass es sich bei Resveratrol um ein Mittel handelt, das – zumindest im Labor – viele Eigenschaften besitzt, die einen Schutzeffekt vor Krebs nahe legen. Ob sich diese Erkenntnisse jedoch auf den Menschen übertragen und therapeutisch einsetzen lassen, ist fraglich. Zumindest scheint es aus medizinischer Sicht nicht falsch zu sein, sich regelmäßig ein Glas Wein zu genehmigen. Auch wenn die Autoren der Untersuchung darauf hinweisen, dass es eine Reihe nicht-alkoholischer Getränke und Lebensmittel gibt, die ebenfalls aus Trauben gewonnen werden und Resveratrol enthalten.

Literatur:
Jang M, Cai L, Udeani GO, et al: Cancer chemopreventive activity of resveratrol, a natural product derived from grapes. Science 1997;275:218-220

Alkohol XI

Auf einem Bein kann man nicht stehen – wer sich gelegentlich in den Vollrausch säuft, schädigt seine Gesundheit nicht mehr als ein regelmäßiger, moderater Trinker.

Endlich wird ein Mythos einmal bestätigt – wenn auch ein anderer. Denn es verwundert nicht, dass eine Untersuchung zum Alkoholkonsum und zu den Auswirkungen von exzessiven Trinkgelagen ausgerechnet aus Finnland kommt. Dort ist es kalt, im Herbst und Winter besonders lange dunkel – und wenn am Polarkreis sich Elch und Rentier gute Nacht sagen, hilft manchem Finnen anscheinend nur noch Hochprozentiges. Die Skandinavier sind, wie beim Pisa-Test, auch was den Alkoholkonsum angeht, europaweit auf den vorderen Plätzen zu finden.

Mediziner aus dem finnischen Kuopio wollten deshalb die Trinkgewohnheiten ihrer Landsleute unter die Lupe nehmen. Sie untersuchten, welche Auswirkungen die Art des Trinkens auf die Gesundheit und auf die Sterblichkeit hat. 1.641 Männer im Alter zwischen 42 und 60 Jahren nahmen an der Studie teil. Sie wurden unterteilt in »Kampftrinker«, die mindestens sechs Flaschen Bier täglich schafften, und in mäßige Trinker, die höchstens drei Flaschen am Tag zu sich nahmen.

In dem fast achtjährigen Beobachtungszeitraum zeigte sich, dass die Kampftrinker eine deutlich höhere Sterblichkeit aufwiesen als die moderaten Trinker. Die erhöhte Sterblichkeit zeigte sich bei den insgesamt aufgetretenen Todesfällen, aber auch bei der Rate der Herzinfarkte, sowie bei den Todesfällen, die üblicherweise nicht mit Alkoholkonsum in Verbindung gebracht werden. Erstaunlicherweise waren die Krankheitsfolgen und die erhöhte Sterblichkeit unabhängig von der insgesamt konsumierten Alkoholmenge. Das heißt, der gelegentliche Vollrausch bei sonstiger Abstinenz ist weitaus schädlicher für die Gesundheit und führt schneller zum Tod als regelmäßiges, aber gemäßigtes Trinken.

Literatur:
Kauhanen J, Kaplan GA, Goldberg DE, Salonen JT: Beer binging and mortality: results from the Kuopio ischaemic heart disease risk factor study, a prospective population based study. British Medical Journal 1997;315:846-851

Allergien I

Asthma und Allergien treten besonders in ländlichen Regionen auf.

A

Unsere Wohnverhältnisse sind in den letzten Jahrzehnten immer sauberer und hygienischer geworden. Wir haben zwar immer seltener Kontakt mit fremden Substanzen – doch trotzdem kommt es immer häufiger zu Allergien. Wir dämmen und isolieren unsere Häuser, aber gerade der umfassende Reiz- und Kälteschutz trägt dazu bei, dass Allergien gegen Hausstaub beständig zunehmen. Denn Milben fühlen sich in behaglich abgedichteten und wohl temperierten Räumen wohler als in den zugigen, aber besser durchlüfteten Behausungen älterer Bauart. Ergebnis dieses fragwürdigen Fortschritts: Je reizarmer unsere Umgebung wird, umso überempfindlicher reagieren wir.

Auch wenn es auf dem Land mehr Pollen, Blüten und andere Substanzen gibt, die Heuschnupfen, Asthma und diverse Allergien auslösen können, sind diese Leiden in Städten weit stärker verbreitet. Bauernkinder und andere Bewohner ländlicher Regionen sind seltener von diesen Beschwerden betroffen. Wahrscheinlich schützt sie der ständige Kontakt mit den entsprechenden Substanzen vor einer Überreaktion des Körpers. Kinder, die im Grünen aufwachsen, werden beständig einer natürlichen Desensibilisierung ausgesetzt. Im Gegensatz dazu kann es bei Stadtkindern, die in einer deutlich sterileren und reizärmeren Umgebung groß werden, zu einer Allergie kommen, wenn sie plötzlich mit Substanzen in Kontakt geraten, die sie sonst nicht gewöhnt sind. Der Körper ist nicht darauf vorbereitet und reagiert überschießend.

Literatur:
Gassner-Bachmann M, Wüthrich B: Bauernkinder leiden seltener an Heuschnupfen und Asthma. Deutsche Medizinische Wochenschrift 2000;125:924-931
Liu AH, Murphy JR: Hygiene hypothesis: fact or fiction? Journal of Allergy and Clinical Immunology 2003;111:471-478
Ziska LH, Gebhard DE, Frenz DA, et al: Cities as harbingers of climate change: common ragweed, urbanization, and public health. Journal of Allergy and Clinical Immunology 2003;111:290-295

Allergien II

A

Sauberkeit schützt vor Allergien und Heuschnupfen.

Das Gegenteil ist der Fall. »Schmuddelkinder« leben – was die Ausprägung einer Allergie angeht – gesünder. Viele Ärzte raten mittlerweile dazu, Kinder immer mal wieder im Dreck spielen zu lassen und nicht gleich alles zu waschen, was den Kleinen heruntergefallen ist. Gerade in die Vorschulzeit fallen die Jahre, die das Abwehrsystem besonders prägen. In dieser Zeit lernt der Körper und gewöhnt sich daran, sich mit fremden Substanzen auseinander zu setzen und angemessen auf sie zu reagieren. Die seltenere Häufigkeit von Allergien in der DDR wurde mit der Betreuung der meisten Kinder in Krippen und Kindertagesstätten erklärt. Dort kamen sie früh mit Krankheitserregern und anderen fremden Substanzen in Kontakt. Der Körper gewöhnte sich daran, entsprechend zu reagieren – und nicht mit einer unangemessen überschießenden Reaktion, die sich dann als Allergie zeigen kann.

Literatur:
Jäger L: Allergien. Ursachen, Therapien, Vorbeugung. München 2000
Riedinger F, Kuehr J, Strauch E, et al: Natural history of hay fever and pollen sensitization, and doctors' diagnosis of hay fever and pollen asthma in German schoolchildren. Allergy 2002;57:488-492

Altern

Die Prozesse des Alterns beginnen frühestens mit Ende zwanzig, meist aber erst in den Vierzigern.

Von Anfang an tickt die Lebensuhr und es beginnen die Verfallsprozesse. Die Sehkraft des Auges lässt ab dem 15. Lebensjahr nach, die Funktion anderer Organe wie Niere und Leber wird von diesem Alter an ebenfalls leicht eingeschränkt. Die sexuelle Leistungsfähigkeit ist bei Männern mit 18 bis 20 Jahren am größten, auch wenn die Lust Jahre später ebenfalls noch in gleicher Intensität vorhanden sein kann.

A

Altersdiskriminierung

Alte können und sollen aus medizinischen Gründen nicht mehr operiert werden.

Manch medizinischer Eingriff im Alter ist verfehlt, doch eine Altersgrenze wäre Diskriminierung – und ist medizinisch in den meisten Fällen auch nicht gerechtfertigt. Noch geht ein Aufschrei durch die Republik, wenn einzelne Wissenschaftler oder vorlaute Jungpolitiker vorschlagen, dass 75-Jährige nicht mehr operiert werden sollen. Doch die Forderungen nach einer Altersgrenze für medizinische Leistungen werden immer häufiger – und damit wohl leider auch salonfähiger. Eine zentrale Frage der Medizin lautet: Was wollen wir bezahlen und für wen? Durch die Fortschritte der Medizin lassen sich immer kompliziertere Eingriffe bei immer kränkeren und immer älteren Menschen vornehmen. Nicht immer haben diese Interventionen Sinn. Längst hat die Absicherungsmedizin unserer Tage im Einzelfall den Punkt erreicht, an dem mehr getan werden kann, als getan werden sollte. Weniger ist auch in der Medizin manchmal mehr.

Deshalb und aus Kostengründen eine generelle Altersgrenze für medizinische Leistungen zu fordern, ist jedoch ebenso wirklichkeitsfremd wie zynisch. Denn erstens gibt es 75-Jährige, deren biologisches Alter eher einem 55-Jährigen entspricht – und umgekehrt. Zweitens gebietet es das medizinische Ethos, einem Kranken in der für ihn optimalen Weise zu helfen, unabhängig davon, ob er danach noch eine voraussichtliche Lebenserwartung von fünf Monaten, fünf Jahren oder fünf Jahrzehnten hat.

Eine unterschiedliche Bewertung der Kranken und Hilfsbedürftigen ist allerdings längst Teil des medizinischen Normalbetriebs geworden. Alte und unheilbar Kranke werden häufig abgeschoben und stehen in medizinischen Hochleistungszentren nicht im Mittelpunkt der ärztlichen und pflegerischen Arbeit. Und auf der Warteliste für Nierentransplantationen beispielsweise machen die über 55-Jährigen nur gut zehn Prozent aus, obwohl diese Altersgruppe ungefähr zwei Drittel aller chronisch Nierenkranken repräsentiert.

Mit medizinischen Gründen lässt sich diese Altersdiskriminierung in den meisten Fällen nicht rechtfertigen. Sie wird allerdings häufig medizinisch verbrämt. Wer das Leben einer 25-Jährigen für »wertvoller« hält als das eines 75-Jährigen, sollte diese utilitaristische Geisteshaltung auch klar als solche benennen und nicht mit dem Hinweis auf größere OP-Risiken oder höhere Kosten im Alter verschleiern.

Außerdem gibt es längst einen Wandel der Krankheitsbilder und eine veränderte Struktur der Patientengruppen. Die Mehrzahl der Patienten ist alt und chronisch krank, wobei sich diese Tendenz noch verstärken wird. Eine zeitgemäße Medizin darf dies nicht aus dem Blick verlieren. Sie sollte vor allem die Bedürfnisse dieser Patienten in ihre Konzepte einbeziehen. Die gegenwärtigen Vorschläge zur Altersdiskriminierung spiegeln das Gegenteil wider: Sie verkennen die Realität in den Krankenhäusern und Praxen; sie gehen vom imaginären Idealpatienten aus, der nach kurzer, akuter Erkrankung schnell geheilt und entlassen wird.

Altersgrenze

Es gibt aus medizinischen Gründen eine Altersgrenze für eine Organverpflanzung.

Wenn ein Organ geschädigt ist und seine Funktion mit anderen Mitteln nicht mehr aufrecht erhalten werden kann, ist die Organverpflanzung bei manchen Menschen der einzige Ausweg, um sie am Leben zu erhalten. Am häufigsten werden in Deutschland Nieren verpflanzt (knapp 3.000 jährlich), bei Leber, Herz und Bauchspeicheldrüse sind die Zahlen deutlich geringer.

Auf der Warteliste für Nierentransplantationen stehen mehr als 10.000 Menschen. Weitere 40.000 Nierenkranke werden erst gar nicht auf die Warteliste gesetzt. Manche, weil die Operation ein nicht zu verantwortender Eingriff bei ihnen wäre, andere, weil sie angeblich zu alt sind. Der chronische Mangel an Spenderorganen besteht seit Jahren und viele Patienten sterben, weil sie in der Warteliste nicht berücksichtigt wurden oder zu spät drangekommen wären. Die durchschnittliche Wartezeit auf ein Organ beträgt fünf Jahre.

Etliche nierenkranke Patienten kommen erst gar nicht auf die Warteliste für eine Transplantation – angeblich aus medizinischen Gründen: Weil sie zu alt sind. Allein aus medizinischen Gründen lässt sich eine Altersgrenze bei der Vergabe von Spenderorganen jedoch nicht aufrecht erhalten. Diese »Rationierung« folgt anderen Überlegungen. Denn medizinische Entscheidungen wären allein nach dem Grundsatz zu treffen, einem kranken oder notleidenden Patienten zu helfen, so wie es für ihn am besten ist – unabhängig von den Heilungsaussichten, die andere Patienten womöglich haben.

Wenn bei einem 75-Jährigen die Niere versagt und er noch operiert werden kann, ist die beste Behandlung für ihn eine Organverpflanzung. Nach dieser Transplantation kann er womöglich noch etliche Jahre leben. Nur weil ein 30-Jähriger mit einem neuen Organ theoretisch ei-ne längere Lebenserwartung hat, ist dies kein Grund, sie einem wesentlich älteren Menschen vorzuenthalten. Wird dies dennoch gemacht, entspricht dies einer utilitaristischen Begründung – keiner medizinischen. Denn die Überlegung, wem das neue Organ mehr »nüt-

A

zen« könnte, ist keine heilkundliche Abwägung, sondern folgt Kriterien, nach denen menschliches Leben als unterschiedlich »wertvoll« bewertet wird.

Amalgam

Amalgam macht nicht krank.

A

Die direkten gesundheitlichen Auswirkungen von Amalgam auf den Menschen sind bis heute äußerst umstritten. Manche Menschen behaupten, durch das Quecksilber in den Zahnfüllungen krank geworden zu sein. Der Nachweis für die ursächliche Schädigung ist bisher jedoch nicht eindeutig gelungen. Deshalb gibt es auch die Meinung, bei der Amalgam-Angst handele es sich um eine Hysterie, die allein den Zahnärzten zugute gekommen ist. Fest steht, dass der Quecksilberanteil der Füllungen die Menschen seit etwa Mitte der 1990er-Jahre zunehmend beunruhigt hat.

Da 50 bis 60 Millionen Deutsche Amalgamfüllungen haben, ist auch die Angst vor möglichen schädlichen Wirkungen nicht zu unterschätzen. Wissenschaftler des Zentralinstituts für seelische Gesundheit in Mannheim befragten deshalb Ende der 1990er-Jahre rund 800 Freiwillige, ob sie Bedenken wegen der quecksilberhaltigen Füllungen hatten. Nur 40 Prozent der Befragten glaubten, dass die Plomben wirklich harmlos seien. Die restlichen 60 Prozent sahen ihre Gesundheit leicht (40 Prozent) oder sogar erheblich (20 Prozent) durch das Zahnersatzmaterial bedroht. Umgerechnet auf die Zahl der Amalgamträger in Deutschland würde dies bedeuten, dass etwa zehn Millionen Menschen in großer Sorge wegen der Nebenwirkungen ihrer Plomben leben müssten.

Die Untersuchten mit großer Angst vor dem Zahnmetall klagten denn auch über die verschiedenartigsten Beschwerden, obwohl bei ihnen keine körperliche Ursache dafür gefunden werden konnte. Die Probanden ohne Amalgam-Angst berichteten hingegen von deutlich weniger Symptomen. Bei nachfolgenden Untersuchungen zeigte sich, dass beide Gruppen trotz so unterschiedlicher Symptomatik ähnliche – und zwar recht niedrige – Quecksilberkonzentrationen in Blut und Urin aufwiesen. Die Anzahl der geschilderten Beschwerden stand zudem in keinem Zusammenhang mit einem erhöhten Quecksilberwert.

Das Amalgam nimmt demnach scheinbar die Rolle eines Lückenbüßers ein. Die Probanden suchen eine Erklärung für ihre Beschwerden – und dafür bietet sich das Zahnmetall sehr gut an, auch wenn bis heute noch nicht der endgültige Nachweis für seine gesundheitliche Schädlichkeit erbracht ist.

Literatur:
Koch K: Amalgam und die Angst. Zahnmetall bereitet vielen Patienten psychische Probleme. Süddeutsche Zeitung 6. April 1999 (siehe auch www.evibase.de)

Anatomie

Viele Ärzte lehnten die im 17. und 18. Jahrhundert bestehenden Vorschläge zu einer »medizinischen« Vollstreckung der Todesstrafe ab. Sie wollten keine zum Tode Verurteilten operieren oder anderweitige Menschenversuche an ihnen vornehmen. Sie befürchteten negative Auswirkungen auf das Ansehen ihres Berufsstandes. Chirurgen und Anatomen sahen sich ohnehin dem Vorurteil ausgesetzt, sie würden an lebenden Menschen forschen, weil sie immer wieder Hingerichtete zu Lehrzwecken benötigten.

In den meisten europäischen Ländern war die Sektion menschlicher Leichen nur an Hingerichteten möglich. Mit der Vergrößerung und Neugründung medizinischer Kliniken und Universitäten wurden Leichen im 19. Jahrhundert jedoch zunehmend zur Mangelware. Aus diesen Gründen entwickelte sich bald ein florierender Grabraub. Manchmal suchten selbst Medizinstudenten nachts die Friedhöfe heim. Schließlich übernahmen mehr und mehr Verbrecherbanden dieses schmutzige Geschäft. Viele Mediziner an den Instituten und Kliniken ließen sich von den Grabräubern bedienen, um ihren Bedarf zu decken.

Manche Grabräuber scheuten allerdings die anstrengende Nachtarbeit und verlegten sich darauf, »frische« Leichen zu beschaffen. William Burke, der wohl bekannteste Grabräuber Großbritanniens, machte seine Opfer zuerst betrunken und ermordete sie dann. Die Anatomen zahlten für frische Leichen höhere Preise als für die bereits seit einigen Tagen begrabenen. 1828 wurde Burke jedoch auf frischer Tat ertappt. 1829 wurde er gehängt, sein Leichnam soll anschließend der Pathologie übergeben worden sein.

Die Missstände um die Sektionen und spektakuläre Fälle von Leichenraub führten schließlich dazu, dass im Jahre 1832 der »Anatomy Act« in England erlassen wurde. Unter Androhung von Haftstrafen für die Mediziner wurde eine Regelung erlassen, wonach für jede Leiche, die anatomisch oder pathologisch untersucht werden sollte, eine gesetzliche Genehmigung vorliegen musste.

Literatur:
Richards E: The »moral anatomy« of Robert Knox: the interplay between biological and social thought in Victorian scientific naturalism. Journal of the History of Biology 1989;22:373-436
Biddiss MD: The politics of anatomy: Dr. Robert Knox and Victorian Racism. Proceeddings of the Royal Society of Medicine 1976;69:245-250
Anonymus: Robert Knox and the body snatchers. Medical Journal of Australia 1965;2:929-930

Anästhesie

Seit Kranke und Leidende ärztliche Hilfe in Anspruch nahmen, war es Ziel der Medizin gewesen, Schmerzen im Alltag und während operativer Eingriffe zu lindern. In der Antike wurden dazu Tupfer und Lappen verwendet, die mit aus Pflanzen gewonnenen Betäubungsmitteln getränkt waren. Viele Patienten wurden vor den Operationen aber auch mit Alkohol notdürftig betäubt. Opium war bereits im alten China für seine schmerzstillende Wirkung bekannt.

Die Medizin stand jedoch Jahrhunderte vor der Schwierigkeit, dass entweder das verwendete Mittel nicht wirksam genug war oder dass es bei den Dosierungen zu tödlichen Zwischenfällen kam. Deshalb sahen viele Ärzte von jeglicher Betäubung ab und die Patienten mussten im wahrsten Sinne des Wortes die Zähne zusammenbeißen: Sie bekamen beispielsweise vor einer Amputation einen gehörigen Schluck Alkohol und dann ein Stück Holz oder Gummi zwischen die Kiefer geklemmt, um sich bei den irrsinnigen Schmerzen nicht selbst zu verletzen oder die Zunge abzubeißen.

Ende des 18. Jahrhunderts deutete sich Abhilfe an: Der britische Chemiker Humphry Davy (1778–1829) kam 1799 der Wirkung von Distickstoffmonoxid (N_2O) auf die Spur, das 1772 von dem britischen Naturforscher Joseph Priestley entdeckt worden war. Nach der Theorie einiger zeitgenössischer Mediziner sollte dieser Stoff die Ursache vieler ansteckender Krankheiten sein. Davy testete das Gas deshalb zunächst im Selbstversuch. Doch als er es einatmete, spürte er nichts – außer einem angenehm wohligen Zustand.

Zum Test des Gases bei einer Versuchsperson lud er Kollegen und Bekannte ein. Die Dame, die unfreiwillig an dem Experiment teilnahm, merkte ebenfalls nichts Unangenehmes, brach aber in schallendes Gelächter über die Anwesenden aus. Fortan wurde das Gas mit dem sperrigen Namen nur noch als »Lachgas« bezeichnet. Die anregende Wirkung des Distickstoffmonoxids sprach sich schnell herum und bald wurden an vielen Orten »Lachgaspartys« gegeben.

Davy wies zwar mehrfach auf die anästhetische Wirkung seiner Entdeckung hin, aber niemand beachtete seine Hinweise, sodass zunächst eine medizinische Anwendung der neuen Narkosemöglichkeiten versäumt wurde. Es dauerte sogar noch fast 50 Jahre: 1844 wurden in den USA erstmals Zahnextraktionen unter einer Narkose mit Lachgas vorgenommen. Angeblich nachdem der amerikanische Zahnarzt Horace Wells (1815–1848) bei der Vorführung eines Schaustellers bemerkte, dass Lachgas nicht nur aufheiterte, sondern auch schmerzstillende Wirkungen hatte.

Ähnlich verzögert verlief die Erfolgsgeschichte des Äthers, der bereits im Jahr 1815 von Michael Faraday entdeckte wurde. Auch jetzt begannen »Ätherpartys«, bei denen sich die Teilnehmer der Betäubung hingaben. Erst in den 1840er-Jahren wurden dann Narkosen mit Äther vorgenommen. Ein Landarzt aus Georgia entfernte 1842 unter Äthernarkose einem Halbwüchsigen eine Zyste am Hals, veröffentlichte seine heroische Tat jedoch nicht.

Der Zahnarzt William Morton (1819–1868) probierte dann den gemeinsam mit einem Chemiker entwickelten Schwefeläther im Herbst

A

1846 zunächst im Selbstversuch aus. Er ließ sich einen Zahn ziehen – gänzlich ohne Schmerzen. Zwei Wochen später führte er die Äthernarkose öffentlich vor. Der 20-jährige Patient bemerkte nicht, dass ihm ein oberflächlicher Tumor am Hals entfernt wurde. Der Kranke war fünf Minuten nach dem Eingriff wieder bei Bewusstsein und erklärte, nichts von der Operation gespürt und nur undeutlich »das Schaben eines Messers« wahrgenommen zu haben. Die Nachricht von den gelungenen Operationen unter Äthernarkose verbreitete sich schnell und weltweit setzte sich diese Methode in wenigen Jahren durch.

Literatur:
Desbarax P: Morton's design of the early ether vaporisers. Anaesthesia 2002;57:463-469
Westhorpe R: William Morton and the first successful demonstration of anaesthesia. Anaesthesia and Intensive Care 1996;24:529
Bergman NA: Michael Faraday and his contribution to anesthesia. Anesthesiology 1992;77:812-816

Angina

Bei Angina und Grippe helfen Antibiotika.

Die meisten grippalen Infekte werden ebenso wie Halsschmerzen und Erkältungskrankheiten durch Viren verursacht – und gegen Viren sind Antibiotika vollkommen wirkungslos. Die helfen nur gegen Bakterien. Werden die Antibiotika über einen zu kurzen Zeitraum eingenommen, kann das sogar auf Dauer schädlich für die Gesundheit sein. Denn dann bilden sich möglicherweise Resistenzen unter Bakterien, die gerade keine Krankheiten verursacht haben, dazu aber durchaus in der Lage sind. Resistenzen entstehen, wenn bei einer Antibiotikabehandlung nicht alle Keime abgetötet werden. Die überlebenden Erreger sind dann unempfindlich gegenüber dem Antibiotikum geworden. Werden die Antibiotika wirklich einmal gebraucht, wirken sie dann nicht mehr, weil sich die überlebenden Bakterien inzwischen vermehrt haben und sie resistent gegen die Antibiotika geworden sind.

Völlig sinnlos ist die Antibiotikagabe bei Grippe dennoch nicht.

Denn während eines viralen Infekts kann es immer wieder zu einer »Superinfektion« mit Bakterien kommen, was den Kranken noch mehr schwächt. Diese können dann in der Tat erfolgreich mit Antibiotika behandelt werden.

Antibiotika

Die Lebenserwartung ist im 20. Jahrhundert hauptsächlich durch Einführung der Antibiotika gestiegen.

A

Unter den großen Errungenschaften der Medizin werden immer wieder die Antibiotika genannt. Das ist schon richtig, aber zu der im 20. Jahrhundert deutlich gestiegenen Lebenserwartung in den westlichen Ländern und vielen anderen Teilen der Welt haben andere Faktoren wie verbesserte Hygiene viel mehr beigetragen.

Zu erklären ist diese Wahrnehmung durch eine zeitliche Verschiebung. In der zweiten Hälfte des 19. Jahrhunderts entdeckten Forscher wie Robert Koch und Louis Pasteur zahlreiche Keime und schlugen auch bald entsprechende Maßnahmen zu ihrer Bekämpfung vor. Wichtige hygienische Einrichtungen wurden besonders zwischen 1890 und 1930 geschaffen. In großen Städten wie Berlin wurde eine Kanalisation gebaut, und in Krankenhäusern wie privaten Haushalten wurde verstärkt auf Desinfektionsmaßnahmen geachtet. Zudem kam es durch die Einführung von Kühlschränken und Gefriertruhen dazu, dass weniger Menschen an verdorbenen Nahrungsmitteln starben. Bis diese Neuerungen Einfluss auf die Lebenserwartung hatten, mussten die Menschen aber erst mal ein gewisses Alter erreichen. Dies war in den Jahren nach 1950 und bis in unsere Zeit hinein der Fall.

Die 1940er- und 1950er-Jahre waren die Zeit, in der die meisten Antibiotika entdeckt wurden und sich auch in der klinischen Anwendung durchsetzten. So kam es, dass der »verzögerte« Effekt der verbesserten Hygiene den neuen Medikamenten zugeschrieben wurde.

Arzneimittel

Medikamente der pharmazeutischen Industrie sind nicht natürlich.

Der Graben zwischen den unterschiedlichen Heilkundigen wird gern aufrechterhalten: Auf der einen Seite steht die böse Schulmedizin, die Patienten ständig nebenwirkungsreiche »Chemie« (was gleichbedeutend mit »Gift« ist) verschreibt – auf der anderen Seite gibt es die sanften Heiler, die nur natürliche Verfahren und pflanzliche Mittel einsetzen.

Doch ganz so einfach ist es nicht. Etliche bekannte Medikamente der so genannten Schulmedizin sind ebenfalls pflanzlicher Natur. Das bei Herzschwäche verschriebene Digitalis entstammt etwa dem Fingerhut, das in der Krebstherapie eingesetzte Colchizin ist ein Wirkstoff der Herbstzeitlosen und selbst der Wirkstoff des Aspirins, die Acetylsalicylsäure, ist von einem Bestandteil der Weidenrinde abgeleitet. Die Mehrzahl der Antibiotika – von den Penicillinen bis zu den Cephalosporinen – leitet sich von verschiedenen Pilzen ab. Die Liste ließe sich fortsetzen.

Die pflanzlichen Wirkstoffe werden in der industriellen Produktion längst nicht mehr den Pflanzen abgepresst oder anderweitig in mühsamer Kleinarbeit aus ihnen gewonnen, sondern fast ausschließlich synthetisch hergestellt. Das ist aber auch bei vielen unter dem Etikett »Naturheilmittel« verkauften pflanzlichen Präparaten der Fall: Das Vorbild der Natur wird in beiden Fällen nachgeahmt und die Substanz nach bekannter Formel im Labor synthetisiert.

Aspirin

Aspirin ist harmlos.

Kein Medikament ist ohne Nebenwirkungen – auch dann nicht, wenn es richtig dosiert wird. Das Streben nach Gesundheit und die zur sozialen Norm gewordene Pflicht, sich wohl zu fühlen, haben ihren Preis. Viele Menschen wollen die »Pille danach, davor und dazwischen« für jede Lebenslage. Diesem Bedürfnis versucht die Medizin nachzukommen. Eine Folge davon sind die nach vorsichtigen Schätzungen mindestens 16.000 Todesfälle jährlich in Deutschland, die allein auf die Nebenwirkungen von Medikamenten zurückzuführen sind.

A

Zigtausende Menschen sterben jährlich weltweit an den Nebenwirkungen von Aspirin – um als Beispiel ein Medikament anzuführen, das seit mehr als hundert Jahren zu den Bestsellern gehört und von mehreren Hundert Millionen Menschen jährlich geschluckt wird. Es sind keine exotischen Nebenwirkungen, sondern Effekte, die seit Jahren bekannt sind – trotzdem werden sie in Kauf genommen.

Das grundsätzliche Problem einer nie hundertprozentig zu erreichenden Sicherheit der Arzneimittel ist nicht aufzulösen – andere Behauptungen wären heuchlerisch, dazu muss man kein Freund der Pharmaindustrie sein. Nur will keiner der Verantwortlichen sagen und keiner der Konsumenten hören, dass immer ein »Restrisiko Medikament« bestehen wird. Da aber mehrere Milliarden Tabletten Aspirin jährlich geschluckt werden, ist die Nebenwirkungsrate in prozentualer Hinsicht ziemlich gering.

Und selbst wenn die klinischen Studien, in denen Medikamente in Deutschland getestet werden müssen, von bisher 5.000 bis maximal 10.000 auf 50.000 oder gar 500.000 Probanden ausgedehnt würden, wäre das keine Garantie für mehr Sicherheit. Dass Nebenwirkungen oder gar Todesfälle auftreten, lässt sich nicht vermeiden, indem man eine größere Zahl Menschen zu Versuchskaninchen macht. Irgendwann muss der Übergang vom Tierversuch auf den Menschen schließlich erfolgen. Es klingt zynisch, aber die Entwicklung wie auch die Anwendung neuer Medikamente und anderer Therapien kostet den Preis von Komplikationen – bis hin zu Todesfällen.

Von der Substanzgruppe der Statine, zu denen der Fettsenker Lipobay gehört, der im Sommer 2001 wegen unklarer Todesfälle in die Schlagzeilen geriet, weiß man ebenfalls seit ihrer Einführung, dass sie zu Muskelschwäche bis hin zum tödlichen Muskelzerfall führen können. Das liegt in der Natur ihres – erwünschten – Wirkmechanismus, so wie die durch Aspirin gewünschte Blutverdünnung eben auch zu gelegentlich tödlichen Blutungen, besonders im Magendarmtrakt, führt. Die nebenwirkungsfreie Arznei ist bisher noch nicht erfunden worden.

Atemnot

Bei einem Schlag auf das Sonnengeflecht wird ein Teil der Lungen so empfindlich getroffen, dass die Luft wegbleibt.

Wenn das Sonnengeflecht (der Solarplexus oder Plexus solaris) getroffen wird, kann man in der Tat in die Knie gehen, weil die Luft wegbleibt. Es liegt am unteren Ende des Brustbeins, in Höhe des Magens, wo auf der Rumpfvorderseite die unteren Rippenbögen aufeinander treffen.

Die Atemnot bei Druck auf den Solarplexus beruht allerdings nicht auf einer Komprimierung der Lungen. Vielmehr ist das Sonnengeflecht die größte Ansammlung so genannter viszeraler Nerven. Das sind Nervenfaserstränge, die unsere Eingeweide versorgen und von der Darmbewegung, über die Weite der Bronchien, die Entleerung der Blase und die Herzfrequenz vielfältigste Körpervorgänge steuern. Im Solarplexus sind etliche der Nervenfasern versammelt, die die Funktion von Herz, Lunge und Oberbauchorganen regulieren. Bei einem kräftigen Schlag können Reflexmechanismen ausgelöst werden, die kurzzeitig Atmung und Kreislauf gehörig durcheinander bringen.

Aufmerksamkeitsdefizit I

In manchen Schulklassen leidet die Hälfte der Kinder am Aufmerksamkeitsdefizit.

Seit gut zehn Jahren nimmt die Diagnose »Hyperkinetisches Syndrom« (HKS) bei Kindern nahezu Ausmaße einer Epidemie an. Häufig wird die Krankheit auch als »Aufmerksamkeitsdefizitsyndrom« (ADS) bezeichnet. Im Englischen gibt es die Abkürzung ADHD, die für »Attention Deficit Hyperactivity Disorder« steht – ein Begriff, der die Störungen zusammenfasst.

Seriöse Autoren schätzen, dass maximal zwei bis vier Prozent aller schulpflichtigen Kinder von ADHD betroffen sind. Die Mehrzahl ist im Grundschulalter, das heißt in jener Phase, in der im Leben der Kinder erstmals regelmäßige Anpassungs- und Leistungsanforderungen gestellt werden. Aber auch Jugendliche sind manchmal noch vom ADHD betroffen. Bei Jungen wird die Diagnose siebenmal häufiger als bei Mädchen gestellt. Es gibt jedoch auch unseriöse Schätzungen, in denen behauptet wird, dass 40 Prozent aller männlichen Grundschüler vom ADHD betroffen seien. In Nordrhein-Westfalen sollen mehr als 10.000 Kinder regelmäßig Medikamente gegen Konzentrationsstörungen einnehmen, wie in einer Erhebung bekannt wurde.

Häufig werden jedoch weder Diagnose noch Therapie nach wissenschaftlichen Empfehlungen gestellt und ausgeführt. Eine das gesamte Umfeld des Kindes umfassende Befragung, wie sie in den Leitlinien vorgeschrieben ist, findet in vielen Fällen nicht statt. Es gibt sogar selbst ernannte »Experten«, die sich damit rühmen, die Diagnose per Telefon zu stellen.

Der Verordnung von »Ritalin« (so der Handelsname der Substanz Methylphenidat), dem am häufigsten verschriebenen Mittel gegen ADHD, hat das keinen Abbruch getan. Im Gegenteil: Weltweit nahm die Einnahme von 1990 bis 1995 von drei Tonnen auf 8,5 Tonnen zu. Mittlerweile ist sie auf über zwölf Millionen Tonnen gestiegen. In den USA wurde schon im Jahr 1996 die Zahl der mit Psychopharmaka gegen ADHD behandelten Kinder auf 1,5 Millionen (das entspricht 2,8 Prozent aller Kinder in den Vereinigten Staaten) geschätzt. Noch massiver war der Anstieg seit Mitte der 1990er-Jahre. In Deutschland ist der Verbrauch des Medikaments von 1995 bis zum Jahr 2000 um mehr als das 40fache gestiegen.

Literatur:
Kinderärztliche Praxis: Soziale Pädiatrie und Jugendmedizin. Sonderheft »Unaufmerksam und hyperaktiv«. 15.1.2001, 72. Jahrgang (Darin finden sich etliche Beiträge zur ADHD.)
Krause KH, Krause J, Trott GE: Diagnostik und Therapie der Aufmerksamkeitsdefizit-/Hyperaktivitätsstörung im Erwachsenenalter. Deutsche Medizinische Wochenschrift 1999;124:1309-1313
Passolt M (Hg.): Hyperaktivität zwischen Psychoanalyse, Neurobiologie und Systemtheorie. München/Basel 2001
Hallowell EM, Ratey JJ: Zwanghaft zerstreut. Die Unfähigkeit aufmerksam zu sein. Reinbek 1999

Aufmerksamkeitsdefizit II

»Ritalin« ist kein Psychopharmakon.

»Ritalin« und »Medikinet« sind die üblichsten Handelsnamen für das verschreibungspflichtige Methylphenidat. Methylphenidat zählt zur Gruppe der Psychopharmaka, denn es greift in den Stoffwechsel des Gehirns ein. Methylphenidat fällt unter das Betäubungsmittelgesetz. Die Substanz moduliert die Konzentration von Dopamin, einer wichtigen Überträgersubstanz im Gehirn. Methylphenidat wirkt als Stimulanz, indem es die Dichte der so genannten Dopamin-Transporter vermindert. Dadurch wird die Menge des vorhandenen Dopamins an den Nervenverbindungen erhöht.

Die Substanz kam 1954 auf den Markt. Zunächst war sie nur zugelassen zur Behandlung bei »gesteigerter Ermüdbarkeit«, »depressiven Verstimmungszuständen« und in der »Rekonvaleszenz«. Schon damals half das Medikament, den Anforderungen in Beruf und Alltag besser zu genügen.

Methylphenidat gilt nach Ansicht der meisten Mediziner als ungefährlich. Doch noch gibt es keine aussagekräftigen Untersuchungen darüber, wie sich die Psychopharmaka auf das Gehirn von Kindern und auf dessen Entwicklung auswirkt. Versuche an Ratten haben ergeben, dass »Ritalin« die Struktur des Gehirns verändern und sogar das Wachstum von Nervenfortsätzen hemmen kann. Einzelne Wissenschaftler warnen vor unabsehbaren Spätschäden, die bis hin zur Parkinson-Krankheit führen könnten.

Literatur:
Kinderärztliche Praxis: Soziale Pädiatrie und Jugendmedizin. Sonderheft »Unaufmerksam und hyperaktiv«. 15.1.2001, 72. Jahrgang (Darin finden sich etliche Beiträge zur ADHD.)
Passolt M (Hg.): Hyperaktivität zwischen Psychoanalyse, Neurobiologie und Systemtheorie. München/Basel 2001

Augen I

Wenn man die Augen »verdreht« oder als Kind aus Spaß schielt, können die Augen »stehen bleiben«.

Dies ist eine populäre Wandersage, die fast jedes Kind schon einmal gehört hat. Dabei handelt es sich eindeutig um einen Einschüchterungsversuch von Eltern und anderen Erziehungsberechtigten, die wahrscheinlich das ständige Grimassieren ihrer Zöglinge leid sind.

Die Augen sind nämlich äußerst beweglich und lassen sich mit unabhängigen Muskeln von allen Seiten verschieben und »verdrehen«. Rund um den Augapfel setzen die verschiedenen Muskelstränge an, um Bewegungen in alle Richtungen zu ermöglichen. Erfahrenen Augenärzten ist kein Fall bekannt, in dem sich Schielen oder eine andere Fehlstellung der Augen durch solche Kinderscherze entwickelt hat.

Augen II

Wer bei schlechtem Licht oder mit der Taschenlampe im Bett liest, verdirbt sich die Augen.

Mit dieser Warnung wurden Kinder immer wieder davon abgehalten, im Bett noch zu lesen. Wahrscheinlich stammt diese Warnung aus Zeiten, als Kerzen knapp und auch Strom und elektrisches Licht noch keine Selbstverständlichkeit waren. Dabei hat Schummerlicht keinen Einfluss auf die Sehschärfe der Augen und schädigt sie auch nicht. Allenfalls bekommt man davon Kopfschmerzen oder ermüdet schneller. Wer nachts oder bei Dunkelheit anderen Tätigkeiten nachgeht, schädigt seine Augen ja auch nicht, sondern strengt sie höchstens an und gewöhnt sie an verschiedene Helligkeiten. Das ist die Erklärung, die man immer wieder von Augenärzten zu hören bekommt.

Es gibt allerdings auch eine Theorie, die das Gegenteil besagt und von einem Tübinger Augenexperten Mitte der 1990er-Jahre aufgestellt wurde. Der Mediziner hatte untersucht, wie sich die Augen von Hühnern verändern, wenn sie ständig im Schummerlicht ihre Körner suchen müssen. Das Ergebnis war erstaunlich, denn die Hühner wurden kurzsichtig.

Literatur:
Drösser C: Stimmt's? Moderne Legenden im Test. Reinbek 1998

Bartwuchs

Durch Rasieren des Bartes, der Beine oder anderer Körperregionen wird der Haarwuchs angeregt.

Man kann sich rasieren, so viel und wo immer man will – der Haarwuchs wird dadurch nicht angeregt und auch nicht stärker. Nicht im Gesicht und erst recht nicht an Armen oder Beinen. Ebenso wenig wie das Kopfhaar schneller wächst, wenn man es häufiger schneidet, sprießt die übrige Körperbehaarung, selbst wenn man sich an den ungewöhnlichsten Stellen rasiert. Der Eindruck, dass die Körperhaare nach einer Rasur schneller wachsen, hat einen anderen Grund. Der Rasierer schneidet die Haare an der dicksten Stelle ab. Deshalb wirken sie dann oft rauer und so, als ob sie rascher wieder zu spüren sind.

Befruchtung

Wird eine Eizelle von einem Spermium befruchtet, kommt es auch zur Schwangerschaft.

Das sollte man meinen, doch so einfach macht es sich die Natur nicht. Auch bei einem völlig gesunden Paar im besten Alter garantiert eine erfolgreiche Befruchtung noch lange nicht, dass es auch zu einer Schwangerschaft kommt. Natürlich gibt es die Fälle, in denen einmaliger Geschlechtsverkehr schon zur Schwangerschaft führt. Die Regel ist das allerdings nicht, denn fast 70 Prozent der befruchteten Eizellen sterben innerhalb weniger Stunden oder Tage ab. Häufig geschieht das auf dem Weg vom Eileiter in die Gebärmutter. Meist sind Chromosomenschäden, die während der Verbindung von Ei- und Samenzelle entstehen, die Ursache dafür. Die Frau bemerkt gar nichts davon, wenn sie ein befruchtetes Ei wieder verliert. Allenfalls kann sich ihre Menstruation dadurch ein paar Tage nach hinten verschieben.

Doch auch wenn die Befruchtung nicht zum unmittelbaren Absterben der Frucht führt, ist die Schwangerschaft noch längst nicht gesichert. Denn etlichen befruchteten Eizellen gelingt es nicht, sich dauerhaft in der Gebärmutter einzunisten. Sie gehen dann ebenfalls auf natürlichem Wege ab, ohne dass die Frau dies immer bemerken muss. Aus den genannten Gründen kommt es bei insgesamt nur 15 bis 20 Prozent der befruchteten Eizellen zu einer »erfolgreichen« Schwangerschaft. Diese Quote entspricht auch etwa der Erfolgsrate bei der künstlichen Befruchtung. Und sie erklärt ebenfalls, warum Paare meist mehrere Monate warten müssen, bis die Frau schwanger wird.

Behinderung

Wenn in vorgeburtlichen Gentests keine Erbfehler festgestellt werden, wird das Kind gesund und nicht behindert.

Vorgeburtliche Gentests vermitteln eine falsche Sicherheit. Durch die so genannte Pränataldiagnostik lassen sich zwar manche Krankheiten feststellen, etwa die Chromosomenstörung, die mit dem Down-Syndrom einher geht. Andere Leiden, wie etwa die Epilepsie oder viele Stoffwechselerkrankungen, sind jedoch nicht mit Hilfe eines Gentests zu erkennen. Zahlreiche Erkrankungen sind nicht auf defekte Erbanlagen zurückzuführen. Außerdem kommt es immer noch zu Schädigungen während der Geburt, etwa durch Sauerstoffmangel oder andere Komplikationen, die von keinem Arzt vorausgesehen werden können.

B

Bettlektüre

Ein Buch unterm Kopfkissen fördert das Gedächtnis – am nächsten Morgen weiß man alles, was man am Abend gelesen hat.

Das Buch unterm Kopfkissen allein führt noch nicht dazu, dass sich am nächsten Morgen viele Dinge eingeprägt haben. Es ist allerdings schon so, dass Dinge, die man am Abend vor dem Zubettgehen noch gelesen oder gelernt hat, am nächsten Morgen besser erinnert werden als das, was früher am Tag gelesen oder gelernt wurde. Schließlich liegt ja nur die Nacht dazwischen und an neuen Eindrücken müssen nur die Träume verarbeitet werden.

»Blinddarmentzündung« I

Wer Kirschkerne verschluckt, kann eine »Blinddarmentzündung« bekommen.

Die Öffnung des Wurmfortsatzes, die vom Blinddarm abzweigt und sich entzünden kann, ist viel zu klein, als dass sie von einem Kirschkern verstopft werden könnte. Sie beträgt im Durchschnitt nur zwei Millimeter und bei knapp 20 Prozent der Menschen ist sie sogar komplett verschlossen. Die Entzündung des Appendix entsteht vielmehr durch Kotsteine, die sich dort festsetzen, durch Immunreaktionen, entzündliche Prozesse in seiner Umgebung oder eine Vereiterung innerhalb der kleinen Öffnung.

»Blinddarmentzündung« II

Mädchen und Jungen wird ähnlich häufig der »Blinddarm« entfernt.

In Deutschland kommen Mädchen deutlich häufiger als Jungen mit Verdacht auf »Blinddarmentzündung« ins Krankenhaus. In anderen Ländern ist der Unterschied nicht so groß. Es scheint eine deutsche Eigenart zu sein, dass Mädchen hier zu Lande wegen Beschwerden im Unterbauch schnell unters Messer geraten. Einer These zufolge liegt es am prüden Umgang mit der beginnenden weiblichen Geschlechtsreife, dass die Operationszahlen für Appendektomien in Deutschland ein Niveau erreicht haben, das weltweit seinesgleichen sucht. Es gibt allerdings keine genaue Statistik darüber, wie viele derartige Operationen unnötig waren und sind. Doch so viel ist sicher: Schmerzen, die mit der beginnenden Periode zu tun haben und für die Mädchen noch neu sind, werden schnell als »Blinddarmentzündung« gedeutet, wenn sie auf der rechten Seite lokalisiert sind.

»Blinddarmentzündung« III

Der »Blinddarm« befindet sich immer auf der rechten Seite.

Bei etwa 2.500 Menschen in Deutschland befindet sich der Blinddarm auf der linken Seite, beim Rest der Bevölkerung liegt er rechts. Die Organverteilung im Körper wird gegen Ende der ersten Woche unserer Embryonalentwicklung festgelegt. Auch die asymmetrische Zuordnung – Herz nach links, Leber und Blinddarm nach rechts – erfolgt in früher Embryonalzeit durch die Bewegung von Zilien, kleinen Flimmerhärchen, die viele Hohlräume des Körpers auskleiden. Sie bewirken, dass Botenstoffe zur Organentwicklung an die dafür vorgesehenen Orte gelangen. Bei etwa 5.000 Menschen in Deutschland liegt eine angeborene Bewegungsstörung der Zilien vor. Bei der Hälfte der Betroffenen sind auch die Organe vertauscht, dann spricht man vom Kartagener-Syndrom.

B

Ist die Zilienbewegung gestört, erfolgt die Rechts-links-Zuordnung zufällig, deswegen haben die Hälfte der Patienten mit Zilienstörung auch seitenverkehrte Organe – das heißt, den Blinddarm links und das Herz auf dem rechten Fleck. Doch daran leiden die Patienten nicht, schlimm sind die anderen Komplikationen. Denn eine Störung der Zilienbewegung kann sich in fast jeder Region des Körpers auswirken. Häufig sind die Lungen betroffen. Bei Gesunden transportieren die Flimmerhärchen durch ihren synchronen Schlag Schleim und Schadstoffe aus der Lunge zur Luftröhre, wo sie abgehustet werden können.

Bei Rauchern und bei Patienten mit angeborener Zilienstörung funktioniert diese Selbstreinigung kaum noch, daher ihr chronischer Hustenreiz. Zudem leiden sie unter Infekten, Lungenentzündungen und Aussackungen der Bronchien. Weil die Krankheit so selten ist, wird sie bei vielen Betroffenen fälschlicherweise als Asthma oder Bronchitis diagnostiziert. Manchmal führt die Störung auch zu Zystennieren oder Veränderungen der Leber. Selbst die flüssigkeitsgefüllten Hohlräume im Gehirn sind mit feinen Härchen besetzt. Sind sie unbeweglich, kann es zu neurologischen Entwicklungsstörungen und einem Anstieg des Hirndrucks kommen. Meistens kommen die Ärzte dem Leiden nur durch Zufall auf die Spur.

Der Grund für die Bewegungsarmut der Zilien ist genetischer Natur. Forscher fanden auf Chromosom 5 das defekte Gen – eines der größten menschlichen Gene überhaupt –, charakterisierten es und konnten mehr als zehn Mutationen beschreiben, die zur Zilienstarre führen. Der Gendefekt bewirkt, dass die Zilien unbeweglich bleiben. Auch die geißelförmigen Schwanzenden von Spermien sind wie Zilien aufgebaut. Wissenschaftler schätzen, dass bei etlichen unfruchtbaren Männern eine Störung der Zilienbeweglichkeit vorliegt. Hier funktioniert der biologische Motor nicht.

Literatur:
Olbrich H, Fliegauf M, Hoefele J, et al: Mutations in a novel gene, NPHP3, cause adolescent nephronophthisis, tapeto-retinal degeneration and hepatic fibrosis. Nature Genetics 2003;34:455-459

Blondinen

Männer halten Blondinen für blöd.

Vielleicht stimmt das zwar – aber ob Männer trotz dieser Vermutung oder gerade deswegen Blondinen bevorzugen, sei dahingestellt. Denn dass Männer auf Blondinen stehen, konnte in zahlreichen Umfragen seit Jahrzehnten immer wieder belegt werden. Evolutionspsychologen erklären die besondere Zuneigung der Männer mit den im Vergleich zu Dunkelhaarigen höheren Östrogenspiegeln der Blondinen. Die weiblichen Hormone der Blondinen sind auch der Grund dafür, dass sie fruchtbarer als Frauen mit andersfarbigen Haaren sind. Um sich ihre Nachkommenschaft zu sichern, so die Erklärung der Evolutionsforscher, schwängern Männer deshalb bevorzugt Blondinen.

Literatur:
Pease A, Pease B: Warum Männer nicht zuhören und Frauen immer Schuhe kaufen. Berlin 2002

Blut

Wenn der »rote Strich« bei einer Blutvergiftung das Herz erreicht, stirbt man.

Noch so ein Ammenmärchen. Der kurze, »rote Strich«, der manchmal nach einer Verletzung entlang der Blutgefäße zu sehen ist, beruht auf einer lokalen Entzündungsreaktion. Häufig entsteht er nach einer kleinen, unscheinbaren Wunde, die nicht richtig desinfiziert wurde. Er setzt sich dann zwar vielleicht weiter in Richtung Herz fort, erreichen tut er es aber nie.

B

Eher kommt es durch die Entzündung zu einer Schwellung des nächsten Lymphknotens, einer Lymphadenitis. Die macht sich durch eine Vergrößerung und Verhärtung bemerkbar, ist aber meistens schmerzlos. Sind die oberflächlichen Lymphbahnen entzündet (Lymphangiitis), kann sich ein roter Strich über zehn oder zwölf Zentimeter ausdehnen. Wenn sich die Entzündung dann, etwa bei abwehrschwachen Patienten, nicht selbst begrenzt oder nicht ausreichend behandelt wird, kann es in der Tat gefährlich werden. Sobald nämlich die Entzündung ins Blutsystem übergreift und es zu einer Blutvergiftung kommt, ist das meist ein schweres Krankheitsbild.

Sollte es nach einer Bagatellverletzung wirklich zu einer Blutvergiftung kommen, äußert sie sich allerdings nicht durch äußerlich sichtbare Symptome, auch nicht durch einen roten Strich. Sie betrifft den ganzen Körper. Schwäche, Fieber und eine Beeinträchtigung wichtiger Organfunktionen sind die typischen Komplikationen.

Bluthochdruck I

Hoher Salzkonsum erhöht den Blutdruck.

Wenn es um Faktoren geht, die den Blutdruck erhöhen, dann ist es für den weit verbreiteten Volksglauben vor allem das Salz. Seit Jahrzehnten wird deshalb vor einem zu hohen Salzkonsum gewarnt, weil dadurch angeblich der Blutdruck steigen würde, was wiederum –

unbestritten – das Risiko für Herzkrankheiten, Schlaganfälle und andere Leiden erhöht.

Selbst in der Wissenschaft ist um Schaden und Nutzen erhöhten Salzkonsums eine Art Glaubenskrieg entbrannt. Doch bis heute konnte nicht eindeutig nachgewiesen werden, dass viel Salz im Essen wirklich so gefährlich ist. Denn in den verschiedensten Untersuchungen zeigte sich, dass selbst starker Salzkonsum den Blutdruck nur minimal erhöht, in vielen Studien wird der Effekt mit nur ein bis zwei mm Hg Blutdruckanstieg angegeben. Bei älteren Menschen verändert sich der Blutdruck etwas stärker, er steigt bei massivem Salzkonsum um rund fünf mm Hg – was allerdings immer noch nicht sehr viel ist. Umgekehrt der gleiche Effekt: Wird das Salz in der Suppe und in der übrigen Nahrung erheblich beschränkt, lässt sich der Blutdruck auch nur geringfügig um wenige mm Hg senken.

B

Epidemiologen haben zwar argumentiert, dass selbst diese minimale Senkung des Blutdrucks weltweit gesehen die Zahl der Herzkrankheiten und Schlaganfälle erheblich vermindern könnte. Doch dabei wurde nicht ausreichend berücksichtigt, dass weniger Salzkonsum und geringerer Blutdruck wiederum einige Nebenwirkungen nach sich ziehen können: Dazu zählen etwa die vermehrte Ausschüttung von Stresshormonen, erhöhte Blutzuckerwerte und die Aktivierung des sympathischen Nervensystems, das den Körper in Alarmbereitschaft versetzt. All dies kann wiederum dazu führen, dass mehr Herz-Kreislauf-Zwischenfälle und sogar mehr Todesfälle auftreten.

Deshalb fordern Forscher eine Gesamtbilanz der Salzverminderung in der Nahrung, ob nun verminderter Salzkonsum das Leben verlängert oder nicht. Doch dazu gibt es noch kaum Untersuchungen. Außerdem weiß man noch nicht, warum einige wenige Menschen mit starken Blutdruckschwankungen auf Veränderungen ihres Salzkonsums reagieren und andere kaum. Aufgeschreckt wurde die Forschergemeinde auch durch eine Ende der 1990er-Jahre publizierte Langzeitstudie mit mehr als 11.000 Erwachsenen, in der die Sterblichkeit in der Gruppe mit dem höchsten Salzkonsum am niedrigsten war. Diese Beobachtung fand sich auch, wenn man nur die Herzkreislauftoten berücksichtigte. Dabei wurde über Jahrzehnte behauptet, dass Salz gerade auf Herz und Kreislauf einen negativen Einfluss ausübe.

Weil die neueren Daten vielen langjährigen Lehrmeinungen widersprechen, sind viele Forscher mittlerweile der Auffassung, dass bis zum Beweis des Gegenteils der mögliche Nutzen eines verminderten Salzkonsums nicht den möglichen Schaden aufwiegt – und dass deshalb keinerlei Empfehlungen zum Salzkonsum gerechtfertigt sind. Neuere Studien können den Zusammenhang zwischen Bluthochdruck und vermehrtem Salzkonsum nämlich teilweise gar nicht belegen und kritisieren, dass etliche der älteren Untersuchungen zu viele Ungereimtheiten aufweisen. Nach Sicht mancher Forscher wird die Gefahr durch zu viel Salz in der Nahrung völlig überbewertet. Ihrer Meinung nach verlässt das Salz den Körper auf natürlichem Wege, ohne zu schaden. Demnach wird bei einer erhöhten Salzzufuhr der Überschuss über die Nieren ausgeschieden, ohne dass dies gravierende Nachteile für den Organismus hat und unsere Lebenserwartung verkürzen könnte.

Literatur:

Intersalt cooperative Research Group: Intersalt. An international study of electrolyte excretion and blood pressure: results for 24 hour sodium and potassium excretion. British Medical Journal 1998;297:319-328

Whelton PK, Appel LJ, Espeland MA, et al: Sodium reduction and weight loss in the treatment of hypertension in older people. Journal of the American Medical Association 1998;279:839-846

Alderman MH, Cohen HW, Madhavan S: Dietary sodium intake and mortality: the National Health and Nutrition Examination Survey (NHANES I). Lancet 1998; 351:781-785

Alderman MH: Salt, blood pressure, and human health. Hypertension 2000;36:890-893

Alderman MH, Cohen HW: Impact of dietary sodium on cardiovascular disease morbidity and mortality. Current Hypertension Report 2002;4:453-457

Bluthochdruck II

Kaffee erhöht den Blutdruck massiv.

Schon 1934 wurde in einem wissenschaftlichen Aufsatz behauptet, dass der Konsum von Kaffee den Blutdruck in die Höhe treibt. Auch konnte gezeigt werden, dass Kaffee den Blutdruck akut rasch erhöhen kann, allerdings gewöhnt sich das Herz-Kreislauf-System sehr schnell daran. Zwar wurde in mehreren so genannten Beobachtungsstudien festgestellt, dass ein Zusammenhang zwischen vermehrtem Kaffeekonsum und Bluthochdruck bestand – ob es sich dabei jedoch um Ursache und Wirkung handelte, blieb fraglich.

Mediziner aus Baltimore haben daher bei mehr als 1.000 ehemaligen Medizinstudenten im Durchschnitt 33 Jahre lang den Blutdruck und den Kaffeekonsum untersucht. Die Ergebnisse zeigten, dass der Einfluss des Kaffees auf den Blutdruck erstaunlich gering war. So betrug der durchschnittliche Blutdruck bei den Teilnehmern, die gar keinen Kaffee tranken, 121,3/75,4 mm Hg, während er selbst bei denen, die mehr als fünf Tassen Kaffee täglich zu sich nahmen, auch nur bei 122,2/76,7 mm Hg lag. Zwar gab es eine Tendenz, dass diejenigen Probanden, die regelmäßig Kaffee tranken, im Alter von 60 Jahren auch häufiger an Bluthochdruck litten. Doch diese Daten waren nicht wissenschaftlich aussagekräftig.

Die Rolle des Kaffees als Risikofaktor in der Hochdruckentstehung wird nach diesen Untersuchungen deutlich überschätzt. Auch wenn Kaffee dazu in der Lage ist, den Blutdruck kurzfristig anzukurbeln, trägt er kaum zum Krankheitsbild des chronischen Bluthochdrucks bei.

Literatur:
Klag MJ, Wang NY, Meoni LA, et al: Coffee intake and risk of hypertension. Archives of Internal Medicine 2002;162:657-662
Jee SH, He J, Whelton PK, et al: The effect of chronic coffee drinking on blood pressure: a meta-analysis of controlled clinical trials. Hypertension 1999;33:647-652

Bluttransfusionen

Im Jahre 1628 entdeckte der britische Arzt William Harvey (1578–1657) den menschlichen Blutkreislauf. Er beschrieb außerdem den Lungenkreislauf, sowie die Venenklappen und Herzklappen. Mit mathematischen Berechnungen und einfachen Versuchen an Mensch und Tier widerlegte er als Erster die Theorie des antiken Arztes Galen, wonach im Körper täglich große Blutmengen produziert und wieder vernichtet würden – nach Galens Auffassung war übrigens die Leber die Produktionsstätte für das Blut. Indem Harvey das geschätzte Volumen der linken Herzkammer mit der Zahl der täglichen Herzschläge multiplizierte, wies er jedoch nach, dass so viel Blut unmöglich von der Leber jeden Tag aufs Neue produziert werden konnte.

Harveys bahnbrechende Erkenntnisse hatten etliche weitere Versuche zur Folge. Gelegentlich handelte es sich dabei um ungewöhnliche Bluttransfusionen: Um den Blutkreislauf genauer zu untersuchen, hatte der Engländer Richard Lower 1665 bereits mehrmals erfolgreich Blut von Tier zu Tier übertragen. 1667 wagte sich Lower dann allerdings an den Menschen und übertrug einem seiner Studenten in Oxford gleich zweimal Schafblut.

Wegen erheblicher Zwischenfälle, die verniedlichend als »Schaf-Melancholie« bezeichnet wurden, wurde das Verfahren jedoch schnell wieder eingestellt. Auch in Frankreich wurde die Übertragung von Tierblut auf den menschlichen Organismus betrieben. Da jedoch viele Versuchspersonen mit einer massiven Unverträglichkeit reagierten und sogar zu Tode kamen, wurde dieses rüde Verfahren auch dort wieder verboten.

Diese Zwischenfälle schienen 200 Jahre später wieder weitgehend vergessen zu sein. Der Greifswalder Mediziner Leonard Landois erstellte 1875 eine Statistik über die seit 1666 durchgeführten Bluttransfusionen. Auch im 19. Jahrhundert wurden – besonders zur Heilung von Tuberkulosekranken – immer wieder Übertragungen von Tier auf Mensch vorgenommen. Von den 129 Transfusionen vom Tier auf den Menschen waren 62 tödlich ausgegangen, vor allem die mit Lammblut. Der Chirurg Richard von Volkmann aus Halle fasste die Therapieaussichten zusammen: »Zur Übertragung von Schafblut gehören drei Schafe: Eines, dem man das Blut entnimmt, ein zweites, das es sich übertragen lässt, und ein drittes, das die Übertragung ausführt.«

Literatur:
Payne L: »With much nausea, loathing, and foetor«: William Harvey, dissection, and dispassion in early modern medicine. Vesalius 2002;8:45-52
McKechnie MD, Robertson C: The resuscitation greats. William Harvey. Resuscitation 2002;55:133-136
Schultz SG: William Harvey and the circulation of the blood: the birth of a scientific revolution and modern physiology. News in Physiological Sciences 2002;17:175-80

Botulinum-Toxin

Botulinum-Toxin ist in geringsten Dosierungen tödlich und Menschen sollten jeden Kontakt mit dem starken Gift vermeiden.

Es stimmt, dass schon geringe Dosierungen von einem Nanogramm eine tödliche Wirkung haben – wenn das Bakteriengift mit der Nahrung aufgenommen wird oder in die Atemwege gelangt. Diese Gefährlichkeit scheint viele Menschen jedoch nicht zu schrecken. Enormen Zulauf hat etwa die »Lunchtime«-Behandlung mit »Botox« zur Faltenglättung. Etliche Amerikaner und immer mehr Deutsche lassen sich in der Mittagspause Botulinum-Toxin unter die Haut spritzen. Dabei handelt es sich um einen der stärksten biologischen Giftstoffe überhaupt, der von Bakterien produziert wird.

Er wurde dennoch seit den 1980er-Jahren zur Schielbehandlung und bei Kindern mit spastischen Bewegungsstörungen eingesetzt. Da »Botox« die Muskeln nahe der Injektionsstelle für Wochen lahm legt, wird es auch zur kosmetischen Korrektur von Falten verwendet. Mehr als eine Million solcher Injektionen ließen sich Amerikaner im Jahr 2000 setzen. Nachteil: Die Prozedur muss alle paar Monate wiederholt werden.

Brustkrebs I

Durch Stöße auf die Brust kann Brustkrebs entstehen.

Dies ist eine früher häufig geäußerte Vermutung, die allerdings durch keine Untersuchung und keinerlei klinische Erfahrung belegt werden kann. Da Menschen für unvorhersehbare Schicksalsschläge wie Krebs jedoch schon immer nach Erklärungen suchten, entstand der Glaube an die Krebs auslösende Wirkung von Stößen und Hieben.

Zwar ist die Brust ein äußerst empfindliches Organ, dem Stöße nicht gut tun. Aber Krebs entsteht durch eine wie auch immer geartete äußere Gewalteinwirkung auf die Brust keinesfalls. Der einzige Zusammenhang könnte darin bestehen, dass Frauen nach stärkeren Stößen oder gar Verletzungen der Brust einen Arzt aufsuchen und bei der Untersuchung oder der weiteren Diagnostik dann zufällig ein Tumor entdeckt wird.

Brustkrebs II

B

Büstenhalter fördern die Entstehung von Brustkrebs.

Vor einigen Jahren wurde die Nachricht verbreitet, dass zu enge Büstenhalter oder Büstenhalter überhaupt als eindeutiges Risiko für die Entstehung von Brustkrebs identifiziert worden seien. Manche Frauen wollten sich unter dem Motto »zurück zur Natur« vom BH befreien, andere hielten das Kleidungsstück für ein Symbol der Unterdrückung und Disziplinierung der Frau. Sogar eine medizinische Erklärung für die angeblich so schädliche Unterwäsche wurde gefunden: Demnach würden BHs Lymphbahnen abdrücken, woraufhin Stoffwechselschlacken nicht abgeleitet werden könnten. Ein Fachartikel oder eine andere wissenschaftliche Quelle für diese Behauptung konnte jedoch nicht gefunden werden, obwohl viele Forscher danach suchten. Schließlich wurden Ärzte und Fachgesellschaften in Europa und Nordamerika mit den Anfragen besorgter Frauen überschwemmt.

Da Mädchen und Frauen mit großen Brüsten häufiger Büstenhalter tragen als ihre kleinbrüstigeren Geschlechtsgenossinnen, wurde der Zusammenhang der Brustgröße bei jungen Frauen und einem späteren Auftreten von Brustkrebs untersucht. Denn gerüchteweise hieß es auch, dass Mädchen mit großem Busen das höchste Risiko tragen, weil sie bereits früh zu einengenden Büstenhaltern gezwungen würden. Belegen ließ sich auch dieser Zusammenhang nicht, außer für Frauen, die schon mit Beginn der Pubertät mindestens Körbchengröße D getragen hatten, obwohl sie sehr schlank waren. Es ist jedoch bekannt, dass hormonelle Risikofaktoren und die schwierigere Früherkennung von Erkrankungen bei großen Brüsten die Gründe für das leicht erhöhte

Brustkrebsrisiko bei Frauen mit großer Oberweite ist. Büstenhalter haben auch bei diesen Frauen keinen nachweisbaren Einfluss auf die Entstehung einer Krebserkrankung.

Brustkrebs III

Männer können nicht an Brustkrebs erkranken.

Diese bösartige Erkrankung ist bei Männern zwar weitaus seltener als bei Frauen – aber auch Männer können Brustkrebs bekommen und daran sterben. Die Geschlechter unterscheiden sich in Erkrankungshäufigkeit und Sterblichkeit um den Faktor 100. Jährlich erkranken in Deutschland etwa 48.000 Frauen an Brustkrebs neu und »nur« rund 400 Männer. Im Jahr 1999 sind in Deutschland 182 Männer an Brustkrebs gestorben gegenüber etwa 18.000 Frauen. Das Erkrankungsalter liegt bei Männern im Durchschnitt zwischen 60 und 65 Jahren, das ist etwa zehn Jahre später als bei den Frauen.

Bei den meisten Männern macht sich der Brustkrebs als ein kleiner, schmerzloser Knoten bemerkbar. Bei 20 Prozent der Männer kommt es zu Geschwürsbildungen oder Blutungen aus der Brustwarze, nur zehn Prozent klagen über Schmerzen. Da die Erkrankung bei Männern so selten ist, wird sie auch von vielen Ärzten nicht oder nicht rechtzeitig genug erkannt. Häufig erfolgt die Diagnose dann erst relativ spät. Deshalb ist die Prognose und die Überlebensrate für Männer mit Brustkrebs noch schlechter als die für Frauen. Die Therapieempfehlungen sind für Mann und Frau die gleichen.

Literatur:
Backe J: Brustkrebs beim Mann. Deutsches Ärzteblatt 2002;17:C913

B

Burn-out-Syndrom

Das Burn-out-Syndrom ist bei Lehrern immer noch die Ausnahme.

Herbert Freudenberger, ein New Yorker Mediziner, hat den Begriff Burn-out 1974 erstmals verwendet. In den folgenden 30 Jahren hat das Syndrom eine unglaubliche Karriere gemacht. Aktuellen Studien zufolge sind 28 bis 36 Prozent der Lehrkräfte an den allgemeinbildenden Schulen in Deutschland von der Diagnose betroffen. Ist hier der wahre Grund für den Pisa-Schock zu sehen? Liegt es an den kranken und ausgebrannten Lehrern, dass unsere Schüler im internationalen Vergleich so jämmerlich abgeschnitten haben?

Lehrer mit Burn-out-Syndrom sind typischerweise zwischen 50 und 60 Jahre alt. Die psychosomatische Beschwerden können zwar bei jedem der Pädagogen anders ausfallen – Rückenschmerzen, Magen-Darm-Leiden, Migräne, aber auch Schwindel, Depressionen oder Herzrhythmusstörungen werden genannt. Gemeinsam ist den Lehrern mit Burn-out jedoch, dass sie über Konzentrationsstörungen und emotionale Probleme klagen und dass kaum einer noch gut schlafen kann.

Soweit bekannt, sind es besonders die ehemals idealistischen und engagierten Lehrer, die irgendwann in ihrer Karriere in eine Krise geraten und an Burn-out oder anderen Überforderungssymptomen leiden. Im Vergleich zu Menschen, die sich wenig verausgaben und viel Anerkennung bekommen, haben diejenigen, die sich stark verausgaben, aber wenig Anerkennung dafür bekommen, eine 2,15fach erhöhte Wahrscheinlichkeit, zu erkranken.

Zu Dienstunfähigkeit und vorzeitigem Ruhestand kommt es bei 50 Prozent der deutschen Lehrer. Im Jahr 2000 hielten nur 35,8 Prozent der Pädagogen bis zur üblichen Altersgrenze durch. Eine extrem hohe Quote, die von keiner sonstigen Berufsgruppe erreicht wird. In Baden-Württemberg gehen 49,5 Prozent der beamteten Lehrer wegen Dienstunfähigkeit vorzeitig in den Ruhestand. Im Vergleich dazu sind es bei Beamten im Verwaltungsdienst nur 28,4 Prozent, bei Vollzugsbediensteten nur 22,1 Prozent. Äußerst hoch ist mit 52 Prozent auch die Rate der psychischen Störungen, die als Hauptdiagnose für die Frühpensionierung bei Lehrern gestellt wird.

Cellulitis I

Cellulitis ist eine behandlungsbedürftige Krankheit.

Alles eine Frage der Definition. Aber bei Cellulitis von einer Krankheit zu sprechen, wäre vermessen. Die auch als Orangenhaut bezeichnete Veränderung der Haut gerade im Bereich von Oberschenkeln und Gesäß ist – wenn überhaupt – ein rein kosmetisches Problem. Einen Krankheitswert hat die Hautveränderung nicht, außer, dass viele Frauen (und auch manche Männer) meinen, darunter zu leiden.

Aber ob Krankheit oder nicht – die Pharma- und Kosmetikbranche sollte dem findigen Kopf, der einst den Begriff Cellulitis prägte, ein Denkmal setzen. Mit zumeist wirkungslosen Mitteln gegen das Erschlaffen der Haut werden jährlich Millionen Euro umgesetzt.

C

Literatur:
Bartens W: Was hab ich bloß? Die besten Krankheiten der Welt. München 2003

Cellulitis II

Hormonsalbe auf den Beinen bringt Besenreiser und Cellulitis zum Verschwinden.

Schön wär's ja. Aber so einfach funktioniert das nicht mit der Verjüngungskur für die Beine. Als Hormonpräparate in der zweiten Hälfte des 20. Jahrhunderts als Jungbrunnen und Allheilmittel für die Frau galten, fand auch diese fragwürdige Behandlung viele Anhänger. Da es sich bei den Hormonpräparaten zur äußerlichen Anwendung um Salben und Cremes handelt, wird durch ihre Anwendung zumindest die Haut weich.

Cholera

Max Pettenkofer (1818–1901), Arzt und Apotheker, erhielt 1865 die erste Professur für Hygiene in Deutschland und zwar in München. Der Mediziner beschäftigte sich vor allem mit der Entstehung von Cholera und Typhus und sah die wichtigste Voraussetzung für einen Schutz vor diesen gefährlichen Erkrankungen in der Reinhaltung des Bodens, des Trinkwassers und der Luft. Der von Robert Koch 1882 entdeckte Cholerabazillus war nach Pettenkofers Einschätzung jedenfalls nicht der wichtigste Auslöser für eine Cholera-Erkrankung.

Um dies zu beweisen, trank Pettenkofer am 7. Oktober 1892 im öffentlichen Selbstversuch eine Brühe, in der es von frisch gezüchteten Cholerabazillen wimmelte. Seine heroische Tat wurde deshalb so bekannt, weil zur selben Zeit in Hamburg und Paris große Cholera-Epidemien wüteten. Pettenkofer war davon überzeugt, dass ihm die Bakterien nichts anhaben und von seiner Magensäure vernichtet werden würden und ihm deshalb kein Schaden zustieße.

Aus welchen Gründen auch immer: Pettenkofer erkrankte nicht und überlebte. Er sah sich in seiner Theorie bestätigt. Vielleicht war es dem Mediziner 1892 aber auch schon ziemlich egal, wie der riskante Selbstversuch ausging. Denn wenige Jahre später, am 10. Februar 1901, nahm er sich das Leben.

Der Choleradrink von Max Pettenkofer ist zwar der bekannteste, doch in den 1880er- und 1890er-Jahren nahmen auch etliche andere Mediziner eine mit Erregern der Cholera verseuchte Bakterienbrühe zu sich. 1893 etwa gab es gleich mehrere Selbstversuche in der Arbeitsgruppe des Russen Ilja Iljitsch Metschnikow. Und die russischen Bakteriologen Zablotny und Sawtschenko versuchten, sich durch die Impfung von abgetöteten Cholerakeimen gegen die Krankheit zu immunisieren. Nach der Impfung tranken sie lebende Bakterien – und blieben von der Cholera verschont.

Die Mediziner – insgesamt fast 50 –, die in diesen Jahren Cholerabazillen tranken oder sich impfen ließen, hatten zwar alle ihre eigene Theorie, warum sie den Selbstversuch überlebten. Doch niemand konnte zu dieser Zeit erklären, warum bei den einen die Infektion gar nicht auftrat, während sie bei anderen leicht sogar schwer verlief.

Literatur:
Locher WG: Max von Pettenkofer – life stations of a genius on the 100th anniversary of his death (February 9, 1901). International Journal of Hygiene and Environmental Health 2001;203:379-391
Evans AS: Two errors in enteric epidemiology: the stories of Austin Flint and Max von Pettenkofer. Review of Infectious Diseases 1985;7:434-440
Evans AS: Pettenkofer revisited: the life and contributions of Max von Pettenkofer (1818-1901). Yale Journal of Biology and Medicine 1973;46:161-176

Cholesterin I

Menschen mit erhöhtem Cholesterin, aber ohne Beschwerden leben länger, wenn ihr Cholesterinspiegel gesenkt wird.

Seit 1948 wird ein Zusammenhang zwischen erhöhtem Blutfettspiegel und Herzinfarkt behauptet. Spätestens nach dem Wirtschaftswunder mit seinen fetten Fleischspeisen und schweren Saucen wurde dann in den 1970er-Jahren das Cholesterin auch in der Öffentlichkeit zum prominentesten unter inzwischen mehr als zweihundert Risikofaktoren im Kampf gegen den Herztod. Doch bis heute können Mediziner ein Cholesterinparadox nicht richtig erklären: Es ist zwar unbestritten, dass ein erhöhtes Cholesterin auch zu einem gesteigerten Infarkt- und Schlaganfall-Risiko führt, umgekehrt lässt sich aber nicht eindeutig nachweisen, dass das Leben verlängert wird, wenn der Cholesterinspiegel durch Medikamente gesenkt wird.

Dazu wurden zahlreiche Untersuchungen durchgeführt. In den Studien ließ sich auch fast immer beobachten, dass unter der Behandlung mit Fettsenkern weniger Herzbeschwerden und Komplikationen auftraten. Doch der Nutzen für das Überleben der Probanden erwies sich als sehr marginal: Man müsste schon ein Jahr lang 1.000 Menschen mit cholesterinsenkenden Medikamenten behandeln, damit ein zusätzlicher jährlicher Todesfall vermieden wird. Da die Fettsenker selbst mit – zwar zumeist geringen, aber durchaus vorhandenen – Nebenwirkungen einhergehen (wie nicht nur der Skandal um den Fettsenker Lipobay gezeigt hat), ist es umstritten, ob sich die medikamentöse Senkung des Cholesterins bei beschwerdefreien Patienten lohnt. Patienten, die bereits einen Herzinfarkt hatten, profitieren stärker von einer Senkung ihrer Cholesterinwerte – sowohl die Häufigkeit neuerlicher Beschwerden als auch das Überleben betreffend.

Ein weiteres Paradox betrifft die Sterblichkeit und die Cholesterinwerte im Alter (s.u.). Wenn man erst die 65, 70 erreicht hat, scheint eine hohe Cholesterinkonzentration nicht mehr schädlich zu sein. Im Gegenteil: Zahlreiche Studien haben gezeigt, dass ältere Menschen mit niedrigen Cholesterinwerten eher krank werden, früher sterben und selbstmordgefährdeter sind als Gleichaltrige mit höheren Konzentrationen.

C

Literatur:
Katerndahl DA, Lawler WR: Variability in meta-analytic results concerning the value of cholesterol reduction in coronary heart disease: a meta-meta-analysis. American Journal of Epidemiology 1999;149:429-441
Gould AL, Rossouw JE, Santanello NC, et al: Cholesterol reduction yields clinical benefit: impact of statin trials. Circulation 1998;97:946-952

Cholesterin II

Ein niedriger Cholesterinwert ist gesund und verlängert das Leben.

Ein niedriger Cholesterinspiegel mag in den meisten Fällen ein Zeichen für gute Gesundheit sein, für die richtige Ernährung und ausreichend Bewegung. Andererseits kann er auch auf bestimmte Krankheiten hinweisen: Aids, Leberschäden, Schilddrüsenüberfunktion, Mangelernährung und chronische Blutarmut. Im Alter ist ein niedriger Cholesterinspiegel sogar ein ungünstiges Zeichen: Ältere Krankenhauspatienten und Heimbewohner mit sehr niedrigen Cholesterinwerten haben nämlich ein erhöhtes Risiko, früher zu sterben als die Gleichaltrigen mit höheren Werten. Bei älteren Patienten spricht ein sinkender Cholesterinspiegel für eine schlechte Prognose. Niedrige Cholesterinwerte gehen außerdem mit einer erhöhten Selbstmordrate einher. Die genaue Ursache für diese Beobachtung ist nicht bekannt.

Literatur:
Weverling-Rijnsburger AW, Blauw GJ, Lagaay AM, et al: Total cholesterol and risk of mortality in the oldest old. Lancet 1997;350:1119-1123
Speicher CE: Rationale Labordiagnostik. Bern 2001

Cholesterin III

Ein hoher Cholesterinwert ist in jedem Fall schädlich.

C

Wenn es um Herz-Kreislauf-Leiden geht, ist das Cholesterin in unserer Wahrnehmung zum Übeltäter Nummer eins geworden. Kein gesundheitlicher Risikofaktor, der so stark von der Bevölkerung angenommen wurde. Apotheken bitten zum Schnelltest, an den Lebensmittelregalen fällt die Entscheidung für oder gegen den Kauf oft erst nach Prüfung des Cholesteringehalts. Mit Verbreitung der allgemeinen Cholesterin-Hysterie geriet fast in Vergessenheit, dass Cholesterin ein lebenswichtiger Bestandteil des Körpers ist, auf den wir nicht verzichten können.

Bei älteren Menschen ist die Rolle eines erhöhten Cholesterinwertes jedoch noch sehr umstritten. Verschiedene Untersuchungen haben gezeigt, dass ein erniedrigtes Cholesterin mit einer höheren Sterblichkeit an Krebs, Atemwegserkrankungen und Unfällen einherging.

Niederländische Mediziner aus Leiden haben den Einfluss des Cholesterinwerts auf die Sterblichkeit bei sehr alten Menschen untersucht. Die 724 Teilnehmer der Studie waren im Durchschnitt 89 Jahre alt und wurden zehn Jahre lang zwischen 1986 und 1996 untersucht. In diesem Zeitraum starben 642 der Probanden. Sowohl bei Männern als auch bei Frauen zeigte sich, dass die Teilnehmer mit hohen Cholesterinwerten länger überlebten als diejenigen mit mittelhohen, die wiederum länger lebten als jene mit niedrigen Cholesterinkonzentrationen.

Bei denen, die an Herz-Kreislauf-Versagen starben, war die Lebensdauer nicht abhängig vom Cholesterinwert. Die Sterblichkeit an Krebs und an Infektionskrankheiten war jedoch in der Gruppe mit dem niedrigsten Cholesterinwert am höchsten und in der mit dem höchsten

Cholesterinwert am niedrigsten. Kein Grund also, alte Menschen, die sich im Krankenhaus oder Pflegeheim befinden, auf eine cholesterinarme Diät zu setzen – im Gegenteil.

Literatur:
Jacobs D, Blackburn H, Higgins M, et al: Report of the conference on low blood cholesterol: mortality associations. Circulation 1992;86:1046-1060
Schuit AJ, van Dijk CRMJ, Dekker JM, et al: Inverse association between serum cholesterol and cancer mortality in Dutch civil servants. American Journal of Epidemiology 1993;137:966-976
Weverling-Rijnsburger AW, Blauw GJ, Lagaay AM, et al: Total cholesterol and risk of mortality in the oldest old. Lancet 1997;350:1119-1123

Cola

Cola löst ein Stück Fleisch über Nacht auf, deshalb greift es auch die Magenwände an.

Seit es die braune Brause gibt, werden Cola allerlei Wunderdinge nachgesagt. Neben dem Nagel, von dem Cola den Rost lösen kann (was stimmt!), wird immer wieder auf das Stück Fleisch verwiesen, das über Nacht verschwindet, wenn es in Cola eingelegt wird. Dabei ist das unsinnig. Diese Vermutung kann einfach durch einen Selbstversuch widerlegt werden. Am nächsten Tag sieht das Stück Fleisch zwar nicht sehr appetitlich aus, verschwunden ist es durch das Cola-Bad aber keineswegs.

Die Magenwände sind mit einer sehr widerstandsfähigen Schleimhaut ausgestattet, die immerhin auch hochprozentigen Alkohol (zumindest in Maßen) und fettiges Fleisch übersteht. Auf den Magen-Darm-Trakt hat Cola sogar eine beruhigende Wirkung. Einer ihrer Bestandteile, die Phosphorsäure, ist beispielsweise auch in Medikamenten enthalten, die bei Durchfall verordnet werden.

Literatur:
Nemery B, et al: Mass sociogenic illness. Lancet 1999;354:77

Contergan

Im Jahr 1961 kam es zu einer unerklärlichen Häufung von Missbildungen bei Neugeborenen in Deutschland. Auffällig viele Kinder kamen mit verstümmelten Armen oder Beinen zur Welt, manchen fehlten die Ohren oder die Zwischenglieder der Gliedmaßen waren verkürzt. Der Kinderarzt Widukind Lenz machte am 18. November 1961 während einer Fortbildung in Düsseldorf zum ersten Mal darauf aufmerksam, dass möglicherweise ein Zusammenhang zwischen den Fehlbildungen und der Einnahme des Schlafmittels Thalidomid (»Contergan«) während der Schwangerschaft bestehen könnte.

Kaum war Lenz' Vermutung bekannt geworden, meldeten sich Hunderte von Müttern, die Kinder mit schweren Fehlbildungen zur Welt gebracht hatten. Alle folgenden Befragungen und Nachforschungen ergaben, dass die Mütter das Beruhigungs- und Schlafmittel »Contergan« eingenommen hatten, während sie schwanger waren. Das Medikament galt als nebenwirkungsarm, deshalb wurde es auch von etlichen Medizinern bedenkenlos für die Schwangerschaft empfohlen.

Am 1. Oktober 1957 war Thalidomid in Deutschland auf den Markt gekommen. In Tierversuchen und auch bei einer Testreihe an mehr als 300 Patienten waren keine nennenswerten Nebenwirkungen beobachtet worden. Von 1957 bis 1961 wurde das Mittel an schätzungsweise fünf Millionen Menschen verkauft, allein in Deutschland wurde es von etwa 70.000 Patienten regelmäßig verwendet. Bei der Herstellerfirma Chemie Grünenthal gingen kaum Klagen über Nebenwirkungen ein.

Als 1961 einige Patienten über Kribbelgefühle bei längerfristiger regelmäßiger Einnahme berichteten, veranlasste die Firma unmittelbar, dass das bisher frei verkäufliche »Contergan« nur noch auf Rezept bezogen werden konnte. Die Ärzte verordneten es trotzdem weiter, weil sie es – etwa im Vergleich zu ähnlich wirksamen Mitteln wie den bis heute gebräuchlichen Barbituraten – weiterhin für harmlos hielten.

Nach weiteren Untersuchungen und Ermittlungen wurden insgesamt 2.625 Kinder mit Fehlbildungen durch Contergan in Deutschland registriert. Im Mai 1968 begann in Aachen der Contergan-Prozess wegen fahrlässiger Tötung. Das Gericht sah Thalidomid zwar als

Verursacher für die körperlichen Schädigungen an, ein Urteil fällte es jedoch nicht. Im Dezember 1970 wurde der Prozess – gegen Zahlung von Entschädigungen an die Opfer – eingestellt. In der Folge kam es allerdings zu einer Neuregelung der Sorgfaltspflichten der Arzneimittelhersteller, die fortan ihre Medikamente vor der Vermarktung gründlich in klinischen und tierexperimentellen Studien prüfen lassen mussten.

Literatur:
Botting J: The history of thalidomide. Drug News and Perspectives 2002;15:604-611
Maio G: On the history of the Contergan (thalidomide) catastrophe in the light of drug legislation. Deutsche Medizinische Wochenschrift 2001;126:1183-1186
Schulte-Wissermann H: The Contergan (Thalidomide) case. Catastrophic consequences. Kinderkrankenschwester 2000;19:360-366
Hartlmaier KM: The contergan tragedy – a brutal lesson. Zahnärztliche Mitteilungen 1971;61:62-65
Amelung W, Puntmann E: Clinical aspects and therapy of the so-called Contergan-polyneuropathy. Nervenarzt 1966;37:189-199

Depression I

Männer »fressen« alles in sich hinein und neigen daher eher zu Depressionen.

Das Gegenteil ist der Fall. In den westlichen Ländern sind doppelt so viele Frauen wie Männer depressiv. Woran das liegt, ist noch weitgehend unbekannt, es gibt jedoch verschiedene Theorien dazu: Hormonelle Unterschiede werden als Auslöser diskutiert, außerdem gesellschaftliche Rollenzuweisungen und Erwartungshaltungen, wie etwa die Doppelbelastung vieler Frauen durch Beruf und Familie.

Bei einer Depression kann häufig ein Ungleichgewicht der Botenstoffe Serotonin und Noradrenalin im Gehirn festgestellt werden. Wie diese Hormone von Nervenimpulsen und den übrigen Hormonen beeinflusst werden, ist noch weitgehend unbekannt. Allerdings weiß man seit einiger Zeit, dass Lebensmittel, die viel Serotonin enthalten (wie etwa Bananen), zu einer Stimmungsaufhellung führen können.

Literatur:
Tölle R: Depressionen. Erkennen und Behandeln. München 2000
Simon GE, et al: An international study of the relation between somatic symptoms and depression. New England Journal of Medicine 1999;341:1329-1335

Depression II

Depressionen sind selten und gehen meistens schnell vorüber.

D

Nach einer Untersuchung der Weltgesundheitsorganisation ist die Depression in den Industrienationen die Volkskrankheit Nummer eins. Dies bezieht sich sowohl auf die Schwere der Symptome als auch auf die durchschnittliche Dauer des Leidens. In Deutschland leiden seriösen Schätzungen zufolge etwa fünf Prozent aller Menschen unter einer Depression, die so schwerwiegend ist, dass sie auch behandelt werden sollte. Das sind 10.000 Menschen in einer Stadt von der Größe Karlsruhes oder Augsburgs.

Die Krankheit wird von vielen Hausärzten nicht erkannt oder bagatellisiert und bleibt deshalb oft unbehandelt. Verschiedenen Schätzungen und Untersuchungen zufolge leiden zwischen 20 und 30 Prozent der älteren Menschen gelegentlich oder dauerhaft unter Depressionen, doch nur ein Prozent von ihnen wird angemessen behandelt. Das liegt nicht nur an den Ärzten, sondern auch daran, dass viele Kranke lange Zeit den Kontakt zu einem Spezialisten scheuen, der ihnen weiter helfen könnte.

Es gibt zwar auch vorübergehende Depressionen, aber für die Mehrzahl trifft das nicht zu, sie machen nur ein Viertel bis ein Drittel aller Depressionen aus. Die meisten Depressionen bleiben hartnäckig über Jahre bestehen und lassen sich manchmal auch schlecht behandeln. Dies zeigt sich auch an der Zahl der Selbstmorde in Deutschland. Ein Großteil der jährlich etwa 12.000 Selbsttötungen ist vermutlich auf Depressionen zurückzuführen (im Vergleich dazu sterben »nur« 500 Menschen jährlich durch Mord und Totschlag und zwischen 6.000 und 7.000 im Straßenverkehr). Bei mehr als der Hälfte aller Suizide ist von einer depressiven Vorerkrankung auszugehen.

Doch Depressionen wirken sich nicht nur auf die Selbstmordrate aus. Depressive leiden auch deutlich häufiger als die übrige Bevölkerung an anderen körperlichen Erkrankungen, etwa Herzinfarkt oder anderen Herz-Kreislauf-Leiden.

Literatur:
Judd LL: Surveys show that 20-30% of elderly patients exhibit SSD symptomatology. Intern Medicine World Report 1997;12:33-34
Dinan TG: The physical consequences of depressive illness. British Medical Journal 1999;318:826
Blum W: Bündnis gegen die Schwermut, Die Zeit 13.12.2001,S.38

Depression III

Die meisten Selbstmorde werden im Herbst verübt.

Entgegen landläufiger Meinung werden mehr Selbstmorde im Frühling als während der trüben Herbsttage verübt. Über die genauen Ursachen sind sich die Mediziner noch nicht einig. Zwar lassen sich jahreszeitliche Schwankungen von manchen Hormonen feststellen, aber von keinem ist ein so entscheidender Effekt auf die Psyche bekannt, dass es als ursächlich für Selbstmord verantwortlich gemacht werden könnte.

Vielleicht ist auch das allgemeine Frühlingserwachen in der Natur besonders niederziehend für manche Depressive, gemäß dem Motto: »Alles blüht neu auf, nur ich verwelke.«

Depression IV

Selbstmordgefährdete Menschen sollten nicht auf ihre Selbstmordgedanken angesprochen werden.

Nach allem, was man bisher weiß, ist das Gegenteil der Fall. Selbstmordgefährdete Menschen fühlen sich meistens erleichtert, wenn sie auf ihre Suizidphantasien angesprochen werden. Die auch bei Ärzten vorhandene Sorge, einen Selbstmord erst auszulösen, wenn das Thema angesprochen wird, halten die meisten Psychiater für nicht begründet.

Davon abzugrenzen sind Berichte über besonders spektakuläre Selbstmordfälle in den Medien. Verschiedene Studien haben nämlich gezeigt, dass reißerische Berichte über Selbstmorde einen »Werther-Effekt« auslösen können. Nachdem Goethes Briefroman vor rund 230 Jahren erschienen war, brachten sich viele Menschen in Deutschland nach dem Vorbild des jungen Romanhelden um.

In Hamburg ist es beispielsweise im Jahr 2001 zu 50 Prozent weniger Selbstmorden in U-Bahnhöfen im Vergleich zum Jahr 2000 gekommen. In der Hansestadt wird dies auf ein Abkommen mit den Medien zurückgeführt, wonach auch die Boulevardpresse über Suizide nicht ausführlich berichtet und auf Bilder verzichtet. Je detaillierter die Schilderungen eines Selbstmordes sind, desto häufiger finden sich Nachahmer.

Bekannt ist dieses Phänomen auch aus San Francisco, wo die Golden-Gate-Bridge Selbstmordwillige aus allen Gegenden der Vereinigten Staaten angezogen hat. In den 1980er-Jahren wurde dann bei dem 950. Selbstmord von der Brücke die offizielle Statistik eingestellt. Niemand sollte mit der Aussicht auf das makabre Jubiläum des 1000. Selbstmords in die kalifornische Metropole gelockt werden. Seit Mitte der 1980er-Jahre nahm die Zahl der Selbstmordopfer an der Golden-Gate-Bridge deutlich ab.

Literatur:
Bhugra D, Mastrogianni A: Globalisation and mental disorders: Overview with relation to depression. British Journal of Psychiatry 2004;184:10-20
Lester D, Wood P, Williams C, Haines J: Correlates of motives for suicide. Psychology Report 2003;93:378

Depression V

Depressive sind körperlich ansonsten gesund.

D

Am Anfang ihrer Erkrankung mag das noch stimmen. Auf Dauer sind Depressive jedoch einem höheren Risiko ausgesetzt, schwer zu erkranken und früher zu sterben. Während die sozialen und psychischen Folgen einer Depression von den Forschern ausführlich untersucht worden sind, wurden die körperlichen Auswirkungen lange Zeit vernachlässigt. Erst seit den 1990er-Jahren gab es mehrere Untersuchungen, die sich dieses Problems annahmen.

Eine amerikanische Studie beobachtete die Gesundheit von 237 gesunden Männern vom Beginn ihrer Collegezeit an bis zum 70. Lebensjahr. In diesem mehr als 50-jährigen Untersuchungszeitraum zeigte sich, dass von den Männern, die im Laufe ihres Lebens eine depressive Episode durchmachten, bereits 45 Prozent gestorben waren, während von denen, die psychisch immer gesund blieben, nur fünf Prozent nicht mehr lebten.

In einer anderen Untersuchung mit rund 1.200 Studienanfängern zeigte sich, dass eine Depression das Risiko für Erkrankungen des Herz-Kreislauf-Systems deutlich erhöhte. Andere Studien bestätigten dies, wobei die Herzbeschwerden mit einer mindestens zehnjährigen Verzögerung nach der Depression auftreten. Mittlerweile gehen Fachleute davon aus, dass Depressive vier- bis fünfmal so häufig an einem Herzinfarkt oder an anderen Herzleiden erkranken wie psychisch Gesunde. Soweit bisher bekannt ist, besteht dieses Risiko bei Männern wie Frauen gleichermaßen.

Depressionen gehen sogar auf die Knochen. In verschiedenen Studien konnte nachgewiesen werden, dass bei Depressiven die Knochendichte vermindert ist – bei Männern wie Frauen, ob jung oder alt. Die wahrscheinlichste Erklärung dafür ist ein durch die Depression bedingter erhöhter Kortisongehalt im Blut, der wiederum dazu führt, dass die Knochendichte abnimmt. Der durchschnittlich um zehn Prozent geringere Mineralgehalt der Knochen ist jedoch keineswegs nur ein bedeutungsloser Laborwert: Bei Depressiven mit verminderter Knochendichte war die Häufigkeit der Oberschenkelhalsbrüche innerhalb von zehn Jahren um 40 Prozent erhöht.

Literatur:
Ford DF, Mead LA, Cang PP, et al: Depression predicts cardiovascular disease in men: the precursors study. Circulation 1994;90:614
Michelson D, Stratakis C, Hill L, et al: Bone mineral density in women with depression. New England Journal of Medicine 1996;335:1178-1181
Ariyo AA, Haan M, Tangen CM, et al: Depressive symptoms and risks of coronary heart disease and mortality in elderly americans. Circulation 2000;102:1773-1779

Destilliertes Wasser

Wer destilliertes Wasser trinkt, stirbt daran.

Chemisch macht dieses populäre Vorurteil ja auf den ersten Blick Sinn. Demnach versuchen die mit Mineralien und Salzen voll gepackten Körperzellen den Konzentrationsunterschied auszugleichen, wenn man destilliertes Wasser trinkt. Die vermeintliche Folge: Die Zellen saugen sich mit Flüssigkeit voll und platzen schließlich. Der Mensch stirbt daran.

Doch so einleuchtend diese Theorie klingt, sie stimmt nicht. Erstens kommen nur wenige Zellen des Körpers mit dem, was wir essen und trinken, unmittelbar in Berührung. Selbst wenn sie geschädigt würden, wäre das nicht gleichbedeutend mit dem Exitus. Zweitens sind im Magen immer auch feste Nahrungsbestandteile so wie verschiedene Salze und Mineralien der Magensäure vorhanden, so dass es immer zu einer Vermengung des destillierten Wassers mit Salzen und Mineralien kommt, bevor der Kontakt mit der Zelle entsteht. Drittens gibt es ein paar Mitmenschen, die auf die Wirkung destillierten Wassers schwören und – soweit bekannt – noch keine gesundheitlichen Schäden davongetragen haben, obwohl sie es regelmäßig trinken.

Dickdarmkrebs

Dickdarmkrebs lässt sich bei entsprechender Vorsorge gut heilen.

D

Eine heikle Behauptung. Einerseits ist es einleuchtend, dass ein Krebs besser geheilt werden kann, wenn er früher entdeckt wird. Andererseits hat die renommierte Krebs-Liga der Schweiz im Februar 2004 bekannt gegeben, dass sie von einer generellen Darmkrebsvorsorge für alle abrät – obwohl das Kolon-Karzinom mit etwa 58.000 Neuerkrankungen und knapp 30.000 Todesfällen jährlich zu den häufigsten Krebsarten in Deutschland zählt.

Die Eidgenossen argumentieren mit den Schwächen der Vorsorgespiegelung, bei der nach gutartigen Krebsvorstufen, den Polypen, gefahndet wird. Doch nicht alle Dickdarmtumore entwickeln sich aus Polypen und nicht alle Polypen kann man entdecken – etliche Krebsvorstadien werden deshalb übersehen. Zudem würden sich nur ein kleiner Teil der gutartigen Vorstufen, die bei einer Spiegelung entdeck und entfernt werden, zum Tumor auswachsen. Die Mehrzahl der Patienten werde deshalb den – zwar geringen aber durchaus vorhandenen – Risiken des Eingriffs ausgesetzt, ohne einen Nutzen davon zu haben, so die Argumentation gegen das allgemeine Screening. Zudem ist eine Verminderung der Todesfälle durch Reihenuntersuchungen zur Darmspiegelung bisher noch nicht wissenschaftlich belegt.

Aus all dem folgt: Der Nutzen einer Darmspiegelung für alle scheint nicht eindeutig erwiesen. Wichtiger, so die schweizer Krebs-Liga, sei die Abschätzung des individuellen Risikos (www.swisscancer.ch), etwa ob Verwandte von Dickdarmkrebs betroffen sind (erhöhtes Krebsrisiko) oder ob man sich obst- und gemüsereich ernährt und viel bewegt (geringes Risiko).

Literatur:
Selby JV, Friedman GD, Quesenberry CP Jr, Weiss NS: A case-control study of screening sigmoidoscopy and mortality from colorectal cancer. New England Journal of Medicine 1992;326:653-657
Atkin WS, Morson BC, Cuzick J: Long-term risk of colorectal cancer after excision of rectosigmoid adenomas. New England Journal of Medicine 1992;326:658-662
Weymayr C, Koch K: Mythos Krebsvorsorge. Frankfurt 2003

Doktorhopping

Viele Patienten besuchen wegen derselben Beschwerden reihenweise verschiedene Ärzte oder denselben Arzt mehrmals und kommen das Gesundheitswesen damit teuer zu stehen.

Da die Daten von Patienten in Deutschland nicht »personenbezogen« gespeichert werden, können die gesetzlichen Krankenkassen nicht kontrollieren, wie oft ein Arzt vom selben Patienten aufgesucht wird und ob eine zweite, dritte oder vierte Meinung zum selben Leiden eingeholt wird. Zwar gehen die Kassen gelegentlich Hinweisen nach, wenn Patienten oft krank gemeldet sind, einen hohen Medikamentenverbrauch haben oder häufig verschiedene Ärzte aufsuchen. Doch es gibt keinen gesetzlich festgelegten Schwellenwert und keine Anzahl »unnötiger« Arztbesuche, von dem an überprüft wird.

»Kontrolle ist nicht unsere Absicht«, sagt Barbara Marnach vom AOK-Bundesverband in Bonn, »es besteht schließlich das Recht auf freie Arztwahl.« Bei 30 Millionen deutschen Versicherten allein in der AOK wäre die Überwachung auch gar nicht möglich. Studien haben außerdem ergeben, dass die Kosten durch »Doktorhopping« längst nicht so hoch sind wie vermutet und dass eine engmaschige Kontrolle in jedem Fall erheblich mehr kosten würde. »Die Patienten, die 30 Ärzte aufsuchen, sind wirklich die absolute Ausnahme«, so Marnach. Wichtiger ist den Kassen ohnehin, dass sich Mediziner in Netzwerken und Qualitätszirkeln zusammenschließen, um sich über schwierige Patienten auszutauschen, die sie gemeinsam betreuen, um so die entstehenden Kosten zu senken.

Bei den privaten Krankenkassen ist die Erstattung einer »Zusatzmeinung« vom Geschick des Antragstellers und den Formulierungskünsten seines Arztes abhängig. Generelle Regeln zur Kostenübernahme gibt es auch hier nicht – anders etwa als in Kalifornien, wo privat Versicherten bei Bedarf zwei zusätzliche Meinungen zugebilligt werden. Mehr nicht.

Durchblutung

Der ganze Körper wird gleichmäßig durchblutet.

Der kontinuierliche Herzschlag bewirkt zwar, dass überall im gesunden Körper das Gewebe und die Zellen mit Blut und Sauerstoff durchströmt werden. Aber das Gehirn wird eindeutig bei der Versorgung gegenüber anderen Organen und Körperregionen bevorzugt.

Das Gehirn eines Erwachsenen wiegt nur zwischen 1.300 und 1.600 Gramm und macht damit lediglich etwa zwei Prozent des Gewichts eines ausgewachsenen Menschen aus. Das aktive Organ in unserem Oberstübchen erhält aber rund 20 Prozent des Blutes, das regelmäßig vom Herz durch den Körper gepulst wird. Neben seiner ständigen Aktivität als Steuerungsorgan mag ein weiterer Grund dafür seine immense Oberflächengröße sein: Die Hirnwindungen der Rinde ergeben nämlich ausgebreitet eine Fläche von etwa 1,5 Quadratmetern – und die wollen erst mal mit Blut versorgt sein.

Ehe

In der Ehe bleiben Mann und Frau gemeinsam schlank.

Es gibt zwei Theorien zum Körpergewicht in der Ehe. Nach der einen sind Verheiratete dünner als Unverheiratete, weil sie nur durch ihr attraktives, schlankes Äußeres überhaupt in Frage kamen, vom Partner ausgewählt zu werden. Die andere Theorie geht davon aus, dass Verheiratete zunehmen, weil sie sich gegenseitig besser versorgen.

Forscher der Cornell-University haben 3.025 Erwachsene untersucht und dabei festgestellt, dass verheiratete Männer insgesamt schwergewichtiger waren und mehr Hang zu Übergewicht aufwiesen als unverheiratete oder noch vor kurzem verheiratete Männer. Bei Frauen war dieser Zusammenhang lange nicht so ausgeprägt. Die gesellschaftliche Rolle des Sich-gegenseitig-Versorgens scheint – zumindest was das Gewicht angeht – sich nur bei den Männern in zusätzlichen Pfunden niederzuschlagen. Bei den Frauen ist allenfalls in den wenigen Monaten nach der Hochzeit eine leichte Gewichtszunahme zu vermerken.

Richtig schlank werden die meisten Männer erst dann wieder, wenn sie sich scheiden lassen oder zum Witwer werden, wie Forscher in einer zehnjährigen Langzeituntersuchung an 9.043 Erwachsenen herausgefunden haben.

Literatur:
Sobal J, Rauschenbach BS, Frongillo EA: Marital status, fatness and obesity. Social Science Medicine 1992;35:915-923
Rauschenbach BS, Sobal J, Frongillo EA: The influence of change in marital status on weight change over one year. Obesity Research 1995;3:319-327
Sobal J, Rauschenbach BS, Frongillo EA: Marital status changes and body weight change: a US longitudinal analysis. Social Science Medicine 2003;56:1543-1555

Entschlackung

Entschlackungstees und -säfte entschlacken.

Was unter Entschlackung zu verstehen ist, konnte bisher niemand richtig beantworten. Die bildliche Vorstellung davon scheint jedoch so überzeugend zu sein, dass sich mit Entschlackungstees und anderen -kuren viel Geld verdienen lässt. Dabei sind weder unser Darm noch unsere Blutgefäße wie Abwasserleitungen beschaffen, die sich durchpusten und reinigen lassen.

Der Darm beinhaltet Abermillionen von Zotten (Schleimhautausstülpungen), die zur Nahrungs- und Flüssigkeitsaufnahme lebensnotwendig sind. Zudem wird er von mehreren Milliarden Bakterien besiedelt, die für unsere Verdauung unverzichtbar sind. Würde man mittels einer Entschlackung die Zotten und Keime entfernen, hätte das fatale Folgen: Wir könnten keine Nahrung mehr resorbieren und die Verdauung wäre unmöglich.

Auch die Blutgefäße sind alles andere als ein starres Rohr, das sich mit der Zeit wie eine Wasserleitung zusetzt. Blutgefäße bestehen aus verschiedenen Muskelschichten und einer Gefäßinnenhaut. Sie sind elastisch, können sich weiten und eng stellen und so die Menge des Blutflusses mitregulieren. Zwar können sich in den Blutgefäßen so genannte »Plaques« bilden. Aus abgestorbenen Blutzellen und Cholesterinkristallen formen sich dann Ablagerungen in den Gefäßen, die verkalken können. Doch auch sie sind nicht mit einem Entschlackungstee oder anderen »reinigenden« Maßnahmen zu entfernen.

Epilepsie

Japanische Zeichentrickfilme können bei Kindern Epilepsie auslösen.

Man traut den Japanern ja so einiges zu. Bei diesem 1997 aufgekommenen Mythos handelt es sich allerdings lediglich um die Tücken der Statistik. In Japan waren seinerzeit mehr als 12.000 Kinder und Eltern von einer besonderen Form der Massenhysterie betroffen. Auslöser war eine Zeichentrickserie mit den Pokémons, kleinen knuddeligen Fantasiewesen. Die Serie war den meisten Eltern suspekt. Vielleicht setzten sich die Taschenmonster (so die wörtliche Übersetzung) gerade deshalb als Attraktion in so vielen Kinderzimmern dieser Welt durch: Pokémons gab es zunächst als Gameboy-Spiel, dann auch als Comics und Plüschtiere, bis schließlich eine Zeichentrickserie und Kinofilme hinzukamen.

Als die Serie im japanischen Fernsehen gezeigt wurde, gab es Berichte über Kinder, die epileptische Anfälle bekamen. Innerhalb weniger Tage suchten Tausende von Eltern mit ihren Kindern einen Arzt auf. Es waren nicht einmal ein Dutzend Kinder, bei denen eine genetische Anlage zur Epilepsie festgestellt werden konnte. Diese kann in der Tat durch schnelle Bild- oder Lichtfolgen ausgelöst werden. Von dieser so genannten Photosensibilität sind aber nur weniger als ein Promille von tausend Schulkindern betroffen. Außerdem kann sie auch durch Flackerlicht in Diskotheken und etliche andere visuelle Reize ausgelöst werden. Neurologen kennen das Phänomen seit Jahrzehnten. Durch entsprechende Berichte in den Medien und verbreitete Vorbehalte gegenüber dem Fernsehen und insbesondere den Pokémons sorgten sich Tausende japanischer Eltern um das Wohl ihrer Kinder und vermuteten eine Zeit lang, die kleinen Monster würden die Gesundheit ihre Zöglinge in Gefahr bringen.

Erektion

»Kein Schwanz ist so hart wie das Leben.« (Samuel Shem in dem Buch »The House of God«)

Der Blutdruck im versteiften Penis kann Werte erreichen, die den normalen Blutdruck im Kreislauf um etwa das Zehnfache übersteigen. Im verhärteten männlichen Glied werden Spitzenwerte von bis zu 1.200 mm Hg gemessen. Als normaler Blutdruck im übrigen Kreislauf gelten hingegen – gemessen auf Herzhöhe – Werte von 120/80 mm Hg. Bereits Werte von mehr als 140/90 mm Hg werden als zu behandelnder Bluthochdruck eingestuft. Bedrohlich ist der Hochdruck im Penis allerdings nicht. Im Gegenteil – ohne ihn würde keine Versteifung zustande kommen. Schließlich beruht die Erektion darauf, dass sich die Schwellkörper des Gliedes prall mit Blut füllen und der venöse Abfluss des Blutes gedrosselt wird. Erst bei genügendem Druckaufbau wird der Penis überhaupt hart.

Wie hart das männliche Glied werden kann, erfahren Urologen immer wieder. Regelmäßig kommen Männer zur Behandlung, die sich bei allzu stürmischem Sex oder anderen Praktiken einen »Bruch« des Penis zugezogen haben. Die Verletzung wird als Bruch bezeichnet, auch wenn der menschliche Penis – im Gegensatz zum Geschlechtsorgan einiger Affenarten – keinen Knochen hat. Dabei kommt es zum Riss des Bindegewebes.

Erkältung I

Kälte führt zu Erkältungen.

Allein eine niedrige Umgebungstemperatur führt noch nicht zu einer »Erkältung«, einer Grippe oder einem sonstigen bakteriellen oder viralen Infekt. Denn dazu bedarf es eines Keimes und nicht nur kalter Luft. Die Empfindung einer Unterkühlung entsteht allerdings typischerweise kurz vor der Entwicklung von Fieberschüben, die den übrigen Krankheitssymptomen häufig vorausgehen. Dann frösteln die Menschen, ihnen ist kalt und sie führen die Erkrankung auf die Kälte zurück. Wenn »erkältete« Menschen frieren, ist das also eher das Ergebnis und nicht die Ursache der Erkrankung.

Sind allerdings bereits Krankheitserreger in den Körper gelangt, kommt es bei niedrigen Außentemperaturen eher zur Erkrankung als in wohliger Wärme. Denn durch Kälteeinwirkung wird die Immunabwehr des Körpers etwas herabgesetzt, sodass Krankheiten durch bereits vorhandene Erreger leichter ausgelöst werden können.

Eine weitere Tatsache spricht gegen den Zusammenhang von Kälte und Erkältung. Die meisten Krankheitserreger sind ziemlich empfindlich gegen Kälte – in der Arktis oder Antarktis kommt es viel seltener zu Erkältungskrankheiten als in unseren gemäßigten Breiten.

Die Häufung der Erkältungserkrankungen im Winter ist auf die erhöhte Keimzahl in geschlossenen und seltener gelüfteten Räumen zurückzuführen. Dort halten sich die Menschen in der kalten Jahreszeit häufiger auf und überdies werden bei den wohligen Temperaturen die diversen Erreger besser »kultiviert«.

Erkältung II

Bei kalten oder nassen Füßen bekommt man eine Erkältung.

Eine Erkältung entsteht meist durch eine Infektion mit einem Virus. Nach zwei oder drei Tagen setzen die Symptome ein, uns fröstelt. Da wir uns dann oft nicht mehr daran erinnern können, wer uns vielleicht vor ein paar Tagen angesteckt hat, führen wir die Erkrankung auf die kalten oder nassen Füße zurück. Dabei geht das Gefühl der Unterkühlung den Fieberschüben oder Krankheitssymptomen nur voraus (wie im Stichwort Erkältung I beschrieben). Untersuchungen haben dies bestätigt. Forscher ließen dazu eine Gruppe von Freiwilligen kalte und nasse Socken anziehen. Das Ergebnis: Auch mit nasskalten Socken erkälteten sich nicht mehr Teilnehmer als in der Gruppe, deren Teilnehmer dicke, warme Socken anziehen durften.

Erschrecken

Scherzartikel erschrecken uns nur beim ersten Mal.

Nein, denn dann wäre ihre Wirkung ziemlich schnell verpufft. Springteufel und andere Scherzartikel, die auf einen Überraschungseffekt setzen, erschrecken uns immer wieder aufs Neue. Der Grund dafür ist, dass die emotionale Reizverarbeitung im Gehirn weitaus schneller erfolgt als die gedankliche. Auch wenn wir den Springteufel kennen und uns auf sein Erscheinen gedanklich vorbereiten, können wir den Schreck nicht verhindern.

Diese Art der Reizverarbeitung im Gehirn dient als Schutzmechanismus. In bedrohlichen Situationen fährt uns der Schreck in die Glieder, bevor durch gedankliche Verknüpfung eine Bewertung erfolgt und die Gefahr erkannt ist. Das macht durchaus Sinn, denn die instinktive Schreckreaktion führt dazu, dass der gesamte Körper in Alarmbereitschaft versetzt ist und gegebenenfalls schnell auf eine Gefahr reagieren kann. Unsere Vorfahren wussten das zu schätzen, wenn sie sich vor einem wilden Tier oder anderen drohenden Gefahren gerade noch rechtzeitig in Sicherheit bringen konnten.

Essen

Ein üppiges Mahl am Abend macht dick.

E

Es ist egal, wann man am Tag die Kalorien zu sich nimmt. Entscheidend ist die Gesamtmenge. Es gibt keine Tages- oder Nachtzeit, zu der Essen besonders ansetzt. Wer allerdings tagsüber normal isst und dann abends nochmals kräftig zulangt, braucht sich über zusätzliche Pfunde nicht zu wundern.

Womöglich entstand die Vorstellung, dass Essen am Abend dick macht, weil man glaubte, dass die Verdauung und die Stoffwechselvorgänge ruhen, wenn der Mensch sich ausruht oder schläft. Doch gerade das Gegenteil ist der Fall. In Ruhe ist der Teil unseres die inneren Organe versorgenden Nervensystems aktiver, der Entspannung und Verdauung reguliert. Dieser Teil des Nervensystems wird Parasympathikus genannt. Er stimuliert die Darmtätigkeit. Verbildlicht wird er durch den nach üppigem Mahl dösenden Menschen. Sein Gegenspieler, der Sympathikus, ist für Abwehr-, Kampf und Fluchtsituationen zuständig und weniger aktiv, wenn wir ruhen.

Ethno-Keime

Es gibt Keime, die bestimmte Volksgruppen mehr schädigen als andere.

Der gezielte Kampf gegen ethnische Minderheiten oder bestimmte Volksgruppen war schon früh Teil der Kriegführung mit biologischen

Waffen. In den mittelalterlichen Türkenkriegen schleuderten angreifende Truppen Pestleichen mit Katapulten über die Mauern belagerter Städte. Und in den amerikanischen Unabhängigkeitskriegen wurden mit Pockenerregern verseuchte Decken an aufständische Indianerstämme verteilt. Die Strategie war zum Teil »erfolgreich«, doch von den Bazillen wären Menschen jeder Hautfarbe dahingerafft worden.

Im 20. Jahrhundert wurde dann gezielter versucht, Volksgruppen mit biologischen Keimen zu schädigen. Bakterien, Viren, Würmer, Pilze und Parasiten wurden darauf getestet, ob sie eine Vorliebe für Schwarze, Weiße, Rote oder Gelbe haben. Doch glücklicherweise lässt sich auf Grund von »rassischen« Unterschieden keine Ethnie planmäßig mit Keimen ausrotten – die Mikroben interessiert die Hautfarbe nicht. Dazu sind sich die Menschen genetisch und immunologisch viel zu ähnlich, der Kampf der Erregerkulturen würde ungezielt alle treffen. Der Populationsgenetiker Luigi Cavalli-Sforza hat immer wieder betont, dass zwischen einem Bayern und einem Ostfriesen mehr genetische Unterschiede bestehen können als zwischen einem Schwarzen und einem Weißen.

Dennoch gibt es einzelne Bevölkerungsgruppen, die anfälliger für manche Krankheiten sind: Pima-Indianer erkranken besonders häufig an Diabetes, manche Eskimos sind stärker von Fettstoffwechselleiden betroffen als der Rest der Welt. In Japan gibt es häufiger Magen-, aber seltener Brustkrebs. Und in Afrika bietet eine Form der Blutarmut, die Sichelzellen-Anämie, einen gewissen Schutz vor Malaria.

Doch diese feinen Unterschiede taugen nicht als Angriffsziele für Mikroben. Auch mit Hilfe gentechnisch veränderter Organismen wird dies nach Ansicht von Experten nicht gelingen. Wenn sich beispielsweise Milzbrand-Keime in der Lunge festsetzen oder Bakterien vom Typ Clostridium botulinum in den Magen gelangen – um zwei Klassiker der biologischen Kriegführung zu nennen –, ist es ihnen egal, welche Hautfarbe der Mensch hat, dessen Körper sie zerstören.

Trotzdem wurden B-Waffen-Forscher immer hellhörig, wenn sie von exotischen Erregern hörten, die etwas wählerischer vorgingen. So gibt es den Keim Coccidioides immitis, einen Pilz, der vor allem die Lungen befällt. Aus bisher unbekannten Gründen streut er bei Schwarzen und Filipinos häufiger als bei Weißen in den Blutkreislauf und führt zu schwereren Verläufen. Wenn sie frühzeitig erkannt wird, kann die hart-

E

näckige Pilzinfektion jedoch gut therapiert werden. In den USA bestand eine Zeit lang Sorge, dass er gegen eigene Stützpunkte verwendet werden könnte, wo Farbige den Großteil der Arbeiten verrichteten.

Ein weiterer Keim, der häufiger Schwarze als Weiße befällt, ist ein Bakterium, das die »Donovaniose« verursacht, eine Geschwürsbildung an Haut und Schleimhäuten, die auch als »Granuloma inguinale« bezeichnet wird. Es wird durch Geschlechtsverkehr übertragen und kann unbehandelt zu Unfruchtbarkeit führen. Mit Antibiotika lässt es sich allerdings in den Griff bekommen. In den USA wurde das Granuloma inguinale als typische Erkrankung von unterprivilegierten Schwarzen angesehen, die sexuell als besonders aktiv galten. Es soll in »Menschenexperimenten« bei Schwarzen gezielt herbeigeführt worden sein, angeblich wurden auch im Süden der USA entsprechende Versuche gemacht. Hauptsächlich taugte die Donovaniose jedoch zur Kultivierung rassistischer Vorurteile.

Weil die meisten gefährlichen Keime wahllos Schwarze und Weiße angreifen, wurden die unterschiedlichen Lebensstile, Gebräuche und Gewohnheiten zu »Angriffszielen« der biologischen Waffen. So wurde bereits beim Kampf gegen die Ureinwohner Mittel- und Südamerikas der unterschiedliche Immunstatus ausgenutzt: Als die Europäer das Land eroberten, brachten sie Masern, Röteln und andere Krankheiten mit. Viele Indianer starben daran, weil ihr Abwehrsystem zuvor nie Kontakt mit den »europäischen« Erregern hatte.

In Rhodesien wurden Ende der 1970er-Jahre mit südafrikanischer Hilfe bestimmte Wasserstellen mit Cholera-Vibrionen infiziert und Landstriche, in denen hauptsächlich Schwarze lebten, mit Milzbranderregern kontaminiert. In Südafrika und anderen Ländern wurde an Substanzen und Erregern geforscht, die unfruchtbar machten oder zu chronischen Krankheiten oder Krebsleiden führten. Im Gegensatz zu den »klassischen« B-Waffen müssen Schadstoffe gegen Bevölkerungsgruppen nicht schnell wirken, sondern es kommen auch Erreger in Frage, die langsam ihr Zerstörungswerk verrichten.

Familienplanung

Die Geburtenkontrolle war in vielen Ländern Asiens nicht besonders erfolgreich.

Dieser Eindruck könnte entstehen, wenn man die Einwohnerzahl einiger Staaten im Fernen Osten betrachtet. Absolut gesehen gehören viele Länder Asiens zwar zu den bevölkerungsreichsten Nationen der Welt. Doch gerade dort haben die Maßnahmen zur Familienplanung erstaunlich schnell gegriffen. Hätte die globale Kampagne gegen Überbevölkerung nur zehn Jahre später begonnen, gäbe es jetzt mindestens 400 Millionen Menschen mehr auf unserem Planeten. Und das ist in erster Linie den Anstrengungen in Asien zu verdanken.

Während es in den USA nämlich 58 Jahre (!) dauerte, bis die Geburtenrate von 6,5 auf 3,5 sank, ging es ungleich schneller, die Rate in Asien um denselben Faktor zu senken: 27 Jahre brauchte man in Indonesien dazu, gerade mal acht Jahre in Thailand und nur sieben Jahre in China. In Ostasien verwenden mittlerweile mehr als 70 Prozent der Paare Verhütungsmittel und mehr als 95 Prozent können die verschiedenen Beratungsmöglichkeiten zur Familienplanung in Anspruch nehmen.

Literatur:
Anonymos: Steep decline in world fertility rates: contraceptives use up sharply. Sozial- und Präventivmedizin 1992;37:254-255
Kulczycki A, Potts M, Rosenfield A: Abortion and fertility regulation. Lancet 1996;347:1663-1668

Fettes Essen

Weniger Fett in der Nahrung ist gesünder.

Das haben wir von Kindesbeinen an gelernt – aber es gibt keine eindeutigen Beweise für diese Behauptung. Seit 40, 50 Jahren wird die Bevölkerung immer wieder vor einer zu fettreichen Ernährung gewarnt. Besonders schlimm sind angeblich tierische Fette und ungesättigte Fettsäuren. Das eingängige Motto lautet: Zu viel Fett macht fett und krank. Zwar steigen mit fettem Essen viele chronische Erkrankungen und auch die Rate der Zuckerkranken hat sich in den vergangenen Jahren deutlich erhöht. Nur: Das »amerikanische Paradox« kann mit dem gängigen Mythos vom »bösen« Fett nicht erklärt werden. In den USA ist der durchschnittliche Fettanteil im Essen in den letzten Jahren von 40 auf 34 Prozent gesunken. Im gleichen Zeitraum wurden die Herzinfarkte aber keineswegs seltener, sondern blieben auf hohem Niveau gleich. Außerdem gab es in dieser Zeit die doppelte Zahl an Übergewichtigen und deutlich mehr Zuckerkranke.

Fortpflanzung

Männer pflanzen sich unabhängig von ihrer Größe fort.

Das sollte man vermuten, ist aber nicht so. Große Männer haben eindeutig bessere Chancen bei den Frauen als ihre kleineren Geschlechtsgenossen. Dies belegen unter anderem die jüngsten Untersuchungen österreichischer Forscher an mehr als 4.400 gesunden Männern. Die kinderlosen Männer waren nämlich im Durchschnitt deutlich kleiner als die Männer, die mindestens einmal Vater geworden waren. Auch unter den Junggesellen fanden sich überdurchschnittlich viele kleinere Männer. Vielleicht enthält der englische Aphorismus doch ein Körnchen Wahrheit: »Some men just have it all – they are good-looking and tall.«

Die Beobachtung, dass größere Männer sich häufiger fortpflanzen, lässt sich übrigens in jeder Altersgruppe von Erwachsenen machen – außer bei den heute 70- bis 80-jährigen Männern in Mitteleuropa. Die Erklärung dafür: Als diese Männer aus dem Zweiten Weltkrieg zurückkehrten, herrschte ein immenser Frauenüberschuss. Deswegen erhielten in dieser Zeit ausnahmsweise auch die kleineren Männer ihre Chance.

Bei Frauen ist der Zusammenhang von Größe und Fortpflanzung deutlich geringer ausgeprägt. Hier haben die Frauen den »größten reproduktiven Erfolg« (so der Fachbegriff der Wissenschaftler), die durchschnittlich groß sind aber üppige Kurven haben.

Das Verhalten der beiden Geschlechter mache aus evolutionärer Sicht übrigens durchaus Sinn, betonen die Forscher. Große Männer vermitteln den Eindruck, den Frauen und dem Nachwuchs mehr Schutz und Sicherheit bieten zu können. Und ausgeprägte sekundäre Geschlechtsmerkmale bei Frauen sind nun mal ein Symbol für besondere Fruchtbarkeit und für die Fähigkeit, den Nachwuchs in den ersten Lebensmonaten ausreichend zu versorgen.

F

Literatur:
Pawlowski B, Dunbar RI, Lipowicz A: Tall men have more reproductive succes. Nature 2000;13:156
Nettle D: Women's height, reproductive succes and the evolution of sexual dimorphism in modern humans. Proceedings of the Royal Society of London in Biological Sciences 2002;269:1919-1923

Frischzellen

Der Schweizer Arzt Paul Niehans (1882–1971) hatte in den 1950er-Jahren große Erfolge mit seiner eigenwilligen Therapiemethode. Konrad Adenauer, etliche Schauspieler und andere Prominente sollen sich der fragwürdigen Kur regelmäßig unterzogen haben. Im Februar 1954 behandelte Niehans sogar den schwer erkrankten Papst Pius XII. Da es dem Papst im Verlauf des Jahres besser ging, wurde Niehans (als Nachfolger des Penicillin-Entdeckers Alexander Fleming) sogar Mitglied in der Päpstlichen Akademie der Wissenschaften. Für seine Methode konnte es keine bessere Werbung geben.

Von jungen Schafen und Rindern gewann Niehans Blut, aus dem er die Zellen, Eiweißstoffe und andere feste Bestandteile herausfilterte, um sie dann seinen Kunden zuzuführen. Er versprach ihnen eine »Revitalisierung« ihres Organismus, der durch die Zellen der jungen Tiere wieder aufblühen sollte. Den Frischzellen wurden nahezu magische Kräfte zugesprochen, sie sollten gegen allerlei Gebrechen wie Krebs und Herzleiden helfen und außerdem ein wahrer Jungbrunnen sein.

Da die Frischzellen jedoch aus nicht sterilisierten oder anders gereinigten tierischen Stoffen bestehen, gerieten sie zunehmend in die Kritik. Sie wurden 1987 vom Bundesgesundheitsamt sogar als schädlich verboten, da sie in Verdacht standen, möglicherweise BSE und andere Krankheiten zu übertragen.

Literatur:
Haubold H: Cellular therapy according to Paul Niehans or K. Fr. Bauer's method. Medizinische Klinik 1954;49:1468-1472
Bircher F: Paul Niehans' cellular therapy. Medizinische Klinik 1953;48:1895-1896

Fruchtbarkeit I

Enge Jeans machen unfruchtbar oder verursachen sogar Krebs.

Über Generationen hat sich diese Weisheit gehalten. Viele besorgte Mütter haben an ihre heranwachsenden Söhne den Rat weitergegeben, sie sollten nicht zu eng anliegende Hosen tragen, weil sie davon angeblich unfruchtbar werden könnten. Zwar bevorzugt die Jugend seit den 1990er-Jahren keine engen Jeans mehr, sondern eher Großraumhosen – aber dies hat sicher keine medizinischen, sondern modische Gründe.

Dabei haben die mütterlichen Empfehlungen durchaus einen vernünftigen Hintergrund. Die Hoden vertragen nämlich zu viel Wärme nicht besonders gut. Sie wandern schon während der Embryonalzeit aus dem Körperinnern nach außen und bleiben lebenslänglich ausgelagert. Aus gutem Grund: Die männlichen Keimzellen können bei normaler Körpertemperatur von ungefähr 37,5 Grad nicht richtig reifen und gedeihen. Im Hodensack ist es hingegen um etwa zwei bis drei Grad kühler als im Rumpf – eine wohl temperierte Umgebung, auf die männliche Keimzellen angewiesen sind, um sich zu befruchtungsfähigen Spermien zu entwickeln.

Von Unfruchtbarkeit oder Krebs, der allein durch zu enge oder zu warme Kleidung entsteht, kann man dennoch nicht ausgehen. Denn eine Untersuchung an 323 Männern mit Hodenkrebs hat gezeigt, dass weder enge Hosen noch Hitzeschutzkleidung bei der Arbeit noch regelmäßige Saunagänge die Krebsentstehung zu fördern schienen. Einzig die Männer, die länger als drei Monate im Jahr lange Unterhosen trugen (wer macht das schon?), schienen etwas anfälliger für die Entstehung von Hodenkrebs zu sein. Nach genauer statistischer Auswertung zeigte sich aber, dass diese Tendenz nicht wissenschaftlich aussagekräftig war.

Einige afrikanische Völker versuchen die besonderen Temperaturbedürfnisse der Spermien für ihre Familienplanung zu nutzen. Sie betreiben eine äußerst unzuverlässige Art der Verhütung, indem sie ihre Hoden vor dem Beischlaf in sehr warmes Wasser eintauchen. Die heiße Pein muss allerdings nicht nur ziemlich unangenehm sein, auch der »Erfolg« dieser Verhütungsmethode ist begrenzt.

Ähnliches gilt für die knapp sitzenden Hosen. Werden die Hoden durch sehr enge Bekleidung an den Leib gepresst, erhöht sich zwar ihre Temperatur geringfügig. Dies führt aber nicht zu Unfruchtbarkeit, sondern hat allenfalls einen kurzfristigen Effekt, von dem sich die Keimzellen aber schnell wieder erholen – spätestens dann, wenn die Hose ausgezogen wird.

Literatur:
Karagas MR, Weiss NS, Strader CH, Daling JR: Elevated intrascrotal temperature and the incidence of testicular cancer in noncryptorchid men. American Journal of Epidemiology 1989;129:1104-1109

Fruchtbarkeit II

Eine Frau wird leichter schwanger, wenn sie nach dem Sex noch eine Weile auf dem Rücken liegen bleibt.

Dieser Irrglaube beruht auf der Vorstellung, dass die Samen einen beschwerlichen Weg »nach oben« auf sich nehmen müssten, um zur

Eizelle zu gelangen und sie zu befruchten. Doch für die Spermien ist die Richtung, in die sie sich in der Gebärmutter und im Eileiter bewegen müssen, ziemlich egal. Sie finden ihren Weg zum Ziel, unabhängig davon, ob die Frau liegt, sitzt, steht, rennt oder gerade Kopfstand macht. Außerdem können sich die Spermien mit Hilfe ihrer beweglichen Schwanzenden im weiblichen Unterleib problemlos gegen die Schwerkraft – unabhängig von der Körperlage – nach unten oder oben bewegen.

Da jedoch viele Frauen glauben, durch ihre Körperposition die Wahrscheinlichkeit einer Befruchtung steigern zu können, bleiben sie, wenn sie schwanger werden wollen, noch eine Zeit lang liegen. Frauen nach einer künstlichen Befruchtung wird in der Klinik ebenfalls häufig geraten, noch eine Weile ruhig auf dem Rücken liegen zu bleiben. Die Mediziner wissen zwar, dass sich dadurch die Chance auf eine Schwangerschaft nicht unbedingt erhöht – aber vermindert wird sie eben auch nicht.

Fruchtbarkeit III

In-vino-Fertilisation: Alkohol wirkt sich negativ auf die Fruchtbarkeit aus.

Da Alkohol verschiedene schädliche Wirkungen haben kann, scheint es nahe liegend, dass er sich auch negativ auf die Fruchtbarkeit auswirkt. Bei starkem Alkoholkonsum ist dies der Fall. Dann ist die Zeit, bis eine Schwangerschaft eintritt, in der Tat meist verlängert. Dänischen Forschern zufolge hat mäßiger Alkoholgenuss jedoch keine negativen Auswirkungen auf die Fruchtbarkeit, eher im Gegenteil: Frauen, die Alkohol trinken, werden demnach schneller schwanger als andere – besonders bei regelmäßigem Weinkonsum, aber auch wenn sie Bier und hochprozentige Getränke zu sich nehmen.

Epidemiologen aus Kopenhagen unter der Leitung von Mette Juhl befragten fast 30.000 Frauen nach ihren Trinkgewohnheiten – und nach der Zeit, die es dauerte, bis die Frau ohne Verhütung schwanger wurde. Die Hälfte der Frauen wurde innerhalb der ersten zwei Monate schwanger, bei 15 Prozent dauerte es bis zu einem Jahr. Wurden die Gruppen nach ihrem bevorzugten Alkohol unterteilt, zeigte sich, dass die Weintrinkerinnen am schnellsten schwanger wurden, wobei der Konsum zwischen einem halben Glas und sieben Gläsern wöchentlich variierte. Wer nur Bier oder nur Schnaps zu sich nahm, musste länger auf die Schwangerschaft warten. Am raschesten wurden Frauen schwanger, die alle drei Arten Alkohol zu sich nahmen. Bei den Frauen, die überhaupt Alkohol zu sich nahmen, erfolgte das Eintreten der Schwangerschaft jedoch schneller als bei den Frauen, die angaben, gar keine geistigen Getränke zu sich zu nehmen.

Die Erklärung für die anscheinend leicht erhöhte Fruchtbarkeit durch mäßigen, aber regelmäßigen Alkoholkonsum ist schwierig. Zwar wurde bereits von positiven Wirkungen des Weins auf das Risiko für Lungenkrebs, Herzinfarkt und Schlaganfall hingewiesen. Moderate Weintrinker leben auch länger als totale Abstinenzler. Da es sich um eine Beobachtungsstudie handelt, kann das Ergebnis der Untersuchung aber auch täuschen. Denn womöglich sind Wein trinkende Frauen insgesamt gesünder und geselliger, haben häufiger sexuelle Kontakte, weniger genitale Infektionen oder einfach – Wein trinkende? – Partner mit einer besseren Spermienqualität, sodass sie schneller schwanger werden. Als Reaktion auf die dänische Untersuchung wurde in Leserbriefen jedenfalls angemerkt, dass man ähnliche Ergebnisse wohl auch erhalten könne, wenn man den Einfluss von Zigaretten oder Schokolade auf die Wartezeit bis zur Schwangerschaft untersuchen würde – wobei sich eine der Leserbriefschreiberinnen sofort als freiwillige Teilnehmerin und Schokoladentesterin für die entsprechende Studie anbot.

Literatur:
Juhl M, Olsen J, Andersen AM, Gronbaek: Intake of wine, beer, spirits and waiting time to pregnancy. Human Reproduction 2003;18:1967-71
Dobson R: Women who drink wine get pregnant more quickly. British Medical Journal 2003;327:468

Frühgeborene

Kortison hilft nicht so gut gegen die Lungenunreife der Frühgeborenen wie der so genannte Surfactant-Faktor.

Ein besonderes medizinisches Problem von Frühgeborenen ist ihre noch unreife Lunge. Die so genannte »Lungenreifung« findet erst in den letzten sechs bis acht Wochen der Schwangerschaft statt. Sie wird durch den »Surfactant-Faktor« bewirkt, der die Ausbildung der Bronchien und Lungenbläschen beschleunigt. Seit 1957, als dieser Zusammenhang erstmals bekannt wurde, haben Pharmafirmen versucht, den »Surfactant-Faktor« künstlich herzustellen. Um 1970 fanden Wissenschaftler heraus, dass Kortison die Lungenreifung ebenfalls beschleunigen und somit die schlimmsten Lungenschäden bei Frühgeborenen verhindern kann. Dazu muss das Mittel Frauen mit vorzeitigen Wehen und einer drohenden Frühgeburt verabreicht werden.

Doch das Kortison wurde aus verschiedenen Gründen kaum angewendet. Nur etwa zwölf bis 18 Prozent der Frauen erhielten diese Behandlung, obwohl es bei der Therapie oftmals um Leben oder Tod ging. Dies hatte verschiedenen Gründe. Zum einen wussten die Mediziner zwar, dass Kortison wirkt, aber nicht, wie. Für die Forscher war das unbefriedigend und sie sträubten sich anscheinend dagegen, etwas zu empfehlen oder zu verschreiben, von dem sie den genauen Wirkmechanismus noch nicht verstanden hatten. Ein weiterer Aspekt: Der »Surfactant-Faktor« wirkt sofort. Der Arzt ist Zeuge der unmittelbaren Heilung eines schwerkranken Babys. Die Wirkung von Kortison setzt hingegen erst nach einigen Tagen ein. Außerdem waren die Patientinnen schon früh skeptisch gegenüber Kortison, sodass es bald auch ein schlechtes Image unter vielen Ärzten hatte.

Ende der 1980er-Jahre konnte erstmalig »Surfactant-Faktor« künstlich hergestellt werden. Sofort waren die Ärzte in den Kinderkliniken begeistert, denn damit konnte spezifisch das Leiden behandelt werden und der Wirkmechanismus war schließlich seit Jahren bekannt. Eine große Werbekampagne förderte die flächendeckende Anwendung des neuen Mittels.

Vergleichsstudien zu Beginn der 1990er-Jahre zeigten jedoch, dass die Lungenreife bei Anwendung von künstlich hergestelltem »Surfactant-Faktor« keineswegs besser war oder schneller erfolgte als mit dem mittlerweile schlecht beleumundeten Kortison. Es ist schwer abzuschätzen, wie viele Kinder mit starken Lungenschäden auf die Welt kamen oder sogar starben, weil zwischen 1970 und 1990 Kortison nur sehr zurückhaltend verwendet wurde.

Literatur:
Halliday HL: Overview of clinical trials comparing natural and synthetic surfactants. Biology of the Neonate 1995;67 (suppl. 1): 32-47
Greenhalgh T: Einführung in die Evidence-based Medicine. Bern 2001

F

Füße

Kinder sollten keine gebrauchten Schuhe tragen, weil das zu Fehlstellungen und anderen Fußschäden führt.

Den kindlichen Füßen wird wenig zugetraut. Sicher, sie entwickeln sich noch und in dieser Zeit passen sie sich Schuhen stärker an als dies bei erwachsenen Füßen der Fall ist. Doch von chronischen Nachteilen durch gebrauchte Schuhe wissen Mediziner nichts.

Die Füße, obwohl sie sonst eher vernachlässigt werden, scheinen nach populärer Vorstellung sehr empfindlich zu sein. Wer nur Turnschuhe trägt, kann irgendwann nicht mehr barfuß laufen, lautet ein weiteres Vorurteil. Gut, dass Joschka Fischer noch zeitig auf eine edlere Ausstattung umgestiegen ist und mittlerweile Dreiteiler, Schlips und Schuhe mit Ledersohle bevorzugt. Unzählig sind auch die Legenden von überzeugten Turnschuhläufern, die angeblich sofort umgeknickt sind, sobald sie barfuß am Strand im Sand liefen, weil sie keinen Halt mehr fanden. Nur: Medizinisch finden sich keine Belege dafür.

Dass selbst Füße, die keine optimalen Haltungsnoten bekommen, etwas taugen, bewies eine Illustrierte vor einigen Jahren eindrucksvoll. Auf einer Doppelseite zeigte sie Dutzende Füße in Nahaufnahme. Darunter die jeweiligen Kurzdiagnosen, die von Knickfuß, Senkfuß,

Spreizfuß bis zu ausgefalleneren Fehlstellungen reichten. Auf der nächsten Doppelseite waren die Köpfe zu den Füßen zu sehen. Es handelte sich ausnahmslos um Fußballnationalspieler und andere Spitzensportler.

Gallenblase

G

Die endoskopische Entfernung der Gallenblase (»Schlüsselloch-Chirurgie«) ist schonender als die »offene« Operation.

Es ist erstaunlich, aber Studien aus Großbritannien haben bewiesen, dass die Erholungszeit nach Gallenblasen-Operationen gleich lang ist, egal mit welcher Technik sie durchgeführt werden. In einer berühmt gewordenen Untersuchung stellten britische Forscher Mitte der 1990er-Jahre fest, dass Patienten, deren Gallenblase »offen« chirurgisch entfernt wurde, genauso lange brauchten, bis sie wieder entlassen werden konnten und arbeitsfähig waren, wie Patienten, deren Gallenblase endoskopisch im Rahmen einer »Schlüsselloch«-Operation entnommen wurde.

Bevor diese Untersuchung stattfand, wurden Patienten nach endoskopischem Eingriff früher entlassen, weil man sie für schneller wieder belastbar hielt. Die Annahme, dass wegen des kleineren Eingriffs auch die Erholungszeit kürzer sein würde, erwies sich allerdings als Irrtum. Der Körper braucht anscheinend eine gewisse Zeit nach der Entfernung des Organs, um wieder zu Kräften zu kommen, und diese Zeit ist unabhängig davon, wie groß die Öffnung in Haut, Muskulatur und Bauchdecke ist.

Da auch die meisten Ärzte glaubten, dass das endoskopische Verfahren schonender sei als die offene Operation, mussten die britischen Untersucher mit einigen Tricks vorgehen: Sie ließen sowohl die Patienten als auch das Pflegepersonal im Unklaren darüber, welcher Eingriff bei welchem Patienten durchgeführt wurde. Außerdem erhielten alle Patienten einen gleichartigen Verband und in ähnlicher Weise blutbefleckte Pflaster, bevor sie nach dem Eingriff auf die Station kamen.

Das Ergebnis der Studie zeigte eindrucksvoll, dass in der Vergangenheit bestimmte nicht bewiesene Erwartungen und nicht die medizinische Notwendigkeit den Ausschlag dafür gegeben haben, wenn die Patienten nach endoskopischer Operation früher entlassen wurden.

Literatur:
Majeed AW, et al: Randomised, prospective, single-blind comparison of laparascopic versus small-incision cholecystectomy. Lancet 1996;347:989-994

G

Gallensteine

Gallensteine sind immer äußerst schmerzhaft.

Dass Gallensteine schmerzen können, stimmt zwar – einerseits. Doch von den etwa 15 bis 20 Prozent der Menschen, die in den wohlhabenden Ländern Gallensteine haben, spüren wiederum nur 20 Prozent überhaupt, dass sie welche haben. Bei ihnen kann sich eine Entzündung der Gallenblase entwickeln, was zu einer sehr schmerzhaften Gallenkolik führen kann. Werden die Steine mit der Zeit so lästig und wiederholt sich eine Gallenkolik, kann eine Operation angeraten und erforderlich sein. Die übrigen 80 Prozent der Steinträger merken jedoch lebenslänglich nichts von dem, was sich in ihrer Gallenblase abspielt. Frauen haben dreimal so häufig wie Männer Gallensteine. Besonders betroffen sind Frauen mit Übergewicht um die 40, die bereits mehrmals geboren haben.

Geburt I

Väter im Kreißsaal sind eine Stütze für die Frau.

Als seelischer Beistand und zur emotionalen Unterstützung mögen werdende Väter im Kreißsaal eine große Hilfe für ihre Partnerinnen sein. Während in den 1960er- und 70er-Jahren Männer im Kreißsaal eine nur selten geduldete Ausnahme waren, werden sie heutzutage fast schon schief angeguckt, wenn sie ihre Lebensgefährtin in diesem wichtigen Moment nicht begleiten wollen. Dabei sind Männer für einen möglichst störungsarmen Ablauf der Geburt gar nicht unbedingt förderlich – ganz im Gegenteil.

Natürlich muss jedes Paar für sich entscheiden, wie und in welcher Begleitung die Frau gebären will, wenn alles wie gewünscht verläuft. Doch Untersuchungen und Befragungen von Frauen haben ergeben, dass Männer im Kreißsaal manchmal mehr stören als helfen: Im Bemühen, ihrer Partnerin Schmerzen zu ersparen, fragen nämlich viele gestresste Männer ständig nach, wie es ihr gerade geht, ob auch alles in Ordnung ist und ob sie irgendetwas Hilfreiches tun können. Die Frau kann dann nicht in Ruhe auf sich und ihren Körper hören, sondern wird ständig abgelenkt. Anstatt sich voll auf den Geburtsverlauf zu konzentrieren, wird sie durch jede noch so gut gemeinte Hilfestellung des Mannes aus ihrem tranceartigen Gefühlszustand herausgerissen: »Jedes Ansprechen des Verstandes, jede Stimulation der Großhirnrinde kann den Wehenverlauf stören«, sagt etwa der französische Geburtsexperte Michel Odent.

Frauen, deren Partner bei der Geburt anwesend sind, fühlen sich außerdem häufig für ihn mitverantwortlich. Sie wollen ihm ersparen, dass er sie leiden und schreien sieht. Deshalb verlangen Frauen im Kreißsaal deutlich häufiger nach Schmerzmitteln, wenn der Partner dabei ist. Auch die Rate der Kaiserschnitte ist höher, wenn die Väter im Kreißsaal anwesend sind. In einer Studie in England antworteten 41 Prozent der Mütter, sie hätten im Nachhinein lieber auf die Anwesenheit des Mannes im Kreißsaal verzichtet – weil er der Situation nicht gewachsen war und sie zu sehr um ihn besorgt waren.

Die meisten Frauen scheinen bei der Geburt zwei Seelen in ihrer Brust zu haben: Rational wünschen sie sich von ihren Männern, dass sie von ihnen unterstützt, gestärkt und begleitet werden. Emotional-instinktiv fühlten sich viele Frauen aber bei der Geburt freier, wenn sie nicht von ihren Männern beobachtet werden oder sich sogar noch für ihren schwächelnden Partner und sein Wohlergehen mitverantwortlich fühlen müssen.

Literatur:
Odent M: Is the participation of the father at birth dangerous? Midwifery Today 1999;51:23-44
Mainka I: Mamas schwache Helfer. Die Zeit, 13. Juni 2001, S.31-32

Geburt II

Die Zahl der natürlichen Geburten nimmt kontinuierlich zu.

G

Zwar ist das Schlagwort von der »sanften Geburt« mittlerweile in aller Munde und auch Hausgeburten waren vor wenigen Jahren noch sehr in Mode. Doch die Zahlen, die den Geburtsverlauf statistisch erfassen, sprechen eine andere Sprache. Bei der vaginalen Geburt beträgt die Dammschnittrate in deutschen Kliniken 60 Prozent und 15 Prozent aller Geburten in Deutschland werden durch medikamentöse Hilfe eingeleitet.

Ein weiterer Aspekt: Immer mehr Frauen halten heute auch bei der Entbindung ihres Kindes alles für mach- und steuerbar. In dem irrigen Glauben, Beckenboden und Geburtskanal zu schonen und sich eine tadellose Figur zu erhalten, entscheiden sie sich daher für einen minutiös planbaren und vermeintlich ebenso risikolosen wie schmerzfreien Kaiserschnitt. In den USA wird mit dem Motto: »Preserve your love channel – bewahre deinen Liebeskanal« sogar schon für den Kaiserschnitt geworben. Fragwürdige Vorbilder sind dabei Models, Sängerinnen oder Schauspielerinnen wie etwa Victoria Beckham, das ehemalige »Spice-Girl«, die den Geburtstermin ihres Kindes zwischen zwei Fußballspielen ihres Mannes plante. In manchen Metropolen Brasiliens und Mexikos lassen mehr als zwei Drittel der wohlhabenden Bevölkerung per Kaiserschnitt entbinden.

Das Sicherheitsbedürfnis in unserer Gesellschaft hat zugenommen. Deshalb wollen sich viele Frauen nicht mehr auf Schmerzen einlassen – und verkennen dabei, dass auch der Kaiserschnitt ein operativer Eingriff mit gewissen Risiken ist: Hier kann es in seltenen Fällen ebenfalls zu Komplikationen wie Blutung oder Infektion kommen. Trotzdem ist die Zahl der Kaiserschnitte in Hessen von 1990 bis zum Jahr 2000 von 17 auf 23 Prozent gestiegen. Zu Beginn der 1980er-Jahre betrug sie in Deutschland nur rund fünf Prozent. Im Bundesdurchschnitt liegt sie mittlerweile bei etwas mehr als 20 Prozent, in Universitätskliniken sogar bei knapp 28 Prozent. Dies liegt aber auch an den Problemfällen, die dort häufiger betreut werden. Die Weltgesundheitsorganisation WHO geht davon aus, dass eine Kaiserschnitthäufigkeit von 10 bis 15 Prozent medizinisch notwendig wäre. Was darüber hinausgeht, scheint den geplanten Kaiserschnitt auf Wunsch zu betreffen.

Literatur:
Mainka I: Mamas schwache Helfer. Die Zeit, 13. Juni 2001, S.31-32
Joseph KS, Young DC, Dodds L: Changes in maternal characteristics and obstetric practice and recent increase in primary cesarean delivery. Obstetrics and Gynecology 2003;102:791-800

Gedächtnis I

Leichte Schläge auf den Hinterkopf erhöhen das Denkvermögen.

Man hatte es sich ja denken können: Zumindest bei Fußballern ist diese fragwürdige Weisheit längst widerlegt worden. Denn verschiedene Forschergruppen haben nachweisen können, dass Kopfbälle die geistigen Leistungsfähigkeiten der Kicker – zumindest für ein paar Tage – messbar vermindern. Kopfbälle werden zwar zumeist mit der Stirn oder anderen Bereichen des vorderen Kopfes ausgeführt, aber die Erschütterung und Auswirkung auf Schädel und Gehirn dürfte unabhängig davon sein, woher der Stoß kommt.

So konnten in einer Untersuchung in den Niederlanden, an der mehr als 50 Sportler teilnahmen, Amateurfußballer in den ersten zwei Tagen nach einem Wettkampf schlechter komplexe Figuren nachzeichnen oder unvollständige Bilder ergänzen als etwa Leichtathleten oder Schwimmer. Auch in Gedächtnistests schnitten die Kicker in den ersten zwei Tagen nach dem Spiel deutlich schlechter ab. Dieselbe Forschergruppe von der Universität Rotterdam untersuchte daraufhin 84 Fußballprofis aus verschiedenen Vereinen der niederländischen Ehrendivision. Auch hier war das visuelle und verbale Erinnerungsvermögen nach dem Spiel deutlich herabgesetzt, wobei mit der Zahl der Kopfbälle pro Spiel auch die Leistungen in den Gedächtnistests immer schlechter wurden.

Zwar kommt es bei Fußballern, die häufig mit Köpfchen spielen, nach derzeitiger Kenntnis nicht zu langfristigen Schäden am Denkapparat. Doch die Kopfbälle wirken fast immer wie eine leichte Gehirnerschütterung. Geringfügige Beeinträchtigungen des Denkapparats und des Gleichgewichts können sogar noch bis zu zehn Tage nach dem Spiel anhalten, fanden US-Wissenschaftler heraus, die Sportler untersuchten, die als Halbprofis Fußball, American Football, Basketball oder Softball betrieben.

G

Literatur:

Matser EJ, Kessels AG, Lezak MD, et al: Neuropsychological impairment in amateur soccer players. Journal of the American Medical Association 1999;282:971-973

Matser EJ, Kessels AG, Lezak MD, Troost J: A dose-response relation of headers and concussions with cognitive impairment in professional soccer players. Journal of Clinical and Experimental Neuropsychology 2001;23:770-774

Peterson CL, Ferrara MS, Mrazik M, et al: Evaluation of neuropsychological domain scores and postural stability following cerebral concussion in sports. Clinical Journal of Sport and Medicine 2003;13:230-237

Gedächtnis II

Aufregung und Stress halten das Gehirn jung und beugen Vergesslichkeit vor.

Im Alter lässt bei allen Menschen das Gedächtnis nach. Ein Grund dafür ist, dass die Verbindungen zwischen den Nervenzellen, die so genannten Synapsen, mit zunehmendem Alter deutlich seltener neu geknüpft werden. Eine weitere Ursache für die abnehmende Gedächtnisleistung ist das langsame Absterben von Nervenzellen und zwar besonders im Bereich des Hippocampus, einer Region in der Mitte des Gehirns, die für das Erinnern und Lernen zuständig ist.

In den letzten Jahren haben Wissenschaftler jedoch herausgefunden, dass der Abbau der Nervenzellen durch hohe Konzentrationen der

Hormone Adrenalin und Kortison im Blut nicht etwa gehemmt, sondern beschleunigt wird. Adrenalin und Kortison sind die typischen Stresshormone, die bei Belastung und Aufregung vermehrt ins Blut abgegeben werden.

Stress und Aufregung scheinen daher keinesfalls dem Gedächtnis besonders gut zu tun oder es »frisch« zu halten. Im Tierversuch ist sogar das Gegenteil der Fall. Forscher der nationalen amerikanischen Gesundheitsinstitute NIH in Bethesda nahe Washington haben bei Ratten beispielsweise festgestellt, dass sich das Absterben der Nervenzellen verhindern ließ, wenn wenige oder keine Stresshormone im Blut der Nagetiere zirkulierten.

G

Diese Ergebnisse widerlegen jedoch nicht die seit längerem bekannte Tatsache, dass ein regelmäßiges Training von Gedächtnis und Gehirn dem Abbau unseres Denkorgans entgegenwirkt. »Gehirnjogging« in Form von Denksportaufgaben oder Gedächtnistests ist die beste Form, um dem altersbedingten Nachlassen unserer Gehirn- und Gedächtnisfunktion vorzubeugen. Dadurch gelingt es sogar im Alter noch, neue Nervenverbindungen zu knüpfen oder alte, wenig benutzte wieder zu reaktivieren.

Literatur:
Cameron HA, McKay RD: Restoring production of hippocampal neurons in old age. Nature Neuroscience 1999;2:894-897

Gedächtnis III

Die meisten Menschen können sich in ihrem Kurzzeitgedächtnis nur drei oder vier Informationen merken.

Im Kurzzeitgedächtnis bleiben die Informationen nur für wenige Sekunden haften, bevor sie wieder verschwinden. Doch auch die vergesslichsten Menschen haben in ihrem Kurzzeitgedächtnis im Durchschnitt sieben Informationen gespeichert – wenn auch nur für wenige Sekunden.

Gefühle

Jede Kultur hat ihre eigene Art, Gefühle zu zeigen.

Ob Gefühle unterdrückt oder gezeigt werden und wie mit ihnen umgegangen wird, ob darüber gesprochen oder geschwiegen wird, ist in jeder Kultur, in jedem Land, ja sogar bei jedem Menschen unterschiedlich. Die Grundemotionen, die sich in unserer Mimik ausdrücken, sind jedoch weltweit gleich – sie gehen überall mit einem ähnlichen Gesichtsausdruck einher.

Der amerikanische Psychologe Paul Ekman hat in den 1970er-Jahren sechs verschiedene Basisemotionen beschrieben: Freude, Trauer, Wut, Angst, Erstaunen und Ekel. Sie werden auf der ganzen Welt verstanden. Werden Bilder von Menschen mit diesen Grundgefühlen gezeigt, ist die Wiedererkennung global gegeben. Die universelle Gefühlssprache ist womöglich auch der Grund dafür, dass Comics weltweit so viel Anklang finden – über alle Grenzen und Kulturen hinweg. In ihnen wird die Gefühlssprache ebenso vereinfacht wie übertrieben, sodass es für die eigentliche Botschaft keiner Übersetzung bedarf.

G

Gehirn I

Wir nutzen nur zehn Prozent unseres Gehirns.

Dieser immer wieder gern kolportierte und Albert Einstein zugeschriebene Satz ist nicht richtig – aber überaus populär. Einstein soll gesagt haben: »Die meisten Menschen nutzen nur fünf bis sechs Prozent ihrer Gehirnkapazität, ich nutze sieben Prozent.« Diese Aussage über die vielen freien und ungenutzten Kapazitäten im Gehirn sollte die Menschen wohl animieren, sich mehr ihrem Denkorgan zu widmen und »Gehirnjogging« zu betreiben. Zwar gibt es einige Gehirnbereiche, deren genaue Bedeutung noch nicht vollkommen erforscht ist, aber das heißt nicht, dass sie nicht auch regelmäßig genützt werden.

Vielmehr steht jede der rund 100 Milliarden Nervenzellen des Gehirns (das sind übrigens mehr Nervenzellen, als die Milchstraße Sterne hat) mit mehr als 10.000 anderen Zellen in Verbindung und ist so Teil eines riesigen Netzwerkes, das ständig Daten verarbeitet und Informationen sendet und empfängt. Durch »Training« der Gehirnfunktion wird wahrscheinlich sogar weniger Kapazität für die gleiche Aufgabe erforderlich, weil die häufiger benutzten Verbindungen schneller aktiviert und Um- und Nebenwege vermieden werden. Das heißt, je besser ein Gehirn im Lösen von Problemen geübt ist, desto weniger Energie und Nervennahrung braucht es – so wie ein Ausdauersportler einen niedrigeren Ruhepuls hat als ein nicht trainierter Stubenhocker. Kluge Menschen denken effektiver und sparsamer.

Gehirn II

Das gesunde, erwachsene Gehirn verändert sich in seiner Struktur nicht.

Von außen betrachtet macht das Gehirn im Laufe eines langen Menschenlebens nur wenige Veränderungen durch. Im Alter wird es weniger kompakt. Kommen Durchblutungsstörungen hinzu, »schrumpfen« manche Bereiche sogar etwas. Insgesamt erscheint die graue Masse bei einem gesunden Erwachsenen über die Jahre jedoch unverändert.

Im Gegensatz dazu ist die Mikrostruktur der Zellen und Nervenbahnen des Gehirns jedoch permanenten Veränderungen unterworfen. Ständig werden – auch bei Erwachsenen und sogar noch im fortgeschrittenen Alter – neue Nervenverbindungen angelegt und alte, weniger benutzte gehen in den Ruhestand. Man kann sich das Gehirn als ein riesiges Netzwerk oder als Verkehrsplan einer Großstadt vorstellen, bei dem bestimmte Wege immer wieder »befahren« werden und andere nur manchmal oder zu manchen Zeiten ein höheres Verkehrsaufkommen bewältigen müssen. Die Analogie zur Großstadt wäre allerdings treffender, wenn sich die Straßen je nach Verkehrsaufkommen verbreitern oder verengen würden.

Die ständigen Veränderungen und Umbauvorgänge im Gehirn spiegeln das wider, was wir mit unserem Denkapparat anstellen. Bei bestimmten Erinnerungen, Gedächtnisleistungen oder auch Schwerpunkten in der sinnlichen Wahrnehmung, werden manche Nervenbahnen stärker beansprucht als andere. Durch Übung verbessert sich eben nicht nur die Leistung, sondern auch der Weg, der sie ermöglicht. So weiß man etwa von Blinden, dass die Bereiche der Großhirnrinde, auf denen die Funktionen für Hören, Fühlen und Schmecken repräsentiert sind, viel stärker ausgeprägt sind als bei Menschen, die sehen können.

Gehirn III

Frauen haben weniger Hirn als Männer.

Vom Gewicht her stimmt das zwar: Denn das männliche Gehirn ist im Durchschnitt um 15 Prozent größer und schwerer als das weibliche. Doch Masse ist nicht gleich (Deutungs-)Macht, Quantität nicht gleich Qualität. Das Denkorgan des Mannes schrumpft mit den Jahren auch deutlich schneller. Im weiblichen Schädel hingegen sind die Nerven weitaus dichter »verpackt« und die Verbindung zwischen den beiden Hirnhälften ist bei den Frauen ebenfalls stärker ausgeprägt. Allerdings sind die Unterschiede zwischen weiblichen und männlichen Gehirnen weniger groß, als es die zwischen Angehörigen des gleichen Geschlechts sein können.

Ungeklärt ist bisher noch, ob die anatomischen Differenzen zwischen den Gehirnen von Mann und Frau angeboren sind oder ob sie durch Erziehung und Sozialisation entstehen.

Gelbfieber

Im Juni 1900 waren vier amerikanische Militärärzte auf die Karibikinsel Kuba entsandt worden, die damals noch unter US-Verwaltung stand. Sie sollten das dort epidemisch wütende Gelbfieber untersuchen und einen wirksamen Schutz vor der Seuche entwickeln. An der Erkrankung waren in Havanna in wenigen Jahren mehr als 35.000 Menschen gestorben. Zuletzt hatte die Seuche auch unter den stationierten US-Soldaten ihre Opfer gefordert.

Die Krankheit, so die Hypothese der Mediziner, schien durch Mücken übertragen zu werden. Bevor der Leiter der Ärztegruppe, Walter Reed, jedoch Kuba erreichte, erkrankten bereits zwei Mediziner aus seiner Arbeitsgruppe: James Carroll wurde nach längerer Krankheit wieder gesund. Jesse Lazear starb am Gelbfieber. Immer wieder tauchte die Vermutung auf, dass es sich bei der Krankheit der beiden bereits um Selbstversuche gehandelt hatte. Zwar schrieb Reed in seinem Bericht an die US-Regierung, dass die Erkrankung ein tragischer Unglücksfall gewesen sei. Dies tat er jedoch wohl auch seinem Freund zuliebe, der vor seinem Tod um die Auszahlung seiner Lebensversicherung gebangt hatte.

Um zu beweisen, dass das Gelbfieber tatsächlich von Insekten übertragen wird, wollte Reed gesunde Männer eine Zeit lang in Quarantäne halten, um dann die Insekten auf sie loszulassen. Eine andere Gruppe Männer sollte nicht in Kontakt zu den Mücken kommen, sich aber dafür zwischen die Betten und Kleider der Gelbfieberkranken legen.

Versuchspersonen ließen sich erstaunlich schnell finden, obwohl sie über die gefährliche Versuchsplanung aufgeklärt wurden. Der Gouverneur Kubas unterstützte das Vorhaben, stellte eine finanzielle Entschädigung für die Freiwilligen in Aussicht und Räumlichkeiten in einer dünn besiedelten Region Kubas zur Verfügung. Das Experiment konnte beginnen: Aus der Gruppe, die den infektiösen Mücken ausgesetzt war, erkrankten mehr als drei Viertel der Männer, aus der zweiten Gruppe niemand. Alle Teilnehmer hatten Glück und überlebten aufgrund der guten medizinischen Betreuung das Experiment.

Reed hatte auf diese Weise die Entstehung und Übertragung des

Gelbfiebers durch Mücken bewiesen und bekam in den USA höchste Anerkennung dafür. Da keiner der freiwilligen Probanden an seinen Menschenversuchen gestorben war, gab es auch kaum Kritik an Reeds gewagtem Experiment.

Literatur:
Reed W, Carroll J, Agramonte A, Lazear JW: Classics in infectious diseases. The etiology of yellow fever: a preliminary note. Walter Reed, James Carroll, A. Agramonte, and Jesse W. Lazear, Surgeons, U.S. Army. The Philadelphia Medical Journal 1900. Revue of Infectious Diseases 1983;5:1103-1111
Pierce JR: »In the interest of humanity and the cause of science«: the yellow fever volunteers. Milestones in Medicine 2003;168:857-863

Genfood

Mit gentechnisch hergestellten Nahrungsmitteln kann der Welthunger besiegt werden.

Forscher und Pharmafirmen argumentieren immer wieder, dass die Ernährung der Weltbevölkerung durch gentechnisch veränderte Produkte gesichert werden könnte. Das ist ziemlicher Unsinn, denn Hunger ist in erster Linie kein Problem der Menge, sondern der Verteilung.

Absurd war die Begründung, mit der gentechnisch vergrößerter Fisch auf dem Markt durchgesetzt werden sollte. Zur Ernährung der Welt sei die siebenfache Menge Fisch nötig, hatten Wissenschaftler errechnet. Wenn nun die Fische um das Siebenfache größer sind, so die Schlussfolgerung, müsste das ausreichen. Doch diese Rechnung mit gentechnisch aufgemotzten »Turbo-Fischen« geht nicht auf. Die Überfischung der Meere und der Raubbau an den natürlichen Reserven der Ozeane lässt sich nicht einfach dadurch kompensieren, dass immer größere Fische gezüchtet werden. Und die hungernden Menschen auf dieser Welt warten nicht unbedingt auf Gen-Fisch. Sie leben meist in den Dürre-Regionen der Erde und benötigen Getreide und Pflanzenkulturen, die in ihrer Umgebung wachsen können.

Geschirrspülmittel

Mit Klarspüler kann man jemanden umbringen – Giftrezepte aus dem »Tatort«

Liebe Tatort-Zuschauer: nicht nachmachen! Klarspüler oder Geschirrspülmittel gehören nicht in die Suppe. Das gibt nicht nur deutliche Abzüge im Geschmack – gesund ist es auch nicht. So schädlich, wie in dem im Mai 2003 gezeigten Tatort »Der schwarze Troll« dargestellt, ist Klarspüler allerdings nicht. Kurz der Plot: Knapp vor Auflösung des Krimis mussten die Tochter wie auch der Liebhaber der Täterin eine Suppe mit dem ungewöhnlichen Zusatz auslöffeln. Wenig später lagen sie bewusstlos und zusammengekrümmt am Boden. Der Notarzt kam natürlich noch rechtzeitig. Doch »zwanzig Minuten später« – so teilte er warnend mit – hätten die beiden das Schicksal der anderen zuvor von der Giftmischerin ins Jenseits beförderten Opfer geteilt.

Aus medizinischer Sicht eine fragwürdige Darstellung. »Man müsste schon einen Teller Klarspüler in Reinform zu sich nehmen, um massive Gesundheitsprobleme zu bekommen«, sagt Uwe Stedler, stellvertretender Leiter der Freiburger Vergiftungszentrale. Wenn man den Klarspüler in der Suppe überhaupt bemerke, so der Mediziner, dann durch ein Brennen im Hals oder ein Grummeln im Magen. Wenn man sich verschluckt, kann die schädliche Substanz in seltenen Fällen auch mal eine Lungenentzündung hervorrufen. Warum so etwas überhaupt im Fernsehen gezeigt wird? Stedler weiß von einer Absprache, wonach im TV keine »funktionierenden Vergiftungsmethoden« demonstriert werden sollen. Es muss ja niemand auf dumme Gedanken gebracht werden. Wenn sich nach diesem »Tatort« Nachahmer gefunden haben, hatte das wenigstens den Vorteil, dass der angerichtete Schaden verhältnismäßig gering geblieben ist.

Geschlechtskrankheiten

Aids ist die häufigste sexuell übertragene Krankheit in industrialisierten Ländern.

In den so genannten Industrienationen sind gleich mehrere sexuell übertragbare Krankheiten häufiger als die Immunschwächekrankheit Aids. In den USA traten 2000 etwa 80.000 neue Aids-Fälle auf – gegenüber 800.000 Gonorrhöerkrankungen (»Tripper«) und 100.000 Neuerkrankungen an Syphilis. Noch häufiger waren die Infektionen mit Chlamydien mit mehr als vier Millionen dokumentierten Fällen allein in den USA.

Dennoch ist Aids weltweit auf dem Vormarsch. Im Jahr 2003 waren schätzungsweise weltweit mehr als 50 Millionen Menschen mit dem HI-Virus infiziert. Global ist die Situation dramatischer denn je, wie aus den jüngsten Zahlen der WHO und der Aids-Organisation der Vereinten Nationen (UNAIDS) hervorgeht. Im Jahr 2002 sind mehr als drei Millionen Menschen weltweit an Aids gestorben, seit Ausbruch der Seuche sind es bereits mehr als 26 Millionen. Nach offiziellen Angaben tragen mindestens 42 Millionen Menschen das HI-Virus in sich. Diese Zahlen liegen um mehr als 50 Prozent höher, als die Schätzungen der WHO aus dem Jahr 1991 voraussagten. In Afrika ist die Situation am schlimmsten. Nach UN-Angaben wird in den kommenden Jahren mehr als die Hälfte der afrikanischen Bevölkerung an Aids sterben.

Literatur:
Speicher, Carl E: Rationelle Labordiagnostik. Bern 2001

Geschlechtsverteilung

Der Anteil von geborenen Jungen und Mädchen ist von gesellschaftlichen Einflüssen unabhängig.

Das sollte man meinen, denn ob ein Junge oder ein Mädchen geboren wird, ist ja in erster Linie von der zufälligen Verteilung der X- und Y-Chromosomen in den Spermien abhängig, die während der Befruchtung auf die weiblichen Eizellen treffen. Doch in der medizinischen Fachliteratur ist auch das Phänomen beschrieben, dass sich bei Bevölkerungen in schwierigen Zeiten des Umbruchs oder unter Stress das Geschlechterverhältnis verschieben kann und weniger Jungen als Mädchen zur Welt gebracht werden. Als physiologische Ursache dafür wird angenommen, dass es bei gestressten Frauen häufiger zu einer Fehlgeburt von Jungen als von Mädchen kommt. Warum dies so sein könnte, ist unbekannt.

Ein kalifornischer Wissenschaftler hat diese Hypothese vor kurzem getestet und die Geschlechterverteilung in Ost- und Westdeutschland in den Jahren 1946 bis 1999 untersucht. Der Theorie nach hätte das Geschlechterverhältnis besonders im Jahr 1991 eine Veränderung zuungunsten der geborenen Jungen in der ehemaligen DDR zeigen müssen, als die ostdeutsche Wirtschaft darniederlag und der sozioökonomische Stress für die Bevölkerung sehr groß war.

Tatsächlich war die Rate der geborenen Jungen in keinem Jahr in den fünf neuen Ländern so gering wie im Jahre 1991. Allerdings ist die Erklärung recht unbefriedigend, denn auch in den Jahren 1990, 1992 und danach hatte sich die wirtschaftliche Lage in Ostdeutschland noch nicht dramatisch verbessert.

Literatur:

Catalano RA: Sex ratios in the two Germanys: a test of the economic stress hypothesis. Human Reproduction 2003;18:1972-1975

Geschlechtswahl

Die Stellung beim Akt beeinflusst das Geschlecht der Nachkommen.

Um kaum ein medizinisches Thema ranken sich so viele Mythen und Legenden wie um Schwangerschaft und Geburt. Zwar hat die Wissenschaft bisher noch keine wirklich zuverlässige Methode gefunden, um bei Paaren die Stellung während des Akts zu überprüfen. Dennoch ist von den Probanden, die bisher Auskunft über ihre Liebestechniken geben wollten, nicht bekannt, dass sich durch eine bestimmte Stellung das Geschlecht der Nachkommen beeinflussen ließ.

Das Geschlecht wird nach wie vor durch die zufällige Kombination der Keimzellen während der Befruchtung bestimmt, das heißt dadurch, ob ein Spermium mit einem weiblichen oder männlichen Geschlechtschromosom auf die Eizelle trifft. Und Merkmale wie Aussehen, Charakter oder Intelligenz hängen auch nicht davon ab, wie und in welcher noch so artistischen Position sich die Eltern bei der Zeugung im Bett getummelt haben.

Geschmeiß

Fliegen und andere Insekten auf Wunden führen zu Infektionen.

Zugegeben, der Gedanke an allerhand Getier auf offenen Wunden ist eklig. Doch die kleinen Tiere können durchaus hilfreich für den Heilungsprozess sein. Schon während des amerikanischen Bürgerkriegs und während der Feldzüge Napoleons beobachteten Armeeärzte und Chirurgen, dass Wunden, in denen Fliegenlarven nisteten, weniger Infektionen aufwiesen und besser heilten.

Nach dem Ersten Weltkrieg nahm der orthopädische Chirurg W.S. Baer diese Beobachtungen auf. Er hatte zudem als Feldchirurg in Frankreich positive Erfahrungen mit den Fliegenlarven gemacht. Zurück in den USA legte er in Maryland eine Zucht der Fliegen Lucilia sericata an und fasste 1930 seine Erfahrungen in der Wundbehandlung zusammen. Die Firma Lederle züchtete in den nächsten Jahren die Fliegenlarven industriell und belieferte Hunderte Krankenhäuser in den Vereinigten Staaten damit. Als von 1941 an die Antibiotika entwickelt worden waren, geriet diese »biochirurgische« Form der Wundbehandlung jedoch in den Hintergrund. Erst in den 1980er-Jahren wurde sie wieder aufgenommen.

Literatur:
Rufli T, Rudin W: Biochirurgie: Bewährtes Verfahren in der Wundbehandlung. Deutsches Ärzteblatt 2002;30:C1621-22

Gesicht

Die Größenverhältnisse im Gesicht des Erwachsenen verändern sich nicht mehr.

Langsam, aber stetig wachsen Nase und Ohren auch bei Erwachsenen weiter. Dies ist der Grund, warum bei alten Leuten das Gesicht oft noch markanter und manchmal auch grober erscheint.

Vom natürlichen Wachstum des Gesichts abzugrenzen ist jedoch das Krankheitsbild der Akromegalie. Bei dieser Erkrankung, die auf einer Überproduktion von Wachstumshormonen in der Hirnanhangsdrüse beruht, wachsen Kinn, Nase, Ohren, aber auch die Zunge und die inneren Organe, was zu grotesken Vergröberungen führen kann.

Gesundheitsbewusstsein

Die Menschen leben immer gesundheitsbewusster.

Schön wäre es ja. Denn individuelle Veränderungen der Lebensweise ermöglichen es, das Risiko für chronische Erkrankungen – insbesondere für Herz-Kreislauf-Leiden – zu senken. Doch obwohl einige Menschen vermehrt auf gesunde Ernährung achten, in Bioläden einkaufen (was allerdings auch nicht immer gesund sein muss) und regelmäßig Sport treiben, hat sich gesundheitsbewusstes Verhalten nicht weiter ausgebreitet.

Im Gegenteil: In den wohlhabenden Ländern sinkt zwar die Rate der Raucher, doch seit einigen Jahren hat sich dieser erfreuliche Trend verlangsamt. Dabei rauchen immer weniger Männer, und die Frauen holen dafür in dieser wenig ruhmreichen Statistik auf. Außerdem nimmt die Zahl der regelmäßigen Raucher unter jungen Leuten zu. Eine sitzende Lebensweise wird zudem immer häufiger und der Prozentsatz der Übergewichtigen steigt in den industrialisierten Staaten ebenfalls – besonders erschreckend unter Kindern und Jugendlichen.

Literatur:
Ashenden R, Silagy C, Weller D: A systematic review of the effectiveness of promoting lifestyle change in general practice. Family Practice 1997;14:160-176

G

Glatze

Männer mit starker Glatze haben auch eine ausgeprägte Körperbehaarung.

Männer mit Glatze scheinen eine stärkere Körperbehaarung zu haben als jene männlichen Artgenossen, die noch über einen verhältnismäßig stark ausgeprägten Kopfschmuck verfügen. Trotzdem ist bisher weitgehend unklar, wie das Wechselspiel zwischen Haupt- und Resthaar genau funktioniert. Der einzige Zusammenhang zwischen einer

Neigung zur Glatze und vermehrter Körperbehaarung konnte bisher nur zwischen der nachlassenden Behaarung am Kopf und einer vermehrten Behaarung am Ringfinger hergestellt werden.

Glaube

Religion hat keinen Einfluss auf das Körpergewicht.

H

Vor Gott sind alle Menschen gleich, möchte man meinen. Doch zumindest auf der Waage gibt es Unterschiede. Wissenschaftler der Cornell-Universität im Staate New York haben den Zusammenhang zwischen Gewicht und Glaube untersucht. Dazu analysierten sie die Fragebögen von 3.032 Erwachsenen, die diese im Rahmen einer landesweiten Umfrage ausgefüllt hatten. Es zeigte sich, dass strenggläubige konservative Protestanten durchschnittlich übergewichtiger waren als Männer, die keine besondere Religiosität angaben. Als Erklärung vermuteten die Forscher, dass religiösere Menschen weniger rauchen und daher eher an Gewicht zunehmen als weniger religiöse.

Literatur:
Kim KH, Sobal J, Wethington E: Religion and body weight. International Journal of Obesity and Related Metabolic Disorders 2003;27:469-477

Haare I

Haare werden langsam grau und dann mit der Zeit weiß.

Die Farbveränderung der Haare erfolgt nicht stufenweise über braun zu grau und weiß. Die Farbe entsteht durch als Melanozyten bezeichnete Pigmentzellen, die sich an den Haarwurzeln und in der oberflächlichen Kopfhaut befinden. Die Pigmentzellen umhüllen das Haar und dringen in es ein. Mit zunehmendem Alter verlieren die Melanozyten jedoch ihre Wirkung und das Haar verliert seine ursprüngliche Farbe.

Wenn die Haare ihre ursprüngliche Farbe verlieren, werden sie ziemlich schnell weiß. Wenn trotzdem der Eindruck entsteht, dass sie erst grau und dann weiß werden, liegt das meist daran, dass die Anzahl der weißen Haare zunächst langsam zunimmt und dies eine ganze Weile den Gesamteindruck eines grauen Schopfes vermittelt.

Haare II

Bei dramatischen Ereignissen können die Haare über Nacht grau werden.

Auch wenn immer wieder von derartigen Ereignissen berichtet wird, gehören sie in den Bereich der Sagen und Legenden. Stress und Sorgen können das Grauwerden nur bis zu einem gewissen Grad beeinflussen.

Vielmehr ist es so, dass das Ergrauen zunächst unmerklich vor sich geht, dann aber von einem Tag auf den anderen den Betroffenen ziemlich deutlich bewusst wird. Wenn die hellen Haare irgendwann in der Mehrzahl sind, entsteht der Eindruck, jemand sei ganz plötzlich grau oder weiß geworden.

Haare III

Männer bekommen früher graue Haare als Frauen.

Vielleicht ist diese Vermutung so populär, weil immer wieder von den attraktiven grauen Schläfen der Männer gesprochen wird und Frauen sich öfter als Männer die Haare tönen. Es ist aber genau umgekehrt: Im Durchschnitt ergrauen Frauen sowohl früher als auch schneller als Männer. Der Grund dafür ist unbekannt. Hormonelle Ursachen werden vermutet.

Haare IV

Das Ergrauen beginnt bei der Mehrzahl der Bevölkerung frühestens mit Ende zwanzig.

H

Das Ergrauen setzt schon deutlich früher ein. Bereits im Alter von 15 Jahren beginnt der Körper mit der »Produktion« von einzelnen grauen Haaren. Es muss jedoch erst eine stattliche Anzahl von Haaren grau werden, damit der Eindruck grauer Strähnen entsteht.

Etwa ein Viertel aller Menschen ist sogar vom vorzeitigen Grauwerden betroffen, das heißt, ihr Haarschopf erscheint bereits ab einem Alter von 25 Jahren grau eingefärbt. Hierfür werden genetische Ursachen vermutet.

Haare V

Bei häufigerem Haareschneiden wachsen die Haare schneller.

Zum Leidwesen der meisten Frisöre ist das nicht so. Man kann sich die Haare ungeschnitten wachsen lassen oder auch jede Woche zum Frisör rennen und sich den Kopfschmuck aufs Neue kürzen lassen. Das Wachstum der Haare kann – anders als bei Grashalmen, die nach Auskunft sämtlicher Hobbygärtner durch häufiges Rasenmähen schneller wachsen – dadurch in seiner Geschwindigkeit nicht beeinflusst werden. Die Haare machen einen bestimmten Wachstumszyklus durch, der von der Haarwurzel gesteuert wird und unabhängig davon ist, was am anderen Ende des Haares passiert.

Handys I

Handys verursachen Krebs.

Ein heikles Thema, das in den letzten Jahren zu einer Art Glaubenskrieg geworden ist. Keine Studie konnte den Zusammenhang zwischen Handy-Strahlen und Krebsentstehung bisher eindeutig nachweisen, auch wenn sich immer mehr vermeintlich Betroffene melden und angeblich seriöse, wissenschaftliche Arbeiten zitieren. Genauso gilt aber: Keine Studie konnte bisher beweisen, dass Handys und andere elektrische Geräte harmlos sind.

Zwar gibt es etliche Untersuchungen, die dokumentieren, dass sich die Temperatur in den ohrnahen Gehirnbereichen beim Handy-Gebrauch erhöht. Doch daraus kann man nicht automatisch auf eine häufigere Krebsrate im Kopfbereich oder anderswo im Körper schließen.

Etliche epidemiologische Untersuchungen sprechen gegen einen Zusammenhang zwischen Handygebrauch und Krebsentstehung. So wurde beispielsweise in großen amerikanischen Studien festgestellt, dass Handygebrauch bisher nicht das Risiko für Krebserkrankungen erhöht hat. Andererseits gibt es die Mobiltelefone erst seit den 1980er-Jahren, sodass Langzeitfolgen – so es sie denn gibt – noch nicht aufgetreten sein mögen.

Nicht nur in den USA wurde in verschiedenen Untersuchungen die Beobachtung gemacht, dass die Rate der Hirntumoren nicht steigt, wenn viel mobil telefoniert wird. In einer neuseeländischen Studie dokumentierten Forscher, dass seit der dortigen Einführung von Handys 1987 die Häufigkeit von Krebserkrankungen im Bereich von Kopf, Nacken und Gehirn nicht gestiegen ist. Diese Körperregionen sind der Strahlung durch Mobiltelefone am stärksten ausgesetzt. In einer anderen Studie wurde das Vorkommen von Speicheldrüsentumoren untersucht. Auch diese Krebsart trat bei Handybenutzern nicht vermehrt auf – ebenso wenig wie in etlichen europäischen Studien weder Leukämie noch andere Tumorformen bei denen, die ständig das Handy am Ohr haben, häufiger waren.

Der Diskussion um Handys haftet etwas Irrationales an. Wer eine Gefährdung durch die elektromagnetische Strahlung oder die Überwärmung des Gewebes für ausgeschlossen hält, kann bereits jetzt genügend wissenschaftliche Beweise anführen, dass Handys bisher niemandem geschadet haben. Wer an die Gefahren durch Handys, Elektrosmog und Co. glaubt, argumentiert mit dem Faktor Zeit: Noch sind die Menschen der Strahlung nicht lange genug ausgesetzt gewesen, um die dramatischen Folgen beobachten zu können. Oder die Forschung sucht mit den falschen Methoden.

Die Strahlenbelastung könnte übrigens gesenkt werden, wenn möglichst viele Mobilfunkmasten aufgestellt würden – so absurd sich das auf Anhieb anhört. Dann wäre die Strahlung jedoch deutlich geringer, die erforderlich ist, um den Nutzer zu erreichen. Ein weiterer Schutz bestünde darin, die Sendemasten auf die Gebäude zu stellen, die man für besonders schützenswert hält – Kindergärten und Schulen beispielsweise. Das lässt sich natürlich nicht durchsetzen. Dabei bewegen sich die Strahlen vom Sendeort nahezu horizontal fort. Wer direkt unter einem Mobilfunkmast wohnt oder arbeitet, hat also rein physikalisch am wenigsten zu befürchten.

Literatur:
Wahrendorf J, Michaelis J, Blettner M: Mobilfunk und Gesundheit: Noch keine gesicherten epidemiologischen Studien verfügbar. Deutsches Ärzteblatt 2000;97:C662-665
Inskip PD, Tarone RE, Hatch EE, et al: Cellular-telephone use and brain tumors. New England Journal of Medicine 2001;344:79-86
Trichopoulos D, Adami HO: Cellular Telephones and Brain Tumors. New England Journal of Medicine 2001;344:133-134
Cook A, Woodward A, Pearce N, Marshall C: Cellular telephone use and time trends for brain, head and neck tumours. New Zealand Medical Journal 2003;116:457

Handys II

Handys sind in keinerlei Hinsicht gesundheitsschädlich.

Auch wenn die von Mobilfunkgegnern befürchteten Gesundheitsgefahren durch mobile Telefone – etwa Krebs oder schwere chronische Krankheiten – bisher nicht nachgewiesen werden konnten, birgt der häufige Gebrauch des Handys gewisse Risiken. Telefonieren mit Handy mache dick, behauptet jedenfalls der englische Ernährungswissenschaftler Andrew Prentice. Der Forscher hatte in einem Vortrag vorgerechnet, dass jeder Benutzer eines Handys jährlich rund 16 Kilometer Fußweg einspare. Neben anderen fragwürdigen Errungenschaften der Zivilisation wie Fahrstühlen, Rolltreppen und Fernbedienungen trage auch das Handy zu der weiteren Verfettung unserer Gesellschaft bei. Die beunruhigende Zunahme von Übergewichtigen sei, so Prentice, auch auf die zunehmende Verbreitung der Mobiltelefone zurückzuführen.

Eine weitere Gesundheitsgefahr durch Handys ist allerdings weitaus beunruhigender. Obwohl beim Telefonieren im Auto Freisprechanlagen vorgeschrieben sind, hält sich immer noch weniger als die Hälfte der automobilen Telefonierer in Deutschland daran. Dabei haben Studien erwiesen, dass sich die Unfallhäufigkeit kurz nach einem Telefonat im Auto deutlich erhöht. Je kürzer das Gespräch zurückliegt und je aufwühlender der Inhalt, desto eindeutiger der Zusammenhang.

Haut I

Wenn die Haut keine Möglichkeit zum »Atmen« hat, stirbt man.

Das ist ein weit verbreiteter Irrglaube, an dem allerdings nichts dran ist. Durch den James-Bond-Film »Goldfinger« aus dem Jahr 1964 wurde er noch verstärkt. In dem Streifen hat der britische Geheimagent 007 mit einer langbeinigen Schönen ein Techtelmechtel. Abends kommt Bond ihr im Hotelzimmer näher. Bevor es zur Sache geht, will er eine Flasche Champagner aus dem Kühlschrank holen, wird dabei jedoch niedergeschlagen. Als er wieder zu sich kommt, liegt seine Gespielin tot auf dem Bett und ist von Kopf bis Fuß mit Goldbronze überzogen. Angeblich ist sie erstickt, weil ihre Haut nicht mehr atmen konnte ...

Eine dramatische Filmszene, die jedoch jeglicher Realität entbehrt. Denn an fehlender »Hautatmung« erstickt niemand – auch kein Bond-

Girl. Der Austausch mit der Umgebungsluft ist für die Ernährung und Versorgung der Haut zwar vorteilhaft, aber nicht entscheidend für den Gesamtorganismus. Wenn die »Hautatmung« so wichtig wäre, würden Taucher und Surfer in einem eng anliegenden Neoprenanzug ebenso in akuter Lebensgefahr schweben wie Arbeiter in luftdichter Schutzkleidung.

Auch Verbrennungsopfer sterben nicht etwa, weil ein Großteil ihrer Haut verbrannt ist und sie durch die Haut nicht mehr »atmen« können. Hier kommt es vielmehr häufig zu tragischen Verläufen, weil sich durch die vielen Hautwunden immer wieder schwer zu behandelnde Infektionen entwickeln und es im Anschluss daran zu einer manchmal tödlichen Blutvergiftung kommen kann. Außerdem verliert ein Verbrennungsopfer so viel Eiweiß, dass der Körper mit der Produktion nicht nachkommt.

Haut II

Durch regelmäßiges Eincremen wird die Haut elastisch und geschmeidig.

Direkt nach dem Auftragen der Creme ist die Haut weicher, aber mittelfristig wird die Haut durch zu häufiges Cremen trockener. Auch wenn die Kosmetikindustrie es nicht gern hört, sondern lieber daran verdient: Die Haut kann nicht unendlich viel Creme aufnehmen. Und Hautcremes sowie andere Pflegemittel erhöhen den Bedarf der Haut an derartigen Substanzen weiter. Die Haut verliert nach und nach ihre Fähigkeit zur »Selbstfettung«, wenn die entsprechenden Stoffe regelmäßig von außen zugeführt werden. Ohne Cremes wird sie dann bald spröde und trocknet schneller aus.

Heißhunger

Bei Heißhunger greifen Frauen zu Chips oder Fastfood.

Wenn sie plötzlich Heißhunger verspüren, greifen die meisten Frauen nicht zu Fastfood und Chips, sondern zu Schokolade, Pralinen und Konfekt. Mit 57 Prozent liegt die süße Versuchung laut Umfragen deutlich vor Obst (34 Prozent), Knabbersachen und Chips (32 Prozent) sowie anderen Ersatzbefriedigungen. Der Inhaltsstoff Phenylethylamin führt angeblich zu den wohligen Gefühlen nach dem Genuss von Schokolade.

Heiterkeitsstörung

Es gibt eine »generalisierte Heiterkeitsstörung«.

Leider nicht. Diese Diagnose tauchte vor kurzem als neues Syndrom in der Fachliteratur auf. Die Beschreibung und eingehende Analyse dieser psychischen Erkrankung stellte der Göttinger Mediziner Ulrich Streeck während einer Tagung in einem Vortrag vor. Wenig später wurde der Beitrag in der Fachzeitschrift »Forum der Psychoanalyse« veröffentlicht. Streeck betont in seinem Artikel zwar, dass Heiterkeit früher »als ein erstrebenswerter Seelenzustand« galt. Heute stelle jedoch gerade »der persistierende Zustand der Heiterkeit eine wirklichkeitsunangemessene pathologische seelische Gemütsverfassung« dar, für die eine »mehr oder minder ausgeprägte Gleichförmigkeit des seelischen Erlebens charakteristisch« sei. Selbst Ereignisse, »die das Leben für den Durchschnitt der Bevölkerung außerordentlich schwer machen würden«, verändern den Zustand der von Heiterkeit Betroffenen nicht deutlich. Die Heiterkeit »scheint sich im Gegenteil noch zu vertiefen«.

Es gab einige Mediziner und Psychologen, die sich über diese neue Krankheit und ihre Darstellung in der Fachliteratur empörten – manche gaben auch eine eigene detailgenauere Fallbeobachtung zum Besten. Allen war gemeinsam, dass sie nicht bemerkt hatten, wie der Autor mit seinem Artikel die Wissenschaftsgläubigkeit und das Erfinden neuer Störungen, Krankheiten und Syndrome persiflieren wollte. Ulrich Streeck erklärte in einer späteren Ausgabe der Fachzeitschrift seinen Scherzartikel, was keinesfalls gegen ihn, wohl aber für den fehlenden Humor einiger seiner Kollegen spricht.

Literatur:
Streeck U: Die generalisierte Heiterkeitsstörung – Diagnose, Differentialdiagnose, Therapie. Forum der Psychoanalyse 2000;16:116-122
Streeck U: Noch einmal zur »generalisierten Heiterkeitsstörung«. Forum der Psychoanalyse 2000;17:94-96
Bartens W: Was hab ich bloß? Die besten Krankheiten der Welt. München 2003

Heparin

Heparin beugt Thrombosen und Gefäßverschluss vor.

Im Prinzip stimmt das. Aber eben nur im Prinzip. Was auch manchen Medizinern nicht bekannt ist: Bei Gabe von so genanntem unfraktionierten Heparin kommt es verhältnismäßig häufig zu einer Immunreaktion gegen das Heparin, die mit lebensgefährlichen Komplikationen einhergehen kann. Diese auch als heparininduzierte Thrombozytopenie (HIT) bezeichnete Reaktion führt zur Verklumpung des Blutes mit einem hohen Risiko für Thrombosen und andere venöse und arterielle Gefäßverschlüsse. Ursache für die Immunreaktion sind Antikörper gegen das Heparin, die sich bei einem Viertel bis der Hälfte der Patienten bilden. Bei einem Teil von ihnen werden jedoch auch die Blutplättchen zur Verklumpung angeregt. Patienten haben nach größeren Operationen, beispielsweise an Herz oder Lunge, oder dem Ersatz des Hüftgelenks, ein Risiko von bis zu drei Prozent, an einer HIT zu erkranken.

Typischerweise kommt es bei der HIT zwischen dem 5. und dem 14. Tag der Heparingabe zu den ersten Symptomen: Die Konzentration der Blutplättchen fällt um mehr als die Hälfte. Paradox zur üblichen Heparinwirkung kommt es nicht zu Blutungen, sondern zur Thrombose. Die Sterblichkeit lag vor wenigen Jahren noch bei fast 20 Prozent, überlebende Patienten bekamen Schlaganfälle, Herzinfarkte, Lungenembolien oder ihnen mussten Gliedmaßen nach Gefäßverschlüssen amputiert werden. Seit das Risiko bekannter geworden ist, sank die Häufigkeit durch entsprechende Vorsorgemaßnahmen.

Vorbeugen kann man der Komplikation einer HIT, indem man nach Operationen niedermolekulares statt unfraktioniertes Heparin zur Blutverdünnung verwendet. Außerdem ist die einfachste Vorsorgemaßnahme die regelmäßige Bestimmung der Blutplättchenkonzen- tration.

Da Patienten nach Operationen in der Regel Heparin bekommen – das Mittel zur Blutverdünnung ist eines der häufigsten Medikamente im Krankenhaus –, ist diese dramatische Nebenwirkung von einiger Bedeutung. Weil die Patienten durch den Kostendruck im Gesundheitswesen häufig früher entlassen und immer mehr Eingriffe ambulant durchgeführt werden, tritt die HIT auch vermehrt zu Hause, ambulant oder im Reha-Bereich auf. Hier ist die Möglichkeit der Vorsorge, Kontrolle und schnellen Intervention jedoch oft nicht gegeben.

Literatur:
Greinacher A, Lubenow N, Hinz P, Ekkernkamp A: Heparininduzierte Thrombozytopenie. Deutsches Ärzteblatt 2003;34/35A:2220-2229
Greinacher A: Treatment options for heparin-induced thrombocytopenia. American Journal of Health Systems and Pharmacology 2003;60 (Suppl.):12-18

Herz

Das Herz hat die typische »Herzform«.

Die anatomische Ausprägung des Herzens kann man mit allen möglichen Formen und Adjektiven beschreiben – nur nicht als herzförmig. Der etwa 300 bis 500 Gramm schwere Hohlmuskel, der nur ungefähr 0,5 Prozent des Körpergewichts ausmacht und mit jedem Schlag etwa 70 Milliliter und in jeder Minute etwa fünf Liter Blut durch den Körper pumpt, ist an seiner vermeintlichen Spitze sogar breiter als an der oberen Seite, die grafisch immer mit den zwei üppigen Ausbuchtungen dargestellt wird. Mit all den verschiedenen Öffnungen, Klappen, Ein- und Ausflüssen erinnert das Herz keinesfalls an die typische Herzform.

Woher die typische Herzform, die als Symbol der Liebe dient, ihren Ursprung hat, ist unbekannt. Manche sehen in ihr die symmetrischen Rundungen der Brust oder der Pobacken wiedergegeben, andere das Lebensgrün des Efeublattes, das im Mittelalter als Symbol für die unsterbliche Seele galt. Wieder andere Interpretationen deuten aus der Herzform die Gesichtsform zwischen Augen und Kinn oder auch eine Ähnlichkeit zur Symmetrie des Yin-und-Yang-Zeichens.

Herzinfarkt I

Herzinfarkt ist eine typische »Managerkrankheit«, weil Führungspersonen häufiger daran sterben.

In den 1970er- und 1980er-Jahren war diese Annahme auch unter den meisten Medizinern weit verbreitet. Der ewig ehrgeizige Persönlichkeitstyp, der nie mit dem Erreichten zufrieden ist und immer weiter strebt, schien der typische Kandidat für einen frühen Herzinfarkt zu sein. Er wurde als alpha-Persönlichkeit bezeichnet und sein ewiges Hasten schien zu seinem jähen Ende zu passen: Die Pumpe war irgendwann von der ständigen Belastung überfordert und machte einfach nicht mehr mit. Gesellschaftlich gesehen war der Herzinfarkt noch vor zwanzig Jahren der Heldentod der Führungskräfte.

Inzwischen weiß man: Natürlich gibt es auch heute noch Manager und andere ehrgeizige Erfolgsmenschen, die einen Herzinfarkt erleiden – immerhin sind 42 Prozent aller Todesfälle in den USA auf Erkrankungen von Herz und Kreislauf zurückzuführen. Aber mittlere Angestellte und Arbeiter, die keine Karriere gemacht haben und in ihrem beruflichen Fortkommen seit Jahren auf der Stelle treten, sind weitaus häufiger von einem Infarkt betroffen. Außerdem ist mittlerweile bekannt, dass sozial benachteiligte Menschen aus unteren Schichten ein wesentlich höheres Risiko aufweisen, Herzkrankheiten zu bekommen.

Personen mit geringerer Schulbildung und geringerem sozialen Status ernähren sich zudem weniger bewusst, sie sind weniger sportlich, häufiger übergewichtig und rauchen häufiger – all das trägt zu ihrem erhöhten Infarktrisiko bei.

Ein weiterer Grund für die Anfälligkeit für Herzinfarkte ist das unterschiedliche Erleben von Stress, Hektik und anderen Belastungen: Positiver Stress (»Eustress«), wie ihn viele Manager typischerweise erleben, ist zwar mit teilweise sehr hohen Anforderungen und Belastungen verbunden, doch zumeist bringt er den Betroffenen voran und die selbst gesetzten Ziele werden erreicht. Diese Art von Stress ist deshalb weitaus weniger gesundheitsschädlich als negativ empfundener Stress (»Distress«), der trotz aller Mühen nicht zu erfreulichen Ergebnissen führt.

H

Das Institut für Demoskopie in Allensbach hat im Frühjahr 2002 eine Umfrage zum Stresserleben unternommen. Demnach empfinden immerhin 77 Prozent der leitenden Angestellten und Beamten Stress immer wieder auch als ein befriedigendes Gefühl. 43 Prozent der Führungskräfte erlebten derart positiven Stress auch während der Arbeit. Bei Freiberuflern und Selbständigen stimmten sogar 53 Prozent dieser Einschätzung zu.

Die niedrigere Infarktrate bei Führungskräften hat noch einen anderen Grund. Die Spitzenmanager sind in den vergangenen Jahren viel gesundheitsbewusster geworden. In etlichen Führungsetagen ist das deutlich zu spüren. Nicht nur Joschka Fischer ist zu sich selbst gelaufen. Manche Manager leisten sich ihren persönlichen Fitnesstrainer, andere schaffen es auch so, trotz vollem Zeitplan noch regelmäßig Sport zu treiben und sich gesund zu ernähren. Aus all dem folgt: Das Risiko eines Arbeiters am Fließband, am Infarkt zu sterben, ist statistisch dreimal so hoch wie das seines gleichaltrigen Fabrikdirektors.

Herzinfarkt II

Herzinfarkte und Infektionskrankheiten haben nichts miteinander zu tun.

Jahrzehnte lang schienen die Ursachen eines Herzinfarktes für Mediziner auf der Hand zu liegen: Fettige Ernährung, zu hoher Blutdruck, Übergewicht, erhöhte Cholesterinwerte, Rauchen und ein Mangel an Bewegung führen bei entsprechender genetischer Veranlagung zum frühzeitigen Infarkt – besonders bei Männern. Das genaue Zusammenspiel dieser Faktoren war zwar noch nicht im Detail entschlüsselt. Mit Keimen und Infektionskrankheiten, da waren sich die Ärzte einig, hatte der plötzliche Herztod aber nichts zu tun.

H

Diese Einschätzung hat sich spätestens seit den frühen 1990er-Jahren geändert. Mediziner streiten bis heute darüber, ob nicht bestimmte Bakterien – Chlamydien und Helicobacter werden hier an erster Stelle genannt – auch dazu beitragen können, dass die Blutgefäße vorzeitig verengen. Bei einer Infektion mit diesen Keimen – so die Annahme – läuft eine Entzündungsreaktion an der Innenwand der Blutgefäße ab. Dies hat zur Folge, dass sich dort schneller Fett und Kalk ablagern und die Adern verstopfen.

Zwar glaubt nur eine Minderheit der Ärzte an die These vom Infarkt durch Infekt. Doch es gibt es immer wieder neue Indizien, die einen Zusammenhang zwischen Bakterien und koronarer Herzkrankheit plausibel erscheinen lassen. In einer Studie konnte beispielsweise belegt werden, dass bei mit Antibiotika behandelten Patienten gegenüber denjenigen, die nur ein Scheinpräparat erhielten, das Risiko für einen Infarkt um etwa 40 Prozent verringert wurde. Dies galt auch für Patienten, bei denen gar keine Keime mehr im Körper nachgewiesen werden konnten.

Sogar Grippeviren scheinen dem Herz schaden zu können. Wie sonst ist es zu erklären, dass sich durch eine Grippeimpfung die Häufigkeit der Herzinfarkte stärker senken ließ als durch eine operative Aufdehnung der Herzkranzgefäße. Die Impfung führt dazu, dass weiße Blutkörperchen und andere Immunzellen und -stoffe im Körper in Alarm- und Abwehrbereitschaft versetzt werden. Womöglich wird dadurch eine Entzündung in den Blutgefäßen unterdrückt und so ein Infarkt vermieden.

Herzinfarkt III

Die Vitamine E, C und Betacaroten (so genannte Antioxidantien) schützen herzkranke Patienten vor einem zweiten Infarkt.

Der Glaube an die Wirkung so genannter »antioxidativer« Vitamine ist nur schwer zu erschüttern. Diesen Substanzen werden wahre Wunderdinge zugetraut: Sie sollen die schädlichen »freien Radikale« im Körper abfangen und so vor allerlei Zivilisationsleiden – an erster Stelle vor Krebs und Arterienverkalkung – schützen können.

H

Bisher konnten diese Wirkungen jedoch in seriösen Untersuchungen noch nicht bewiesen werden. In einer großen, im Jahr 2001 abgeschlossenen Studie wurde die Wirkung von Antioxidantien bei Patienten, die bereits herzkrank waren, untersucht. Die Probanden, die Antioxidantien einnahmen, hatten allerdings nicht weniger Nebenwirkungen, als diejenigen, die ein Scheinpräparat (Plazebo) erhielten. In beiden Gruppen war die Häufigkeit der akuten Herz-Kreislauf-Beschwerden – ob Gefäßverengung, Angina Pectoris oder Herzinfarkt – in etwa gleich groß: sie betrug gut 20 Prozent.

In früheren Studien hatten sich sogar schädliche Wirkungen des Betacarotens gezeigt: Das Risiko für Erkrankungen des Herz-Kreislauf-Systems nahm in diesen Untersuchungen zu, in manchen Studien um bis zu zwölf Prozent. In der medizinischen Forschung gibt es daher bisher keine zuverlässigen Beweise dafür, dass die »antioxidativen« Vitamine vor erneuten Herz-Kreislauf-Beschwerden schützen.

Literatur:
Brown BG, Zhao XQ, Chait A, et al: Simvastatin and niacin, antioxidant vitamins, or the combination for the prevention of coronary disease. New England Journal of Medicine 2001;345:1583-1592
Egger M, Schneider M, Davey Smith G: Spurious precision? Meta-analysis of observational studies. British Medical Journal 1998;316:140-144
Gaziano JM: Randomized trials of dietary antioxidants in cardiovascular disease. Journal of Cardiovascular Risk 1996;3:368-371

Herzinfarkt IV

Wer die ersten Stunden nach einem akuten Herzinfarkt überlebt, hat erst einmal mehrere Monate Ruhe.

Nein, leider sind die Patienten mit Herzinfarkt noch nicht »über den Berg«, wenn sie den ersten Tag im Krankenhaus überlebt haben. Ungefähr die Hälfte dieser Patienten stirbt innerhalb der ersten vier Wochen. Das trägt mit dazu bei, dass der Herzinfarkt so viele Opfer fordert: Weltweit sterben etwa sechs Millionen Menschen jährlich an einem Herzinfarkt, allein in den USA erleiden etwa 900.000 Menschen im Jahr einen Infarkt, von denen 225.000 sterben. 42 Prozent aller Todesfälle sind dort auf kardiovaskuläre Erkrankungen zurückzuführen. In Deutschland sind die Zahlen ähnlich hoch. Etwa die Hälfte aller Betroffenen stirbt innerhalb der ersten Stunde nach Auftreten der Symptome, noch bevor das Krankenhaus erreicht ist.

H

Literatur:
Anderson KV, Odell PM, Wilson PWF, Kannel WB: Cardiovascular disease risk profiles. American Heart Journal 1991;121:293-298

Herzinfarkt V

Beim Herzinfarkt treten starke Schmerzen am Herzen auf.

Das kann sein, muss aber nicht. Das Herz selbst tut selten weh. Wenn es gesund ist, spüren wir es so gut wie nie, allenfalls bei Angst, Aufregung oder Verliebtheit – und auch dann ist das Pochen und Schlagen selten schmerzhaft. Bei manchen Menschen »stolpert« das Herz gelegentlich, aber das ist nicht gerade schmerzhaft, sondern allenfalls irritierend. Meist handelt es sich dabei um eine harmlose Unregelmäßigkeit des Herzschlags.

Schmerzen des kranken Herzens sind daher ungewohnt. Wenn bei einem Infarkt ein Herzkranzgefäß verstopft und durch die Minderdurchblutung des Gewebes der Herzmuskel abstirbt, kann das Gehirn mit diesen Alarmsignalen wenig anfangen. Die akute Gefährdung des Herzens spüren die meisten Menschen deshalb woanders: Ihnen tut der linke Arm oder die linke Schulter weh, der Rücken oder der Bauch. Manchmal sogar das Kinn. Etwa ein Drittel der Herzinfarkte sind tiefer lokalisiert, das heißt, sie gehen mit Magendruck und Sodbrennen einher und werden daher falsch und zu spät diagnostiziert. Dies ist einer der Gründe, warum zwei Drittel aller Patienten mit Herzinfarkt sterben, bevor sie ein Krankenhaus erreichen.

Herzinfarkt VI

Frauen sterben kaum an einem Herzinfarkt.

Das stimmt leider nicht, sie erleiden ihn im Durchschnitt allerdings etwa zehn Jahre später als die Männer. Lange Zeit wurden die Frauen von der Medizin insgesamt und von der Herz-Kreislauf-Forschung im Besonderen vernachlässigt. Sie schienen hormonell vor frühzeitiger Gefäßverkalkung und anderen Herz- und Kreislaufleiden geschützt zu sein. Außerdem wurde die Lebensführung der Frauen immer wieder als »kardioprotektiv« betrachtet: Ihr angeblich weniger ehrgeiziges, aber dafür stärker emotionales Wesen schien sie nach Ansicht vieler Wissenschaftler nicht sehr anfällig für Herzkrankheiten zu machen. Außerdem ernährten sie sich gesünder.

Seit in letzter Zeit vermehrt große epidemiologische Studien zur Frauengesundheit durchgeführt wurden, hat sich jedoch herausgestellt, dass die Frauen im traurigen Wettbewerb um die Häufigkeit des Herzinfarktes aufholen. Der Herzinfarkt ist bei älteren Frauen die häufigste Todesursache. Frauen erleiden ihn zwar aufgrund ihres Östrogenschutzes später, aber dennoch in einer erstaunlichen Häufigkeit. Viele Herzinfarkte bei Frauen werden nicht erkannt, weil Frauen mit unklaren Brustschmerzen eher zum Gynäkologen als zum Kardiologen geschickt werden. Die Wissenschaft musste umdenken und stellt jetzt auch vermehrt Herzinfarkte bei Frauen fest.

Herzinfarkt VII

Frauen nach den Wechseljahren können sich durch Östrogentabletten vor einem Infarkt schützen.

Leider funktioniert das nicht, obwohl die Idee nahe liegend war. Denn Frauen sind vor den Wechseljahren durch ihre weiblichen Sexualhormone weitgehend gegen frühzeitige Gefäßverkalkung geschützt. In einer amerikanischen Untersuchung mit fast 3.000 Frauen hatten die Östrogen-Pillen jedoch keinen Effekt. Im Gegenteil: Die Frauen, die Sexualhormone anstatt Placebos erhielten, erlitten sogar etwas häufiger einen Herzinfarkt als Frauen, die keine Östrogene verabreicht bekamen.

H

Eine weitere große Untersuchung, die eigentlich konzipiert war, um die positiven Wirkungen der Hormongabe zu belegen, zeigte ebenfalls erhöhte Risiken für Thrombosen, Embolien und Herzinfarkte bei Frauen, die Hormone nahmen. Da er so überzeugt von den segensreichen Wirkungen der Hormone war, hatte der große amerikanische Hormonhersteller Wyeth die Frauengesundheitsstudie sogar mit mehreren Millionen Dollar unterstützt.

Literatur:

Writing Group for the Women's Health Initiative Investigators: Risks and Benefits of Estrogen plus Progestin in Healthy Postmenopausal Women. Journal of the American Medical Association 2002;288:321-333

Fletcher SW, Colditz GA: Failure of Estrogen plus progestin therapy for prevention. Journal of the American Medical Association 2002;288:366-367

Herzinfarkt VIII

Die Symptome der Frauen beim Herzinfarkt ähneln denen der Männer.

Frauen leiden anders. Was man(n) immer schon wusste, bestätigt auch die Wissenschaft am Beispiel des Herzinfarktes. Während Männer typischerweise einen stechenden Schmerz in der Brust spüren, der in die linke Schulter und den linken Arm ausstrahlen kann, sind bei Frauen andere Symptome vorherrschend. In einer Untersuchung mit 515 Frauen, die einen Infarkt erlitten, waren die häufigsten Vorboten eines Infarktes ungewöhnliche Erschöpfung (70,7 Prozent), Schlafstörungen (47,8 Prozent) und Kurzatmigkeit (42,1 Prozent). Nur 29,7 Prozent der Frauen klagten über Missempfindungen im Bereich des Brustkorbes – das typische Symptom der Männer. Auch bei den akuten Beschwerden dominierten Kurzatmigkeit (57,7 Prozent), Schwäche (54,8 Prozent) und Erschöpfung (42,9 Prozent). 43 Prozent der Frauen hatten selbst während des akuten Infarktgeschehens keine Beschwerden im Bereich des Brustkorbs.

Diese Beobachtungen sind nicht nur von Bedeutung, weil sie einen weiteren Unterschied zwischen Mann und Frau verdeutlichen. Vielmehr kennen auch viele Hausärzte und andere Mediziner nicht die typische Symptomatik eines Herzinfarktes bei Frauen. Da der Herzinfarkt lange für eine typisch männliche Erkrankung gehalten wurde und viele Mediziner noch immer diese Einschätzung teilen, besteht aufgrund des unterschiedlichen Beschwerdebildes die doppelte Gefahr, dass Herzinfarkte bei Frauen nicht erkannt werden.

Literatur:
McSweeney JC, Cody M, O'Sullivan P, et al: Women's early warning symptoms of acute myocardial infarction. Circulation 2003 (online)
McSweeney JC, Cody M, Crane PB: Do you know them when you see them? Women's prodromal and acute symptoms of myocardial infarction. Journal of Cardiovascular Nursery 2001;15:26-38

Herzinfarkt IX

Beim Niesen kann das Herz stehen bleiben.

Das stimmt nicht – oder nur für den seltenen zeitlichen Zusammenhang, dass jemand einen akuten Verschluss der Herzkranzgefäße erleidet und dabei niesen muss. Zwar erschüttert ein plötzliches Niesen den ganzen Körper. Aber reflektorisch kommt es dadurch höchstens zu einem leicht erhöhten Pulsschlag und zu einer beschleunigten Atmung, nicht zum Infarkt.

Herzinfarkt X

Beim Sprung in kaltes Wasser kann das Herz stehen bleiben.

Immer wieder hört man Warnungen, nicht erhitzt in kaltes Wasser zu springen. Dabei ist gerade an besonders heißen Tagen die Versuchung groß, im Freibad mit einem beherzten Kopfsprung einfach ein- und unterzutauchen. Dennoch existieren zahlreiche Überlieferungen, die von einem plötzlichen Herztod bei zu abrupter Abkühlung berichten.

Ganz unbegründet ist die Warnung nicht, obwohl entsprechende Fälle äußerst selten vorkommen. Durch einen plötzlichen Temperaturwechsel werden verschiedene Körpervorgänge reflektorisch in Gang gesetzt. Der Körper reagiert auf einen plötzlichen Schmerz- oder Kältereiz mit einer Aktivierung des auf Kampf und Flucht ausgerichteten Sympathikus-Nervensystems. Der gesamte Organismus stellt sich dann auf eine Alarmreaktion ein, die Blutgefäße ziehen sich zusammen, der Pulsschlag beschleunigt sich und das Herz pumpt mehr Blut durch den Kreislauf. Zu den typischen Reaktionen des Sympathikus gehört auch eine Engstellung der Herzkranzgefäße, die bei bereits verkalkten und verengten Gefäßen im Extremfall zu Verschluss und Herztod führen kann. Patienten mit vorgeschädigten Herzen und bekannter Gefäßverkalkung gewöhnen sich also besser langsam an kaltes Wasser, rät Andreas van de Loo, Oberarzt in der kardiologischen Abteilung der Freiburger Uniklinik. Die individuelle Belastbarkeit kann mit dem Arzt besprochen werden.

Weniger als fünf Prozent der Menschen haben allerdings besonders empfindliche Herzkranzgefäße. »Sie reagieren auf Kälte mit einer dramatischen Engstellung der Gefäße, auch wenn keine Gefäßverkalkung zugrunde liegt«, so van de Loo. Selbst wenn nur ihr Unterarm in kaltes Wasser getaucht wird, ist in der Gefäßdarstellung eine deutliche Verengung zu beobachten. Oftmals gibt erst diese Untersuchung Aufschluss über die Herzbeschwerden der Betroffenen, für die sich mittels einer normalen Gefäßdarstellung oder anderer Untersuchungen keine Ursache finden lässt.

Herzinfarkt XI

Die Gefahr eines Herzinfarktes ist beim Seitensprung besonders groß.

Die Sache scheint eindeutig: Wer von Herz-Kreislauf-Leiden, Bluthochdruck oder Diabetes bereits geschwächt ist, dem macht beim Höhepunkt in fremden Betten das schlechte Gewissen endgültig den Garaus. Statt sich bei der Gespielin lustvoll zu entspannen, versagt beim Seitensprung das vorgeschädigte Herz endgültig.

Doch der Mythos vom Herz und Kreislauf schädigenden und mitunter sogar tödlichen Seitensprung wurde zunehmend entkräftet. Eine große Studie an mehr als 10.000 Toten kam 1996 zu dem Ergebnis, dass lediglich 43 der Männer durch plötzlichen »Stress« gestorben waren – ganze drei davon während des Liebesspiels. Unter den unerwarteten Todesfällen macht der »mors in coitu« damit weniger als 0,5 Prozent aus.

Das Risiko, beim Liebesspiel vom Tod ereilt zu werden, ist zwar ziemlich gering – wo und in welchem Bett auch immer. Dennoch scheuen Männer mit bereits bestehendem Herzleiden häufig vor Sex zurück. Sie befürchten den Infarkt. Dabei hat die Forschung auch in dieser delikaten Frage längst grünes Licht gegeben. Die Pulsfrequenz erreicht beim Orgasmus nämlich durchschnittlich etwas weniger als 120 Schlägen pro Minute – das entspricht dem Herzschlag beim Rasenmähen oder beim Golfen und wird in manchen Koronarsportgruppen sogar als Ziel angegeben.

Man(n) kann sich zwar auch beim Sex verausgaben. Die Stellung beim Verkehr ist jedoch nicht entscheidend für die Kreislaufbelastung. Akribische Studien haben ergeben, dass die Pumpe auf rund 117 Schläge in der Minute kommt, wenn der Mann unten liegt. Im Durchschnitt 114 Herzschläge werden gezählt, wenn er obenauf ist. Auch der Verbrauch von Sauerstoff und der Stoffwechsel ist beim Sex nicht höher als während der Hausarbeit.

Literatur:
Porst H: Die gekaufte Potenz. Viagra, Sex, Lifestylemedizin. Darmstadt 1999

Herzkatheter

Der junge Assistenzarzt Werner Forßmann (1904–1979) führte 1929 erstmals eine Untersuchung mit einem Herzkatheter durch – im Selbstversuch. Der 25-Jährige war von der Harmlosigkeit der Untersuchung so überzeugt, dass er sich einen eingeölten Blasenkatheter durch einen Schnitt in der Armvene im Bereich der Ellenbeuge selbst in den Körper einführte. Forßmann schob den Katheter 30 Zentimeter weit vor und begab sich dann von der chirurgischen Abteilung, in der er arbeitete, mit dem Gummischlauch im Arm in die Röntgenabteilung. Dort verfolgte er mit Hilfe eines Spiegels und eines Röntgengeräts, wie sich der Schlauch ohne weitere Schmerzen bis zum rechten Herzvorhof schieben ließ. Er fertigte die Röntgenaufnahme von seinem Brustkorb sowie von Herz und Lungen an, die ihn Jahre später berühmt machen sollte.

Forßmanns Chef war der renommierte Chirurg Ferdinand Sauerbruch in der Berliner Charité. Dort hatte Forßmann erst am 1. Oktober 1929 eine Assistentenstelle angetreten. Als Sauerbruch vom unkonventionellen Selbstversuch des jungen Mediziners erfuhr und den in der »Klinischen Wochenschrift« veröffentlichten Artikel »Die Sondierung des rechten Herzens« in die Hände bekam, war er jedoch alles andere als begeistert: »Damit kann man ja in der Chirurgie überhaupt nichts anfangen. Mit solchen Kunststücken habilitiert man sich in einem Zirkus und nicht an einer anständigen deutschen Klinik!«, soll er gebrüllt haben. Forßmann wurde fristlos entlassen. In der Folgezeit arbeitete er an verschiedenen Kliniken, meist in der Urologie. 1931 berichtete Forßmann in einer anderen Fachzeitschrift, der »Münchner Medizinischen Wochenschrift«, bereits von der Darstellung der Herzhöhlen mit Hilfe von mittels Katheter injizierten Kontrastmitteln – diesmal allerdings im Tierversuch und nicht bei sich selbst.

Nach dem Zweiten Weltkrieg war Forßmann kurze Zeit als Landarzt tätig. Danach leitete er die Urologie des Diakonie-Krankenhauses in Bad Kreuznach. Es schien still um ihn zu werden. Mehr als 25 Jahre nach seiner heroischen Tat wurde sein Mut aber doch noch belohnt. Völlig überraschend erhielt er 1956 den Nobelpreis für Medizin. Diese Auszeichnung war ein später Triumph über seinen gestrengen Lehrer Sauerbruch, der die Bedeutung des Selbstversuchs nicht erkannte. Viel wichtiger jedoch war der verspätete Nobelpreis als Initialzündung für die rasante weltweite Verbreitung der Herzkatheteruntersuchung, die inzwischen aus modernen Krankenhäusern als Diagnosemethode für Infarktopfer und andere Herzkranke kaum noch wegzudenken ist.

Herzrhythmusstörungen

Der Beginn war viel versprechend. In den 1970er-Jahren gelang es den Chemikern einer amerikanischen Pharmafirma, ein neues Medikament herzustellen, das dem lokalen Betäubungsmittel Procain ähnelte. Doch anders als dieses sollte das fortan als Flecainid bezeichnete Mittel auch noch für einen anderen Einsatzbereich taugen: zur Behandlung von Patienten mit Herzrhythmusstörungen.

Erste Laborversuche und Experimente an Tieren verliefen äußerst erfolgreich. In der Tat hatte das Medikament antiarrhythmische Eigenschaften, es schien Aussetzer und Extraschläge des Herzens zweifelsfrei unterdrücken zu können. Die Konkurrenz schlief allerdings nicht. Andere Firmen entwickelten die ähnlich wirksamen Mittel Encainid und Tocainid, die wie das Flecainid als Klasse-I-Antiarrhythmika bezeichnet wurden.

Mehrere Jahre wurden diverse Versuche mit den neuen Medikamenten unternommen. Zunächst wurde die Arznei an gesunden Freiwilligen getestet, dann auch an Patienten, die an vorzeitigen Erregungen oder Extrasystolen der Herzkammern litten. Vor allem zur Behandlung dieser so genannten Kammerarrhythmien schienen die neuartigen Mittel geeignet. Das war von immenser Bedeutung, denn Ende der 1970er-Jahre etablierte sich in der medizinischen Fachwelt die Meinung, dass die Kammerarrhythmien und der plötzliche Herztod eng miteinander in Verbindung stehen. Etliche Herzspezialisten propagierten daher die vorsorgliche medikamentöse Behandlung von Patienten mit Rhythmusstörungen im Bereich der Herzkammern.

Die Behandlung symptomfreier Patienten aus vermeintlichen Vorsorgegründen schien viele Mediziner unmittelbar zu überzeugen. Allein in den USA stieg die Rate der verordneten Klasse-I-Antiarrhythmika im Jahre 1979 auf ungefähr zwölf Millionen an. Die beteiligten Pharmafirmen bestätigte das in ihrer Strategie, die klinische Verbreitung der Medikamente weiter zu fördern und massiv dafür zu werben. Dazu wurden weitere Studien beantragt und auch relativ bald von der zentralen Zulassungsbehörde für Medikamente in den USA, der Food and Drug Administration (FDA), bewilligt.

Die ansonsten zuweilen recht strenge Behörde ließ sich darauf ein, ein fragwürdiges Kriterium für die Sicherheit der Medikamente zu akzeptieren: Als so genannter Studienendpunkt wurde die Verminderung von Kammerarrhythmien zugelassen – und nicht die Sterblichkeit in der Studiengruppe. Wie zweifelhaft so genannte Surrogatparameter, wie diese Studienendpunkte bezeichnet werden, sind, zeigte sich in der weiteren Karriere der Klasse-I-Antiarrhythmika.

In den 1980er-Jahren, als die neuen Medikamente zunehmend flächendeckend eingesetzt wurden, stellte sich heraus, dass die Antiarrhythmika zwar durchaus unerwünschte Kammererregungen verhindern konnten. In einigen Fällen wurden die irregulären Herzschläge aber durch die Medikamente überhaupt erst ausgelöst. Doch weder Ärzte noch Pharmafirmen nahmen diese Erkenntnis ernst. Sie hielten die gelegentlichen Kammerarrhythmien, die durch die Herzmittel induziert wurden, für seltene Ausnahmen – in jedem Fall würden die Vorteile die Nachteile überwiegen, so die allgemeine Annahme. 1986 wurde Flecainid dann von der FDA zugelassen; allerdings mit dem Warnhinweis, dass durch das Medikament Kammerarrhythmien ausgelöst werden können, und mit der Empfehlung, die Behandlung auf jene Patienten zu beschränken, bei denen die Vorteile die Nachteile eindeutig überwiegen.

Diese Warnungen schien jedoch kaum jemanden zu beunruhigen – weder Ärzte noch Vertreter der Pharmaindustrie. Innerhalb von nur zwei Jahren stieg die Verschreibungshäufigkeit von Flecainid um mehr als 50 Prozent auf rund 57.000 Rezepte im Monat. Zwar gab es unter den Ärzten immer wieder skeptische Stimmen, die beklagten, dass keine kontrollierten Doppelblindstudien mit einer Vergleichsgruppe über die Herzmittel vorlagen, wie das normalerweise bei der Einführung neuer Medikamente üblich ist. Und erst verhältnismäßig spät wurde eine große Studie unter Führung der amerikanischen Gesundheitsinstitute NIH begonnen, die untersuchte, ob die Behandlung mit Flecainid, Encainid oder Morizin im Vergleich mit einer Gruppe, die ein Scheinpräparat erhielt, auch die Sterblichkeit verminderte.

Im Juni 1987 wurden in den USA, Kanada und Schweden die ersten Patienten mit Herzbeschwerden in die so genannte CAST-Studie einbezogen. Im April 1989 wurde die Untersuchung jedoch bereits drei Jahre früher als geplant abgebrochen. Denn zwei der drei verwendeten Medikamente zur Rhythmusregulierung erwiesen sich als schädlich. Im Vergleich zur Kontrollgruppe starben mehr als doppelt so viele Menschen, die Flecainid oder Encainid erhielten. Diese Mittel unterdrückten die Kammerarrhythmien tatsächlich. Doch dies führte keineswegs zu weniger Todesfällen – im Gegenteil.

Erstaunlicherweise verursachte dieser qualitativ wie quantitativ beträchtliche Medizinskandal relativ wenig Aufsehen in den USA oder anderswo. Immerhin ging es um gigantische Dimensionen. Denn etwa 200.000 Patienten in den USA nahmen Ende der 1980er-Jahre Flecainid oder Encainid ein. Selbst zurückhaltende Berechnungen mussten auf etwa 5.000 Todesfälle jährlich kommen, die auf eine Behandlung mit diesen Herzmitteln zurückzuführen waren. Wurden die anderen Klasse-I-Antiarrhythmika mit einbezogen, musste die jährliche Zahl der Toten sogar in die Zehntausende gehen. Hinzu kamen die Todesfälle in den anderen wohlhabenden Ländern, die nie genau berechnet worden waren. Der Journalist Thomas Moore, der 1995 einen packenden Bericht über diesen Skandal schrieb, schätzt, dass weltweit mehr Menschen durch die Behandlung mit Klasse-I-Antiarrhythmika ums Leben gekommen sind als während des Vietnamkriegs.

Die CAST-Studie wurde dennoch als CAST-II-Studie 1989 weitergeführt. Dabei wurde das vermeintlich harmlose Morizin mit einem Scheinpräparat verglichen. Obwohl die Studie noch nicht beendet war, wurde Morizin bereits 1990 von der FDA für Patienten mit »lebensbedrohlichen Rhythmusstörungen« zugelassen. In etlichen Fachzeitschriften wurde bereits Werbung für ein »effektives und sicheres« Medikament geschaltet.

Doch auch dies sollte sich als Trugschluss herausstellen. CAST II ereilte das gleiche Schicksal wie CAST I: Die Studie wurde vorzeitig beendet, weil eine stark gestiegene Sterblichkeit in der Behandlungsgruppe beobachtet wurde. Mit schon fast an Peinlichkeit grenzender Untertreibung lautete das lapidare Fazit der beteiligten Wissenschaftler, dass CAST I und CAST II zeigen, dass die Unterdrückung von Kammerarrhythmien »nicht mit einer verbesserten Überlebensrate einhergeht«. Auch auf diese Schlussfolgerung hin blieb das Medienecho in den USA erstaunlich blass. Nur wenige Zeitungen berichteten von dem Fall, der sicher in Tausenden »Einzelfällen« zu einem vorzeitigen Herztod geführt hat.

Literatur:
Cardiac Arrhythmia Suppression Trial (CAST) Investigators. Preliminary report: Increased mortality due to encainid or flecainid in a randomized trial of arrhythmia suppression after myocardial infarction. New England Journal of Medicine 1989;321:406-412
Cardiac Arrhythmia Suppression Trial (CAST II) Investigators. Effect of the anti-arrhythmic agent moricizine on survival after myocardial infarction. New England Journal of Medicine 1992;327:227-233
Moore TJ: Deadly Medicine. Why tens of thousands of heart patients died in America's worst drug disaster. New York 1995
Silverman WA: Where's the Evidence? Debates in Modern Medicine. New York 1998

Herzschrittmacher I

Ein Mensch mit Herzschrittmacher kann nicht sterben.

Glaubt das überhaupt jemand? Wären nicht verschiedene Hinweise auf dieses Vorurteil gekommen, hätte ich es nicht aufgenommen. Die Unsterblichkeit durch einen ständig weiter schlagenden Schrittmacher scheint aber eine Urangst zu sein, die immer wieder geäußert wird, seit die ersten Herzschrittmacher 1958 von einem schwedischen Forschungs- und Entwicklungschef bei Siemens entwickelt und kurz darauf eingepflanzt wurden. Vielleicht hat diese Befürchtung mit unserer Vorstellung vom Herzen als Lebensuhr zu tun.

Dabei synchronisiert ein Herzschrittmacher lediglich den Rhythmus des Herzschlags, indem er elektrische Impulse aussendet, wenn die Frequenz zu unregelmäßig wird. Ein Herzschrittmacher kann aber nicht verhindern, dass die Herzkranzgefäße verkalken, verstopfen und es schließlich zu einem Infarkt kommt. Auch die so genannte Herzinsuffizienz, bei der das Herz aufgrund verschiedener Schädigungen keine ausreichende Pumpleistung mehr vollbringen kann, wird durch einen Herzschrittmacher nicht ausgeglichen oder gar behoben. Herzinfarkt und Herzinsuffizienz sind unter den Herz-Kreislauf-Leiden die häufigsten Todesursachen – auch bei Menschen mit Herzschrittmacher.

Abgesehen von diesen Todesursachen, die direkt mit Herz und Kreislauf zu tun haben, sterben die Menschen aber noch an etlichen anderen Leiden: Sie verbluten, kommen bei diversen Unfällen zu Tode, sterben an Infektionskrankheiten oder an der Auszehrung im Endstadium eines schweren Krebsleiden. Alle diese Todesarten lassen sich auch durch einen noch so gut eingestellten Herzschrittmacher weder verhindern noch herauszögern.

Herzschrittmacher II

Menschen mit Herzschrittmacher können nicht im Kernspintomographen untersucht werden.

Eine sehr technische Frage, zugegeben. Allerdings glauben viele Patienten und Ärzte, dass sich eine Untersuchung »im Kernspin« bei Trägern von Herzschrittmachern wegen der elektrischen Wechselwirkungen von vornherein ausschließt. Befürchtet wurde eine Erhitzung oder Verschiebung des Herzschrittmachers durch das starke Magnetfeld und die Radiowellenimpulse im Kernspintomographen sowie eine Schädigung der Schrittmacherelektronik und letztlich auch des Herzmuskels.

H

In den 1990er-Jahren gab es jedoch einzelne Berichte über erfolgreiche Kernspinuntersuchungen bei Patienten mit Herzschrittmachern, wobei es sich aber um Tomographen mit einer vergleichsweise geringen Magnetfeldstärke handelte. Um dem Problem weiter auf den Grund zu gehen, haben Röntgenärzte 44 Patienten mit Herzschrittmacher, die dringend eine Kernspinaufnahme brauchten, untersucht. Sie verwendeten dazu einen Tomographen mit der niedrigen Feldstärke von 0,5 Tesla. Bei den Patienten wurde kontinuierlich die Herz- und Lungenfunktion kontrolliert.

Während der Untersuchung kam es bei keinem der 44 Patienten zu einer Störung des Herzrhythmus oder auch nur zu einer Erhöhung des Pulses. Die Patienten fühlten sich weder unwohl, noch klagten sie während der Untersuchung über Druck- oder Hitzegefühle in der Herzgegend. Auch die Programme und Einstellungen des Herzschrittmachers waren bei keinem der Patienten nach der Untersuchung verändert, sodass die Untersuchung im Kernspin bei den meisten Schrittmacher-Patienten in einem entsprechenden Gerät durchgeführt werden kann.

Literatur:
Lampidius MS, Irnich W: Schrittmacher und Kernspintomographie: Frage der Programmierung oder doch kontraindiziert? Deutsches Ärzteblatt 2002;11:C531
Ahmed S, Shellock FG: Magnetic resonance imaging safety: implications for cardiovascular patients. Journal of Cardiovascular Magnetic Resonance 2001;3:171-182

Herzschwäche I

Die Herzschwäche wird durch Substanzen gebessert, die das Herz stärken.

Herzschwäche, medizinisch als Herzinsuffizienz bezeichnet, ist im Alter sehr häufig. Die Betroffenen leiden an Atemnot, sind wenig belastbar, lagern Wasser ein. Bei der Herzschwäche kann die linke Herzkammer nicht mehr ausreichend Blut in den Kreislauf pumpen. Meist ist das Leiden die Folge von koronarer Herzerkrankung, Herzinfarkt, Bluthochdruck oder einer Schwäche des Herzmuskels.

Lange Zeit glaubte man, dass die Herzschwäche durch Medikamente verschlechtert würde, die den Herzschlag und die Kraft des Herzens schwächen. Forscher befürchteten, dass es dadurch zu gefährlichen Pulssenkungen und niedrigem Blutdruck kommen würde, was insgesamt den Patienten nicht gut täte.

Wie sich in den 1990er-Jahren herausgestellt hat, ist jedoch das Gegenteil der Fall: Die Behandlung mit Beta-Blockern – Medikamente, die den Herzschlag dämpfen – führt zu einer wesentlichen Verbesserung der Prognose. So wurde in jüngeren Studien festgestellt, dass Beta-Blocker bei der Behandlung von Patienten mit Herzschwäche den Effekt haben, dass diese erheblich seltener ins Krankenhaus eingewiesen werden müssen und es auch weniger Todesfälle gibt. Mehrere Studien wurden aus ethischen Gründen sogar vorzeitig beendet. Es war nicht mehr zu verantworten, die Hälfte der Patienten mit einem Scheinpräparat (Placebo) zu behandeln, nachdem sich die Vorteile der Beta-Blocker bei Herzinsuffizienz bereits kurz nach Studienbeginn gezeigt hatten.

Literatur:

CIBIS-II Investigators and Committees: The cardiac insufficiency bisoprolol study II (CIBIS II): a randomised trial. Lancet 1999;353:9-13

MERIT-HF Study Group: Effect of metoprolol CR/XL in chronic heart failure: metoprolol CR/XL randomised intervention trial in congestive heart failure. Lancet 1999;353:2001-2007

Herzschwäche II

Der häufigste Einweisungsgrund ins Krankenhaus bei alten Menschen ist ein Zustand der Verwirrung.

Am häufigsten müssen Menschen über 65 in den industrialisierten Ländern aufgrund einer Herzschwäche ins Krankenhaus eingewiesen werden. Jährlich erkranken elf von 1.000 Männern und fünf von 1.000 Frauen neu an dem Leiden. Insgesamt sind drei Prozent der Bevölkerung in Europa und Nordamerika von Herzschwäche betroffen, dabei sind allerdings auch diejenigen mitgerechnet, die noch keine Beschwerden haben. Die Prognose der Erkrankung ist schlecht. In den ersten fünf Jahren nach Beginn der Herzschwäche sterben – je nach Untersuchung – zwischen 26 und 75 Prozent der Betroffenen.

Literatur:
Cowie MR, Mosterd A, Wood DA, et al: The epidemiology of heart failure. European Heart Journal 1997;18:208-225

Hormone I

Östrogene wirken als Anti-Aging-Substanzen.

Das war lange Zeit das Dogma vieler Frauenärzte, von denen manche Ende der 1980er-Jahre jeder Frau in und nach den Wechseljahren Hormone verschreiben wollten – unabhängig davon, ob sie Beschwerden hatte oder nicht. Der frühe und andauernde Hormonersatz in den Wechseljahren schien weibliche Gesundheit zu garantieren. »Forever feminin« war die Utopie, der Ärzte wie Frauen nachgerannt sind. Hormonersatz galt als Jungbrunnen und Allheilmittel, das ebenso vor brüchigen Knochen schützte wie vor Herzinfarkt und Alterungserscheinungen der Haut.

Im Jahr 2002 wurde diese Vorstellung endgültig erschüttert. In den USA war eine große Untersuchung zur Frauengesundheit abgebrochen worden. In der bis 2005 geplanten Studie »Women's Health Initiative« (WHI), an der rund 16.000 Frauen zwischen 50 und 79 Jahren teilnahmen, waren zu viele unerwünschte Nebenwirkungen aufgetreten: Gegenüber den 8.000 Frauen, die ein Scheinpräparat bekamen, wurden unter den 8.000 Frauen, die eine Hormonkombination erhielten, 41 Prozent mehr Schlaganfälle, 29 Prozent mehr Herzinfarkte und doppelt so viele Thrombosen und Embolien beobachtet. Auch der Anteil der Frauen mit Brustkrebs war unter Hormongabe um 26 Prozent erhöht.

Für die Verantwortlichen an den nationalen Gesundheitsinstituten der USA Gründe genug, die Notbremse zu ziehen und eindringliche Warnungen auszusprechen: Die für den 17. Juli 2005 geplante Publikation in der Fachzeitschrift der amerikanischen Medizinervereinigung wurde vorab im Internet zugänglich gemacht.

Zwar hatte sich in der Untersuchung gezeigt, dass durch den Hormoncocktail die Häufigkeit von Dickdarmkrebs um 37 Prozent verringert werden konnte. Auch die Rate der Knochenbrüche war um ein Viertel zurückgegangen. Doch diese Wirkungen verblassen angesichts der Gefahren, denen Frauen nach den Wechseljahren bei langfristiger Hormongabe ausgesetzt sind.

In einem in derselben Fachzeitschrift erschienenen Kommentar zu der WHI-Studie warnen zwei Harvard-Mediziner die Frauen zwar vor Panik. Sie schließen aber mit der eindeutigen Empfehlung: »Verwenden Sie keine Östrogen-Gestagen-Kombinationen, um chronischen Erkrankungen vorzubeugen.«

Literatur:

Writing Group for the Women's Health Initiative Investigators: Risks and benefits of estrogen plus progestin in healthy postmenopausal women. Journal of the American Medical Association 2002;288:321-333

Fletcher SW, Colditz GA: Failure of estrogen plus progestin therapy for prevention. Journal of the American Medical Association 2002;288:366-367

Hormone II

Treue und Beziehungen haben nichts mit Hormonen zu tun.

Das Hormon Oxytocin kann durchaus bereits vorhandene Zuneigung und Fürsorge noch weiter verstärken und als »Beziehungskitt« wirken. Das gilt für die Partnerschaft, aber auch besonders für die Bindung zwischen Mutter und Kind. Oxytocin wird bei angenehmen Berührungen ausgeschüttet, beim Stillen – und auch beim Orgasmus. Im Tierversuch führt ein hoher Oxytocin-Spiegel sogar dazu, dass ansonsten polygame Mäuse ihrem Partner auf ewig treu bleiben.

Hundertjährige

Hohes Alter ist in erster Linie auf »die Gene« zurückzuführen.

Japan gilt als das Land mit der höchsten durchschnittlichen Lebenserwartung (84 Jahre für Frauen, 77 für Männer). Innerhalb Japans ist die Inselgruppe Okinawa anscheinend für ein besonders hohes Alter prädestiniert (86 Jahre beträgt dort die Lebenserwartung für Frauen, 78 für Männer). Wie das japanische Gesundheitsministerium im Herbst 2001 mitteilte, kommen auf 100.000 Einwohner Okinawas 34, die älter als 100 Jahre sind – in Japan sind es durchschnittlich zwölf von 100.000. Insgesamt gibt es auf Okinawa 457 über Hundertjährige, bei etwa 85 Prozent von ihnen handelt es sich um Frauen.

Drei Mediziner haben das Phänomen der »Alters-Inseln« über einen Zeitraum von 25 Jahren untersucht. Makoto Suzuki, Craig Willcox und Bradley Willcox kamen zu dem Ergebnis, dass vor allem die Ernährung und der Lebenswandel ausschlaggebend für die Langlebigkeit der Insulaner sind – und nicht die Gene. Koronare Herzkrankheiten, Schlaganfall und Krebs sind äußerst selten auf Okinawa. Die Bewohner des Landstrichs haben kaum verkalkte Arterien sowie niedrige Cholesterin- und Homocystein-Konzentrationen.

Die Inselbewohner ernähren sich ausgewogen und fettarm mit verhältnismäßig wenig Kalorien: viel Obst und Gemüse, wenig Fleisch, viel Fisch und Ballaststoffe. Außerdem wird öfter leicht gegessen und das Mahl beendet, wenn die Sättigung erst zu 80 Prozent erreicht ist. Zudem bewegen sich die Insulaner regelmäßig und konsumieren wenig Alkohol und Nikotin. Ein weiterer Aspekt: Die Bewohner Okinawas fühlen sich weitgehend stressfrei – obwohl ihr Eiland Kriegsschauplatz im Zweiten Weltkrieg war und in der Geschichte immer wieder hart umkämpft wurde.

Dass ihre Langlebigkeit nicht in erster Linie auf besondere Gene zurückzuführen ist, beweist die Studie ebenfalls. Denn es hat sich gezeigt, dass die Bewohner Okinawas, wenn sie ihre Heimat verließen, auch an Zivilisationskrankheiten litten und früher starben, wenn sie die Sitten in der neuen Gegend annahmen: Die Herzkranzgefäße verkalkten früher, die Krebsleiden nahmen zu. Ein Schicksal, das mittelfristig übrigens auch Okinawa selbst drohen könnte. Die traditionellen Lebens- und Ernährungsgewohnheiten finden dort immer weniger Anhänger. Nicht nur die nahe amerikanische Militärbasis hat dazu geführt, dass sich Fastfood und eine fette, kalorienreiche Ernährung verbreiten. Die Folgen sind bereits erkennbar: Okinawa führt mittlerweile auch in der japanischen Statistik mit den meisten Übergewichtigen.

Literatur:
Suzuki M, Wilcox BJ, Wilcox CD: Implications from and for food cultures for cardiovascular disease: longevity. Asian and Pacific Journal of Clinical Nutrition 2001;10:165-171
Scheppen A: Warum gibt es in Japan so viele Hundertjährige? Frankfurter Allgemeine Zeitung, 16. Oktober 2001

Hustenmittel

In Elberfeld bei Wuppertal waren die Wissenschaftler der Farbenfabriken »Friedrich Bayer et comp.«, der Vorläufer-Firma der »Bayer AG«, in den 1890er-Jahren fieberhaft damit beschäftigt, ein Hustenmittel zu entwickeln. Grippe und Erkältungskrankheiten waren neben Tuberkulose die verbreitetsten Leiden der Zeit. Endlich, Ende der

1890er-Jahre, hatten die Wissenschaftler dann ein Produkt zusammengemischt, das sie bei Erkältungskranken anwenden konnten. Zunächst wurde es jedoch bei den eigenen Arbeitern und Angestellten ausprobiert.

Die Nebenwirkungen des neuen Medikaments waren allerdings erstaunlich: Die Arbeiter reagierten euphorisch und bester Dinge – und husten mussten sie auch nicht mehr. Das neue Mittel unterdrückte den Hustenreiz deutlich. Weil sich die Arbeiter nach der Einnahme auch sehr »heroisch« fühlten, wurde das Mittel kurzerhand »Heroin« genannt. Da die anfangs beobachteten Nebenwirkungen jedoch alle anderen Effekte übertrafen, setzte es sich zumindest als Hustenmittel langfristig nicht durch.

Um ein Haar wäre Bayer in der allgemeinen Suche nach einem Fiebermittel fast die für das Unternehmen wohl folgenreichste Entdeckung entgangen. Weitgehend unbeachtet von seinen Kollegen isolierte der junge Chemiker Felix Hoffmann im Jahr 1899 die Acetylsalicylsäure – eine schmerzlindernde Substanz, die außerdem das Fieber senkte. Hoffmann hatte sich dieser Forschungsrichtung verschrieben, um seinem an Rheuma leidenden Vater zu helfen. Der hatte sich ein verträglicheres Präparat gewünscht.

Der Stoff, aus dem sein Sohn das neue Schmerzmittel entwickelte, kommt natürlicherweise in der Weidenrinde (lat. Salix = die Weide) vor und war Chemikern schon länger als Salicylsäure bekannt. Hoffmann experimentierte mit verschiedenen Verbindungen der Salicylsäure, bis er mit der Acetylsalicylsäure einen passenden Wirkstoff gefunden hatte. Unter dem Namen »Aspirin« ist es mittlerweile zum meistverkauften Arzneimittel der Welt geworden, das wie kein anderes Medikament mit dem Bayer-Konzern in Verbindung gebracht wird.

Literatur:
Queneau P: The saga of aspirin: centuries-old ancestors of an old lady who doesn't deserve to die. Therapie 2001;56:723-726
Levesque H, Lafont O: Aspirin throughout the ages: a historical review. Revue Medical Interne 2000;21:8-17
Mueller RL, Scheidt S: History of drugs for thrombotic disease. Discovery, development, and directions for the future. Circulation 1994;89:432-449

Idealgewicht

Das Idealgewicht ist am gesündesten.

Idealgewicht, was ist das eigentlich? Und ideal für wen oder was soll dieses ominöse Gewicht sein? Die Definition lässt sich noch recht einfach herleiten. Üblicherweise wird von der Körpergröße in Zentimetern 100 abgezogen. Übrig bleibt das angebliche »Normalgewicht« (also bei einer Größe von 185 Zentimetern 85 Kilogramm). Zur Berechnung des »Idealgewichts« werden noch einmal zehn Prozent vom Normalgewicht abgezogen, was in diesem Beispiel 76,5 Kilogramm ergeben würde. Für Männer und Frauen wurden noch gewisse Abstufungen entwickelt, die aber nichts zur Sache tun, um den Mythos Idealgewicht zu kritisieren.

Um zu erkennen, wie fragwürdig diese Berechnungen sind, muss man kein Mediziner oder Ernährungswissenschaftler sein. Für breite, muskulöse Männer kann das vermeintliche Idealgewicht einen nie erreichbaren Wert darstellen, der sie sogar in Gesundheitsgefahr bringen würde. Für Menschen mit der Figur eines Langstreckenläufers kann das Idealgewicht hingegen sogar deutlich über dem liegen, was ihre Waage anzeigt.

Zudem wird eine Lebensverkürzung erst bei massivem Übergewicht wahrscheinlicher, wie in verschiedenen Untersuchungen herausgefunden wurde. Erst wenn das Übergewicht rund mehr als ein Viertel des Idealgewichts entspricht, steigt die Sterblichkeit bei Männern deutlich an. Frauen müssen sogar im Durchschnitt noch dicker sein, damit das Übergewicht einen Einfluss auf ihre Sterblichkeit hat. Zwar gibt es manche Krankheiten, die schon bei mäßig Übergewichtigen häufiger auftreten (etwa Diabetes, Bluthochdruck und Schäden des Herz-Kreislauf-Systems). Doch erstaunlicherweise wurde in verschiedenen Studien gezeigt, dass dadurch die Sterblichkeit nicht wesentlich beeinflusst wird.

Mediziner sind schon länger dazu übergegangen, den so genannten »Body Mass Index« (BMI) zu bestimmen, weil er als genaueres Maß dafür gilt, wie dick und übergewichtig die Menschen sind. Er errechnet sich, indem das Körpergewicht durch die Körpergröße (in Metern) im Quadrat geteilt wird. Doch auch an dem BMI wird Kritik laut. Damit könne noch lange nicht gesagt werden, wie groß der Fettanteil des Körpers ist, wenden Forscher ein. Ein kräftiger Mann mit ausgeprägter Muskulatur – etwa ein Gewichtheber – könne beispielsweise trotz eines BMI, der ihn als stark übergewichtig ausweist, verhältnismäßig wenig Fettanteil haben. Deshalb solle das Körperfett doch direkt gemessen werden, so der Vorschlag.

Literatur:
Prentice AM, Jebb SA: Beyond body mass index. Obesity Review 2001;2:141-147
Troiano RP, Frongillo EA, Sobol J, Levitsky DA: The relationship between body weight and mortality: a quantitative analysis of combined information from existing studies. International Journal of Obesity and Related Metabolic Disorders 1996;20:63-75

Impfung

Gegen Krankheiten wie Tetanus, Polio oder Diphterie, die in Deutschland kaum noch vorkommen, muss nicht mehr geimpft werden.

Diese Krankheiten kommen in Deutschland nur noch deshalb so selten vor, weil die Menschen über Jahrzehnte konsequent dagegen geimpft wurden. Noch in den 1950er-Jahren war die Kinderlähmung auch in Deutschland weit verbreitet. Bei Diphtherie hat der Impfschutz in Deutschland schon deutlich nachgelassen. Seit den 1980er-Jahren ist deshalb eine Zunahme an Neuinfektionen und mehreren kleineren Epidemien zu verzeichnen. In Städten, in denen seit Jahrzehnten keine Diphterie mehr vorgekommen war, kam es wieder zu einzelnen Erkrankungsfällen.

Wer gegen Impfungen ist, weil es die Krankheiten ja hier zu Lande angeblich nicht mehr gibt, sitzt einem fatalen Trugschluss auf. Krankheiten wie Kinderlähmung gibt er nur deshalb so selten, weil ein Großteil der Bevölkerung geimpft wurde. Heutige Impfgegner profitieren davon, dass sich früher so viele Menschen haben impfen lassen. Lässt der Impfschutz weiter nach, ist ein Wiederaufflackern ehemals vergessener Krankheiten auch in Deutschland mehr als wahrscheinlich.

Impfkomplikationen

Es ist besser und geht mit weniger Komplikationen einher, eine Krankheit »natürlich« durchzumachen, als dagegen geimpft zu werden.

Impfgegner führen meist keine medizinischen, sondern weltanschauliche Gründe gegen eine Impfung an. Dabei steht fest, dass bei fast allen bekannten und empfohlenen Impfungen die Rate der Komplikationen um den Faktor 10 bis 100 höher bei der Erkrankung ist als bei der Impfung. Bei Masern, Mumps oder Windpocken geht die Krankheit beispielsweise bei 1 von 500 oder bei 1 von 1.000 Kindern mit Komplikation einher, etwa einer schweren Lungenentzündung oder einer schweren Hirnhautentzündung. Nach Impfungen ist die Komplikationsrate weitaus geringer. Sie beträgt bei einigen Impfungen 1 zu 10.000, bei anderen 1 zu 100.000. Impfungen werden überhaupt nur dann empfohlen, wenn das Verhältnis der möglichen Komplikationen deutlich unter dem bei einer eventuellen Erkrankung liegt. Bei tödlichen oder sehr schweren Erkrankungen wie Tetanus, Diphterie oder Kinderlähmung spricht das Verhältnis von Nutzen zu möglichem Schaden noch eindeutiger für eine Impfung.

Impotenz I

Unfruchtbare Männer sind impotent.

Unter Impotenz wird im Allgemeinen die Unfähigkeit verstanden, dauerhaft eine Versteifung des Gliedes herbeizuführen, die einen Beischlaf erst möglich macht. Ob dies einem Mann gelingt oder nicht, hat allerdings überhaupt nichts mit seiner Fruchtbarkeit zu tun.

In der medizinischen Fachsprache wird zwar zwischen der Impotentia generandi (der Unfähigkeit sich fortzupflanzen) und der Impotentia coeundi (der Unfähigkeit zum Beischlaf) unterschieden. Landläufig bezieht sich der Begriff Impotenz aber nur auf die fehlende Erigierbarkeit des Penis und nicht auf die Funktionsfähigkeit der Keimzellen.

Impotenz II

Regelmäßiges Radfahren wirkt potenzsteigernd.

Das Leben ist ein einziges Risiko: Jahrelang wurde uns vermittelt, wir sollten uns mehr bewegen und mehr für unsere Gesundheit tun. Immer mehr Menschen sind deshalb in den vergangenen Jahren auf das Fahrrad umgestiegen. Doch auch hier lauern mannigfache Gefahren für die Gesundheit. Radfahrer sind nicht nur durch Verkehrsunfälle bedroht, ihnen drohen auch Unannehmlichkeiten an anderen, empfindsamen Körperteilen.

Fast jeder Radfahrer kennt das Taubheitsgefühl in der Genitalgegend. Über die Auswirkungen dieser zeitweisen Gefühlsarmut gehen die Meinungen in Radlerkreisen weit auseinander. Während die einen dauerhaften Schaden für ihre Potenz fürchten, glauben andere an die anregende und stimulierende Wirkung auf die Geschlechtsorgane und einen Anreiz für die Potenz durch die kurzfristig eingeschränkte Sensibilität.

Die Wissenschaft ist nicht untätig geblieben und hat etliche Probanden untersucht und verkabelt. So wurde die Sauerstoffversorgung an der Penisspitze ebenso gemessen wie die Blutversorgung im Genitalbereich. Im Gesäßbereich, im Schutz der kräftigen Muskulatur unserer Hinterbacken, verläuft der Nervus pudendus, der auch die primären Geschlechtsorgane versorgt. So viel ist sicher: Taubheitsgefühle und zeitweilige Potenzschwäche sind nicht nur durch Druck auf die Nervenbahnen bedingt. Mindestens so wichtig ist die Kompression der Blutgefäße, die den Damm- und Genitalbereich versorgen.

In den verschiedenen Studien ist medizinisch Bedenkliches zutage getreten: In einer freiwilligen Untersuchungsgruppe der Uniklinik Köln, in der die Probanden 400 Kilometer wöchentlich in die Pedale traten, klagten hinterher 61 Prozent über Taubheit im Genitalbereich und 19 Prozent über Impotenz. Die Beschwerden traten unabhängig davon auf, wie trainiert die Teilnehmer waren. Weniger empfindlich scheinen die Nordmänner zu sein, denn nach einem jährlich in Norwegen stattfindenden Ausdauerrennen über 540 Kilometer berichteten nur 22 Prozent der Männer über Taubheitsgefühle und 13 Prozent über Impotenz, die aber in Einzelfällen zwischen einer Woche und einem Monat anhielt. Mehr Norweger – nämlich 30 Prozent – beklagten sich über Taubheitsgefühle in den Fingern, was sie auf die ständige Umklammerung des Lenkers zurückführten.

Dass viele Teilnehmer der Tour de France mehrfache Väter sind, scheint zwar zumindest dafür zu sprechen, dass keine langfristigen Einschränkungen der Fruchtbarkeit zu erwarten sind, wenn man zu lange im Sattel sitzt. Doch solange die langfristigen Folgen des Radfahrens noch nicht genauer bekannt sind, bietet wohl nur der richtige Sattel Abhilfe. Dabei scheint erstaunlicherweise ein möglichst breiter, ungepolsterter Sattel den meisten Schutz zu bieten, wie Urologen der Uni Köln herausgefunden haben – jedenfalls mehr als ein harter, schmaler Rennradsattel und selbst mehr als ein »körperfreundlicher« Sattel, der in der Mitte eine Aussparung aufweist. Wenn alles nicht hilft, sollte man ein Liegerad, längere Pausen und häufigere Positionswechsel auf dem Rad probieren. Oder unbeirrt weiter strampeln. Denn so viel ist sicher: Irgendwann tut es nicht mehr weh.

Literatur:
Andersen KV, Bovim G: Impotence and nerve entrapment in long distance amateur cyclists. Acta Neurologica Scandinavia 1997;95:233-240
Sommer F, König D, Graft C, et al: Impotence and genital numbness in cyclists. International Journal of Sports Medicine 2001;22:410-413
Southorn T: Great balls of fire and the vicious cycle: a study of the effects of cycling on male fertility. Journal of Family Planning and Reproductive Health Care 2002;28:211-213
Schwarzer U, Sommer F, Klotz T, et al: Cycling and penile oxygen pressure: the type of saddle matters. European Urology 2002;41:139-143

Joggen

Joggen auf nüchternen Magen ist ungesund.

Davon ist nichts bekannt. Es gibt eiserne Verfechter des Lauftrainings vor dem Frühstück am Morgen, die keinen Schaden davon getragen haben. Dennoch gibt es immer wieder Warnungen wegen vermeintlicher Schwächen von Kreislauf oder Stoffwechsel am frühen Morgen. Auch dass der Körper noch nicht so gelenkig und auf Touren gekommen sei, wenn er sofort bewegt wird, ist immer wieder als Argument wider den Frühsport zu hören. Doch eine schlüssige Begründung, warum das alles schädlich sein soll, konnte bisher nicht gefunden werden.

Natürlich ist auch hier die Dosis entscheidend. Eine nicht repräsentative Befragung unter Hobbyläufern ergab, dass die Meisten eine bis eineinhalb Stunden gemütlichen Joggens am Morgen auch ohne Frühstück hinter sich bringen. Planen sie länger unterwegs zu sein oder anstrengendere Läufe mit Tempoverschärfung, essen sie vorher eine Kleinigkeit oder nehmen etwas mit.

Kaiserschnitt

Ein Kaiserschnitt ist schonender als die natürliche Geburt.

Viele Frauen glauben das und entscheiden sich – auch aus Angst vor den Schmerzen einer natürlichen Geburt – für eine operative Entbindung. Abgesehen von den Risiken, denen die Mutter durch die Operation ausgesetzt ist – hier sind insbesondere Blutungskomplikationen zu nennen –, hat ein Kaiserschnitt auch gewisse Nachteile für das Kind. Durch die enge Passage, die das Kind bei der Geburt auf natürlichem Wege überwinden muss, wird das noch vorhandene Fruchtwasser aus den Lungen des Säuglings gepresst. Wird das Kind hingegen per Kaiserschnitt »geholt«, bleibt mehr Fruchtwasser in den Lungen und muss abgesaugt und abgehustet werden.

Allerdings gibt es auch etliche Vorteile durch einen Kaiserschnitt. Die Häufigkeit der Inkontinenz im Alter ist beispielsweise nach einer Kaiserschnittentbindung geringer (nach Erfahrungen in Norwegen: 15,9 Prozent) als nach einer vaginalen Geburt (21 Prozent). Auch die Sterblichkeit bei einer Kaiserschnittentbindung ist mittlerweile sehr gering, wenn sie von erfahrenen Geburtshelfern ausgeführt wird. Insgesamt sind die Komplikationen bei einem Kaiserschnitt auf Wunsch erfahrungsgemäß seltener als bei einem Kaiserschnitt, für den sich die werdende Mutter und das betreuende Team erst entscheiden (müssen), wenn die Frau bereits in den Wehen liegt.

Literatur:
Rortveit G, Daltveit AK, Hannestad YS, et al: Urinary incontinence after vaginal delivery or cesarean section. New England Journal of Medicine 2003;348:900-907
Joseph KS, Young DC, Dodds L: Changes in maternal characteristics and obstetric practice and recent increase in primary cesarean delivery. Obstetrics and Gynecology 2003;102:791-800
Allen VM, O'Connell CM, Liston RM, Baskett TF: Maternal morbidity associated with cesarean delivery without labor compared with spontaneous onset of labor at term. Obstetrics and Gynecology 2003;102:477-482

Keuchhusten

Die Impfung gegen Keuchhusten ist gefährlich, weil sie zu Hirnschäden führen kann.

Diese Fehleinschätzung ist bis heute – auch unter vielen Kinderärzten – noch weit verbreitet. Jede Impfung kann zwar Nebenwirkungen haben und zu Komplikationen führen. Aber bei den meisten Impfungen sind die schweren Komplikationen um den Faktor zehn bis hundert seltener als die Komplikationen der fraglichen Erkrankung – deshalb werden sie auch empfohlen.

Bei Keuchhusten hielt sich jedoch lange Jahre die Meinung, die Impfung würde mit deutlich häufigeren und schwerwiegenderen Komplikationen einhergehen als die Krankheit selbst. Aufgedeckt wurde dieser Irrtum Ende der 1980er-Jahre, als gegen den Hersteller des Keuchhusten-Impfstoffs geklagt wurde. Der Impfstoff stand in Verdacht, bei mehreren Kindern neurologische Schäden verursacht zu haben. Um die Frage nach einem möglichen Zusammenhang zwischen Hirnschäden und Impfstoff zu beantworten, wurde eine Studie durchgeführt, in der Kinder als betroffen eingestuft wurden, wenn sie innerhalb von einer Woche nach der Impfung Krampfanfälle oder andere für einen Hirnschaden typische Symptome aufwiesen.

Doch sowohl Ärzte als auch Eltern neigten dazu, die Kinder auch dann als betroffen einzustufen, wenn die neurologischen Symptome deutlich später als eine Woche nach der Impfung auftraten oder ihr sogar vorausgingen. Deshalb kam das Gericht 1990 zu dem Schluss, dass etliche Kinder zu Unrecht als »Schadensfälle« eingestuft wurden und dadurch die möglichen Komplikationen einer Keuchhustenimpfung massiv überschätzt und verzerrt dargestellt wurden. Viele Fach- und Standesorganisationen haben die Keuchhustenimpfung in der Folge zwar wieder in ihre Empfehlungen aufgenommen. Bei zahlreichen Ärzten und Eltern ist die alte Skepsis jedoch immer noch vorhanden und die Vorstellung von der Schädlichkeit der Impfung nicht auszurotten.

Literatur:
Bowie C: Lessons from the pertussis vaccine trial. Lancet 1990;335:397-399
Fischer M, Bartens W: Zwischen Erfahrung und Beweis. Medizinische Entscheidungen und Evidence-based Medicine. Bern 1999

Kindbettfieber

In der ersten Hälfte des 19. Jahrhunderts wütete in vielen Krankenhäusern Europas eine schreckliche Epidemie. Tausende von Frauen auf den Wöchnerinnenstationen starben qualvoll am Kindbettfieber und die Neugeborenen wurden schnell zu Halbwaisen. In manchen Spitälern war es so schlimm, dass mehr als ein Drittel der jungen Mütter die ersten Wochen nach der Geburt nicht überlebte. Am Allgemeinen Krankenhaus zu Wien erlebte in den 1840er-Jahren der ungarische

Mediziner Ignaz Philipp Semmelweis (1818–1865) in der Geburtshilfe die Qualen der jungen Mütter aus nächster Nähe.

Das Wiener Krankenhaus verfügte über zwei geburtshilfliche Abteilungen. Zu der ersten hatten die Medizinstudenten Zutritt, um in der Krankenuntersuchung ausgebildet zu werden, in der zweiten arbeiteten die Hebammen weitgehend ungestört. Semmelweis fielen bei seinen Patientinnen mit Kindbettfieber erstaunliche Unterschiede auf: Er bemerkte, dass es in der Abteilung, in der auch die Studenten Hand anlegten, deutlich häufiger zu Infektionen mit dem gefährlichen Kindbettfieber kam. Außerdem verliefen die Erkrankungen hier viel schwerer und häufiger tödlich als in der von den Hebammen betreuten Abteilung.

K

Semmelweis brauchte eine Weile, bis er die nahe liegende Ursache für diesen Unterschied entdeckte. Er kam der Lösung durch Zufall auf die Spur, als im Frühjahr 1848 ein befreundeter Gerichtsmediziner an einer Blutvergiftung starb, nachdem er sich beim Sezieren einer Leiche eine kleine Wunde zugezogen hatte. Das Krankheitsbild des Kollegen und sein schrecklicher Todeskampf erinnerten Semmelweis an die Leiden der Mütter, die im Kindbettfieber starben. »Leichenteilchen, die in das Blutsystem gelangten«, so schloss Semmelweis, »mussten sowohl bei dem Gerichtsmediziner als auch bei den Wöchnerinnen die Krankheits- und Todesursache sein«. Ein weiteres Indiz sprach dafür: Schließlich kamen die Studenten direkt aus dem Pathologiesaal vom Sezieren der Leichen auf die Wöchnerinnenstation. Und mit ihren »Leichenfingern«, ohne sich die Hände gewaschen zu haben, untersuchten sie die Frauen, die gerade frisch geboren hatten, und infizierten sie während der Untersuchung.

Um weiteres Leiden durch das »Mordgift« zu verhindern, ordnete Semmelweis sofort ein regelmäßiges Händewaschen mit anschließender Desinfektion für die Ärzte, Studenten und das Pflegepersonal in seiner Klinik an, was bis dato keineswegs selbstverständlich war. Innerhalb weniger Wochen gelang es ihm auf diese Art und Weise, die Häufigkeit der Krankheits- und Todesfälle auf der Wöchnerinnenstation um fast die Hälfte zu senken. Doch diese ebenso lebensrettenden wie kostengünstigen Maßnahmen Semmelweis' blieben noch einige Zeit umstritten. Semmelweis selbst wurde sogar massiv angefeindet, nachdem er seine Theorie publik gemacht hatte. Schließlich war mit seiner Entdeckung das Eingeständnis verbunden, dass die Frauen nicht an einer unbekannten schicksalhaften Seuche verschieden, sondern durch das medizinische Personal in den Krankenhäusern angesteckt worden waren.

Dem amerikanischen Arzt und Literaten Oliver W. Holmes war es wenige Jahre zuvor ähnlich ergangen. Er hatte 1843 in Boston einen Vortrag gehalten, in dem er forderte, dass Ärzte, die von einer Sektion kamen oder gerade eine Frau mit Kindbettfieber untersucht hatten, nicht sofort im Anschluss daran eine Wöchnerin untersuchen sollten. Sie müssten sich unbedingt die Hände waschen und die Kleider wechseln, bevor sie sich der nächsten Patientin zuwendeten. Holmes erntete für seine Vorschläge wütenden Protest von seinen Kollegen und erst die durchgreifende Kampagne von Semmelweis führte 1847 zu ersten Erfolgen in der Infektionsbekämpfung durch eine Minimalhygiene der Ärzte.

Doch auch Semmelweis und seine in der Praxis eindrucksvoll bewiesene Theorie wurde von den eigenen Standesvertretern nicht anerkannt. Der vielen Vorurteile und persönlichen Angriffe überdrüssig zog sich der Mediziner 1849 gekränkt in seine Heimat nach Budapest zurück, wo er 1855 Professor für Geburtshilfe wurde. Zwar veröffentlichte er 1861 noch seine Erkenntnisse und Erfahrungen mit dem Kindbettfieber, doch nur wenige Jahre später, 1865, starb er in geistiger Umnachtung. Bis zuletzt hatte Semmelweis das Gefühl, vielen Frauen geholfen zu haben, ohne von seinen medizinischen Kollegen je richtig verstanden worden zu sein.

Literatur:
van Andel P: Semmelweis and puerperal fever. Journal of Psychosomatics in Obstetrics and Gynaecology 2001;22:3-5
Adriaanse AH, Pel M, Bleker OP: Semmelweis: the combat against puerperal fever. European Journal of Obstetrics, Gynecology and Reproductive Biology 2000;90:153-158
Ainsworth S: Puerperal fever. Disaster and triumph. Practical Midwife 1999;2:34-35
Raju TN: Ignaz Semmelweis and the etiology of fetal and neonatal sepsis. Journal of Perinatology 1999;19:307-310

Kinder I

Kleine Kinder brauchen eine Mütze gegen »Zug«.

Die Angst vor »Zug« ist in Deutschland weit verbreitet. Natürlich können sich Kinder erkälten und eine Mittelohrentzündung bekommen. Doch Kälte allein ist dafür nie die Ursache. Es müssen immer auch Krankheitserreger mit im Spiel sein. Meist halten sich die Menschen während der kalten Jahreszeit häufiger in geheizten Räumen auf. Mehrere Menschen untereinander und eine gewisse Wärme bieten ein Klima, in dem sich die verschiedenen Erkältungs- und Grippeviren wohl fühlen. In dieser Zeit werden eben auch Kinder schneller krank als im Sommer, wenn sie viel an der Luft sind.

Bei Neugeborenen und Säuglingen, die jünger als sechs Monate sind, haben Kopfbedeckungen allerdings Sinn. Bei sehr kleinen Kindern ist die Oberfläche des Kopfes im Verhältnis deutlich größer als der Rest des Körpers. Deshalb sind sie besonders gefährdet, über den Kopf viel Wärme abzugeben und schneller auszukühlen.

Kinder II

Kindern werden in der Medizin eher Schmerzen erspart als Erwachsenen.

Kein Arzt will Kindern unnötigerweise Schmerzen zufügen, doch die Realität zeigt, dass die Schmerzen von Kindern häufig gar nicht oder viel zu wenig beachtet und behandelt werden. »Kinder bekommen in der gleichen Krankheitssituation deutlich weniger Mittel als Erwachsene«, urteilte etwa Richard Howard, Anästhesist aus London, anlässlich einer Schmerztagung in New York im Jahr 2003.

Ein Grund dafür ist die größere Sorge der behandelnden Ärzte vor den Nebenwirkungen schmerzstillender Medikamente. Zum anderen sind Kinder auch weitaus schlechter als Erwachsene dazu in der Lage, das Ausmaß und die Art ihrer Schmerzen verständlich zu machen – selbst wenn dies spielerisch und visuell von Seiten der Eltern und Ärzte versucht wird. Das Nervensystem und die Schmerzverarbeitung sind bei Neugeborenen und Säuglingen zwar noch nicht vollständig ausgebildet. Dies bedeutet jedoch nicht, dass Kleinkinder keine oder weniger Schmerzen empfinden.

Ein großes Problem stellt besonders die Schmerzbehandlung bei Frühgeborenen auf Intensivstationen dar. Mediziner aus Rotterdam haben in einer Untersuchung mit rund 150 Frühgeborenen ermittelt, dass intensivmedizinisch betreute Frühgeborene in ihren ersten beiden Lebenswochen durchschnittlich 14 schmerzhafte Eingriffe am Tag über sich ergehen lassen müssen, wobei die meisten davon auf den ersten Tag entfielen: Darunter sind wiederholte Blutentnahmen, Infusionen, Injektionen, Impfungen oder auch das Einführen von Ernährungssonden durch Nase und Rachen.

Doch nur weniger als 35 Prozent der Babys bekamen nach Analyse der holländischen Mediziner schmerzstillende Mittel vor den peinigenden Eingriffen. Und etwa 40 Prozent der Babys erhielten während ihres gesamten Aufenthaltes auf der Intensivstation überhaupt keine Medikamente gegen Schmerzen. Dieser Zustand ist nach Ansicht von Schmerztherapeuten unhaltbar, auch wenn gerade bei Frühgeborenen noch unklar ist, welche Schmerzmittel ihnen helfen. Schließlich weisen einige Untersuchungen darauf hin, dass beispielsweise Morphin kaum eine schmerzlindernde Wirkung bei den Kleinsten hat.

Dennoch weiß man mittlerweile, dass die frühkindliche Schmerzerfahrung weitreichende Konsequenzen für das spätere Leben haben kann. Langfristige Verhaltensänderungen können die Folge sein, die weit über die übliche Zeit der Erholung nach einem medizinischen Eingriff hinausgehen. Deshalb fordern Schmerzexperten, die peinigenden Eingriffe bei kleinen Kindern auf das unbedingt Notwendigste zu beschränken und – falls unumgänglich – dabei immer für eine ausreichende Linderung der Schmerzen zu sorgen.

Literatur:
Howard RF: Current status of pain management in children. Journal of the American Medical Association 2003;290:2464-2469
Hopkins Tanne J: Children are often undertreated for pain. British Medical Journal 2003;327:1185

Simons SH, van Dijk M, Anand KS, et al: Do we still hurt newborn babies? A pospective study of procedural pain and analgesia in neonates. Archives of Pediatric and Adolescent Medicine 2003;157:1058-1064

Kinder III

»Mit Kind und Kegel« bedeutet mit der ganzen Familie.

Im Prinzip stimmt das. Mit »Kind und Kegel« wird allerdings heute die Familie mit allerhand Gepäck oder anderen Utensilien gemeint. Ursprünglich bedeutet der Stabreim »mit Kind und Kegel« jedoch mit den ehelichen wie mit den unehelichen Kindern. Denn »Kegel« ist seit dem 14. Jahrhundert als abschätzige Beschreibung für uneheliche Kinder bekannt. Zunächst war Kegel, ähnlich wie Stock, Pflock oder Bengel, eine verächtliche Bezeichnung für Kinder allgemein (»fauler Kegel«, oder »grober Kegel«).

Literatur:
Röhrich L: Lexikon der sprichwörtlichen Redensarten. Freiburg 1991

Klone I

Skrupellose Diktatoren könnten ganze Armeen brutaler Soldaten klonen.

Seit erste Berichte über das Klonen bekannt wurden, bestand immer wieder die Befürchtung, dass ein verrückter Diktator sich eine Armee klont. Doch vererbbar sind allenfalls manche Körpermerkmale wie Augenfarbe, Statur und Haarwuchs – nicht aber Verhaltensmerkmale wie etwa Aggressionen, Mut, Kampfeswille oder eine besondere geistige Fähigkeit.

Wer das Schreckensbild geklonter Armeen an die Wand malt, überschätzt die Wirkung der Gene und erliegt einem genetischen Determinismus. Eine solche Macht der Gene würde kein Klonbefürworter den Erbschnipseln zuschreiben.

Literatur:
Bartens W: Die Tyrannei der Gene. Wie die Gentechnik unser Denken verändert. München 1999

Klone II

K

Skrupellose Diktatoren könnten einen Doppelgänger von sich klonen lassen und so ewig an der Macht bleiben.

Eine beängstigende Vorstellung vieler Klon-Gegner. Dabei verkennen sie nur, dass der Machthaber – oder seine Eltern – dazu bereits um den Zeitpunkt seiner Geburt herum wissen müssten, dass hier ein neuer Potentat heranwächst. Ansonsten wäre der Altersunterschied doch zu groß.

Kniekehle

Die innere Uhr lässt sich durch Beleuchtung der Kniekehle beeinflussen.

Diese originelle Theorie galt einige Zeit als wissenschaftlich fundiert, weil sie in einer Studie bewiesen zu sein schien. Immerhin hatten Forscher der Cornell-University in New York 1998 bei 15 Probanden die Kniekehlen während der Nacht stundenlang gezielt beleuchtet. Anschließend berichteten sie, dass die innere Uhr und der Tag-Nacht-Rhythmus der Teilnehmer dadurch deutlich beeinflusst werden konnte.

Nach diesen bahnbrechenden Untersuchungen wurde bereits über die Existenz spezieller Photorezeptoren in der Haut spekuliert, die mit unserem Erleben und dem Wechsel von Tag und Nacht in Verbindung standen. Die Ergebnisse wurden 1998 in der renommierten Fachzeitschrift »Science« veröffentlicht und die Forscher glaubten, damit effektiv den Folgen rascher Zeitzonenwechsel wie etwa dem Jetlag begegnen zu können.

Im Jahr 2002 versuchten Forscher der Harvard-University jedoch, die Ergebnisse ihrer New Yorker Kollegen zu wiederholen. Sie beleuchteten die Kniekehlen, so gut es ging. Es gelang ihnen jedoch nicht in einem einzigen Fall, das Zeitgefühl der Probanden zu verändern, wie sie ebenfalls in der Zeitschrift »Science« berichteten: Die Wissenschaftler fanden heraus, dass die Lichtstrahlen den Tag-Nacht-Rhythmus nur dann beeinflussen konnten, wenn sie während der Nacht auf dic Augen gerichtet waren – eine wenig spektakuläre Beobachtung.

Bei den Untersuchungen 1998 war es anscheinend zu gravierenden methodischen Fehlern der New Yorker Arbeitsgruppe gekommen. Beispielsweise waren die Augen der Probanden wohl nicht richtig abgedeckt gewesen, während ihre Kniekehlen beleuchtet wurden. Lag es daran, dass einer der beiden Verantwortlichen für die 1998 erschienene Studie Murphy hieß?

Literatur:
Campbell SS, Murphy PJ: Extraocular circadian phototransduction in humans. Science 1998;279:396-399
Wright KP, Czeisler CA: Absence of circadian phase resetting in response to bright light behind the knees. Science 2002;297:571

Knochenmarkspende

Bei Aufrufen zur Knochenmarkspende kann jeder Einzelne helfen.

Theoretisch stimmt das. Praktisch funktioniert es jedoch nur, wenn sich Hunderttausende beteiligen. Am Anfang steht nur eine kleine Blutabnahme. Fünf Milliliter des ganz besonderen Saftes können der erste Schritt dazu sein, einem Krebskranken das Leben zu retten. Immer wieder gibt es Aufrufe, mit einer einfachen Blutspende zu helfen: In Kettenbriefen, die per E-Mail verschickt werden, wird das Schicksal eines Kranken geschildert, Medien berichten von Betroffenen, die verzweifelt nach einem Knochenmarkspender suchen. Statistisch erkrankt alle zwei Stunden in Deutschland ein Mensch an Leukämie. Manchmal ist für diese rund 4.000 neuen Blutkrebspatienten jährlich die Transplantation von Stammzellen die letzte verbliebene Chance auf Heilung.

Für die Übertragung der Blut bildenden Vorläuferzellen muss jedoch ein geeigneter Spender gefunden werden – und das erweist sich oft als nicht einfach. Denn neben der Blutgruppe müssen auch verschiedene Gewebemerkmale bei Spender und Empfänger übereinstimmen, was extrem selten der Fall ist. 1991 wurde zur besseren Koordination der Spendersuche die Deutsche Knochenmarkspenderdatei (DKMS) gegründet. Mittlerweile haben fast 980.000 Menschen ihre Blut- und Gewebemerkmale typisieren lassen. Die hilfreiche Unternehmensidee hat dazu geführt, dass bis zu drei Menschenleben täglich gerettet werden können.

Trotz der enormen Zahl an Spendern kann bis heute nur für 75 Prozent der Kranken ein geeigneter Spender gefunden werden. So versucht deshalb die DKMS in einer Werbeaktion »noch mehr Menschen als Lebensretter« und bald auch den 1.000.000sten potenziellen Spender zu gewinnen. Die Spende selbst ist auf zwei Wegen möglich: Entweder wird unter Vollnarkose ein Liter Knochenmark-Blut-Gemisch aus dem Beckenknochen entnommen und dem Empfänger in einer Art Transfusion übertragen. Die andere Möglichkeit besteht in der Stammzellentnahme aus dem Blut, nachdem der Spender fünf Tage lang eine hormonähnliche Substanz zur Anregung der Stammzellproduktion gespritzt bekommen hat.

Kokain

Der Kokainkonsum nimmt ständig zu, wie sich an den Koksspuren an Geldscheinen ablesen lässt.

Wir leben schon in schlimmen Zeiten. An neun von zehn Euro-Scheinen lässt sich Kokain nachweisen, teilte Fritz Sörgel vom Institut für Biomedizinische und Pharmazeutische Forschung in Nürnberg im Juni 2003 über die Medien mit. Der Leiter des privaten Instituts, der sich auch schon zu Acrylamid in Pommes frites und Ernährungstipps für Schwangere in diversen Medien geäußert hat, wollte Bedenkliches festgestellt haben. Sörgel sprach von einem »Detektor für die Gesellschaft« und sah einen »beunruhigenden« Anstieg der Grundbelastung mit Kokain.

K

Zwar verkaufen sich solche Geschichten immer gut, und im Juni 2003 wurde gerade der des Kokskonsums verdächtige Michel Friedman durchs mediale Dorf getrieben. Ein paar Jahre zuvor sorgte die Meldung von Koksspuren im Bundestag für ähnlichen Aufruhr. Auf den Toiletten der Abgeordneten waren seinerzeit geringe Mengen Kokain nachgewiesen worden und sofort hieß es, dass damit die Kokser sogar in den Bundestag Einzug gehalten hätten.

Doch mit einer solchen Krümelsuche, bei der weniger als ein millionstel Gramm pro Schein gefunden wurde, wird nicht gleich jeder Schein zur Schneekanone. Christoph Janiak, Professor für analytische Chemie in Freiburg, warnt denn auch davor, Sörgels Behauptung als Beleg für eine verkokste Gesellschaft zu nehmen: »Kokain ist wie Staub, kleinste Partikel, die nicht chemisch gebunden sind. Durch Abrieb kann der Stoff schnell übertragen werden.« Handelt es sich also um nachbarschaftliche Kontamination im Portmonee? »Mit der heutigen Analytik kann man ohnehin alles überall finden«, so Janiak, der von dem Nürnberger Institut zuvor noch nie etwas gehört hatte.

In der Tat ist bekannt, dass Kokain und andere Stoffe durch die Zählmaschinen in Banken von einem Schein auf andere übertragen werden. Durch manuelles Zählen oder Sortieren kommt es nicht zu einer so starken Übertragung. So zeigte ein Studie an einer Bank in Basel, dass eine stark kontaminierte Geldnote messbare Mengen Kokain an die nachfolgend gezählten Noten weitergab. Auch auf den Pfundnoten, die der Bank von England zurückgegeben wurden, ließ sich in einer anderen Untersuchung neben Staub und anderen Substanzen Kokain nachweisen – jedoch keinerlei Spur von Haschisch oder Crack.

Die Menge der gefundenen Kokainspuren ist regional sehr unterschiedlich. Forscher gehen davon aus, dass in Gegenden, in denen vermehrt konsumiert wird – beispielsweise in größeren Ballungsräumen –, auch höhere Kokainkonzentrationen zu finden sind. Für einen insgesamt gestiegenen Kokainkonsum der Bevölkerung spricht das jedoch noch lange nicht.

Dass sich kurz nach der Währungsumstellung, im Januar 2002, nur auf zwei von 70 Euroscheinen Kokain nachweisen ließ, während mittlerweile auf neun von zehn Scheinen Spuren des weißen Pulvers zu finden sind, verwundert nicht. Schließlich braucht es eine gewisse Zeit, bis fast alle Scheine im Geldkreislauf oder in den Zählmaschinen Kontakt zu verkoksten Nachbarn gehabt haben.

Literatur:
Carter JF, Sleeman R, Parry J: The distribution of controlled drugs via counting machines. Forensic Science International 2003;3539:1-7

Konzentration I

Man soll sich auf eine Sache konzentrieren, wenn man nachdenkt, und dabei nicht unruhig umherlaufen.

In dieser Frage ist das endgültige Urteil noch nicht gesprochen. Zum einen gibt es die alte Joggerweisheit: »Trau keinem Gedanken, der dir im Sitzen gekommen ist.« Jeder kennt schließlich die beflügelnde Wirkung, die Bewegung – vom Spaziergang bis zum Dauerlauf – auf unsere Gedankentätigkeit haben kann. Manchmal kommt die zündende Idee oder der rettende Gedanke schließlich erst, wenn nicht nur der Kopf, sondern auch die Beine genügend Auslauf gehabt haben.

Außerdem hat das Denken während des Gehens eine sehr lange Tradition: Die altgriechischen Philosophen um Aristoteles gründeten die Schule der Peripatetiker: Ihnen kamen die besten Gedanken beim Gehen. Der Name leitet sich von »peripatos«, der Wandelhalle, ab, in der unterrichtet und philosophiert wurde. Insofern können die Säulen der griechischen Wandelhallen und -gänge durchaus als echte Gedächtnisstützen gelten.

Konzentration II

Der Asiate schläft nicht. Denn er ist – wenn schon nicht bei der Arbeit – immer im Dienst.

K

Die europäische Sicht auf Asien ist von vielen Vorurteilen und wenig Sachkenntnis geprägt. Eines der Klischees, besonders gegenüber Japanern, Koreanern und Chinesen, besagt, dass die Angehörigen dieser Volksgruppen wenig schlafen, weil sie immer nur arbeiten oder zumindest an die Arbeit denken. Selbst die raren Freizeitvergnügungen werden in der Gruppe, meist gemeinsam mit Arbeitskollegen, wahrgenommen, so eine gängige Vorstellung.

Zumindest für China gilt das Klischee von der pausenlosen Arbeit jedoch nicht. Viele Kulturen – so auch die chinesische – gehen seit langem davon aus, dass der Mittagsschlaf wichtig sei. China ist wahrscheinlich das einzige Land, in dem der Mittagsschlaf sogar in der Verfassung verankert ist – auch wenn dies etliche Arbeitgeber nicht zulassen.

Den Mittagsschlaf als Grundrecht; das haben nicht einmal die klassischen »Siesta-Länder« Spanien oder Mexiko geschafft. In der chinesischen Verfassung heißt es in Artikel 49 jedenfalls sinngemäß: Wer arbeitet, hat auch ein Recht auf Mittagsschlaf. Vielleicht liegt darin das wahre Geheimnis für die aus westlicher Sicht nicht erlahmende Geschäftigkeit und das Beharrungsvermögen, das den Chinesen immer wieder unterstellt wird – in der Ruhe liegt die Kraft.

Konzerthusten

Husten im Konzert entsteht durch trockene Luft, Viren oder Bakterien.

Solche Erklärungen können nur von Kunstbanausen stammen. Nein, es sind weder Erkältungskeime noch Grippeepidemien, die Konzertbesucher immer wieder zu Hustenattacken verleiten. Nicht die verschnupfte Nase, der raue Hals und auch nicht die mangelnde Belüftung oder fehlende Feuchtigkeit in den Konzertsälen führen zu den unliebsamen gutturalen Lauten. Vielmehr ist es die fehlende Liebe zur Musik, die das Publikum zum Räuspern, Hüsteln oder gar Husten bringt. Das sagt zumindest Wayne Booth, emeritierter Professor für englische Literatur an der Universität Chicago und seit mehr als 50 Jahren begeisterter Cellist.

Booth hat ein Buch über die Liebe zur Musik geschrieben (»For the love of it«), in dem er zeigt, dass auch der musikalische Amateur mit Begeisterung und Hingabe bei der Sache sein kann. Unverkennbar ist, wie sehr sich Booth über die neuere Entwicklung der unerwünschten Lautgebung während der Konzerte geärgert hat. In New York etwa musste Kurt Masur einst eine Aufführung seiner Philharmoniker unterbrechen, als der Husten im Publikum kein Ende nehmen wollte. Er verließ sogar sein Podest und dirigierte das Konzert erst nach einer gewissen Pause weiter. Während anderer Konzerte läuteten Handys, so dass die Aufführungen später begonnen oder ebenfalls unterbrochen wurden.

Literatur:
Booth W: For the love of it. Amateuring and its rivals. Chicago 1999

Kopflos

Besonders »willensstarke« Menschen können noch kurze Zeit ohne Kopf leben.

Das Phänomen kennt man von Hühnern, denen der Kopf abgehackt wurde und die dann angeblich noch stundenlang herumliefen. Der Legende nach traf dies bei Menschen besonders bei dem norddeutschen Piraten und Freiheitskämpfer Klaus Störtebeker zu. Er soll sich nach seiner Gefangennahme auf einen blutigen Tausch mit der Obrigkeit eingelassen haben. Der bereits zum Tode verurteilte Störtebeker schlug vor, dass man ihm den Kopf abschlage, aber alle seine Kameraden verschone, an denen er ohne Kopf noch vorbeilaufen könne. Der Überlieferung nach war es ein halbes Dutzend seiner in einer Reihe stehenden Gefolgsleuten, die er so vor dem sicheren Tod retten konnte. Hätte ihm der Henker nicht beim siebten Spießgesellen ein Bein gestellt, so der hübsche Schluss der Überlieferung, wären es noch mehr gewesen.

Bei Menschen ist ein Leben ohne Kopf jedoch nicht möglich – Laufen ohne Kopf erst recht nicht. Alle Bewegungen des Körpers werden vom Gehirn gesteuert und lassen sich – auch nicht für wenige Sekunden – nach dem Tod aufrechterhalten. Auch die Blutversorgung ist unmittelbar nicht mehr gewährleistet, wenn die großen Schlagadern im Hals durchtrennt werden. Das vermeintliche Herumlaufen bei Tieren beruht auf reflexhaften Zuckungen der Muskulatur, nachdem die Nervenbahnen zum Gehirn durchtrennt sind.

Womöglich wird allerdings schon bald ein Kopf ohne Körper zu existieren versuchen – zumindest für kurze Zeit. Der amerikanische Chirurg Robert White plant nämlich, Köpfe zu transplantieren. Junge Unfallopfer sollen dann den Kopf alter Menschen übertragen bekommen. Noch stehen dem fragwürdigen Eingriff etliche medizinische und vor allem ethische Hindernisse im Weg. Sollte der Eingriff irgendwann jedoch erfolgen, muss es einen kurzen, aber entscheidenden Moment geben, in dem der Kopf den einen Körper verlassen und den anderen noch nicht erreicht hat.

Literatur:
Jungblut C: Meinen Kopf auf deinen Hals. Die neuen Pläne des Dr. Frankenstein alias Robert White. Stuttgart/Leipzig 2001

Kräutermedizin

Die Einnahme pflanzlicher Arzneimittel geht mit vielen Risiken einher.

K

Hierbei handelt es sich um einen Mythos, der sich aus einem anderen Mythos speist. Denn mit der seit einigen Jahren zunehmenden Popularität naturheilkundlicher und pflanzlicher Verfahren verbreitete sich auch der Glaube, pflanzliche Heilmittel seien harmlos, sanft und in jedem Fall ungefährlich. Immerhin haben mehr als 30 Prozent der Briten und mehr als die Hälfte der Deutschen bereits von pflanzlichen Arzneimitteln Gebrauch gemacht, mit deutlich steigender Tendenz. Rund zwei Milliarden Euro werden in Deutschland jährlich für pflanzliche Medikamente ausgegeben.

Als von einzelnen – sogar tödlichen – allergischen Reaktionen auf die Erkältungstropfen Echinacea zu hören war, wurde jedoch erste Skepsis an den Naturheilmitteln laut. Und schließlich ließ sich auch nicht widerlegen, dass es zu den Wirkungen und Nebenwirkungen der pflanzlichen Arzneimittel deutlich weniger aussagekräftige Untersuchungen gibt als zu den Medikamenten der pharmazeutischen Industrie.

Doch heißt das gleich, dass die pflanzlichen Mittel auch reicher an Nebenwirkungen sind? In verschiedenen Studien wurde versucht, die Gefährlichkeit pflanzlicher Mittel einzuschätzen. Von 23 Fachartikeln bewerteten elf die Kräutermedizin positiv, neun waren unschlüssig und drei kamen zu einem negativen Ergebnis. Zwischen 1968 und 1997 wurden der Weltgesundheitsorganisation WHO aus 55 Ländern 8.985 Nebenwirkungen im Zusammenhang mit pflanzlicher Medizin gemeldet. Diese Zahl mag zwar außergewöhnlich hoch erscheinen, gemessen an der Zahl der Anwendungen und der Nebenwirkungen konventioneller Medikamente ist sie jedoch verschwindend gering.

Zwar konnte gezeigt werden, dass das häufig zur Behandlung von

Depressionen eingesetzte Johanniskraut gelegentlich Nebenwirkungen hat – dennoch sind diese weitaus seltener und zumeist weniger gravierend als die der herkömmlichen Antidepressiva. Kava, ein zur Behandlung der Angst eingesetztes pflanzliches Mittel, kann zwar giftig für die Leber sein (weswegen es auch in einigen Ländern wie Großbritannien mittlerweile verboten wurde), aber die Nebenwirkungen scheinen ebenfalls geringer zu sein als die der üblicherweise in der Therapie eingesetzten Benzodiazepine.

Literatur:
Farah MH, Edwards R: International monitoring of adverse health effects associated with herbal medicine. Pharmacoepidemiology and Drug Safety 2000;9:105-112
Corns CM: Herbal remedies and clinical biochemistry. Annals of Clinical Biochemistry 2003;40:489-507
Ernst E: Herbal medicine put into context. British Medical Journal 2003; 327:881-882

Krebs I

Krebs ist unheilbar.

Zwar ist der große Durchbruch in der Heilung von Krebs noch nicht gelungen. Etliche Tumorarten haben eine schlechte Prognose und bei manchen Krebserkrankungen überlebt nicht einmal die Hälfte der Betroffenen die ersten fünf Jahre nach der Diagnosestellung. Immerhin können einzelne Krebsarten heute deutlich besser behandelt werden als noch vor zehn oder 20 Jahren. Besonders groß ist die Heilungsrate bei den kindlichen Leukämien und beim Hodenkrebs. Noch vor 35 Jahren war eine akute Leukämie ein sicheres Todesurteil, heute werden mehr als die Hälfte der jüngeren Patienten mit Leukämie geheilt. Ähnliches gilt für Hodenkrebs, wie nicht nur die prominenten Fälle des fünffachen Tour-de-France-Siegers Lance Armstrong oder des lange für Schalke 04 erfolgreichen dänischen Fußballprofis Ebbe Sand beweisen.

Umgekehrt heißt das jedoch nicht, dass diese Tumoren immer eine gute Prognose haben. Abhängig von der Art und der Ausbreitung des Krebses sterben auch heute noch Menschen an akuter Leukämie oder an Hodenkrebs.

Krebs II

In Ländern mit einem schlechten Gesundheitssystem gibt es mehr Krebskranke als in Ländern mit einem guten Gesundheitssystem.

Was ein gutes und was ein schlechtes Gesundheitssystem ist, lässt sich schwer sagen. Was sich jedoch sagen lässt, ist, dass es zumindest in den wohlhabenderen Ländern Europas deutlich mehr Krebskranke gibt als in den ärmeren Ländern. Eine Studie, in der die Krebshäufigkeit in 17 europäischen Ländern ausgewertet wurde, ist zu diesem Ergebnis gekommen. Demnach ist die Krebshäufigkeit europaweit in Polen am niedrigsten (1.170 Fälle pro 100.000 Einwohner) und in Südschweden am höchsten (3.050 pro 100.000). In Deutschland sind die Zahlen fast so hoch wie in Südschweden.

K

Der Grund für diese erheblichen Unterschiede liegt allerdings nicht darin, dass die Polen weniger anfällig für Tumoren wären oder gar gesünder lebten als der Rest Europas. Vielmehr ist es so, dass die bessere Behandlung in den wohlhabenderen Ländern dazu führt, dass die Krebskranken dort länger (über)leben. In den Ländern mit einem schlechter finanzierten Gesundheitssystem werden die Krebsgeschwüre nicht nur später entdeckt, die Kranken sterben auch deutlich früher daran. Außerdem ist die Lebenserwartung in den ärmeren Ländern insgesamt geringer. Da die meisten Krebsformen im Alter am häufigsten sind, hat auch dies einen Einfluss auf die Krebshäufigkeit. All diese Gründe – früherer Tod, spätere Diagnose, schlechtere Behandlung und kürzere Krankheitsdauer – führen dazu, dass es in ärmeren Ländern weniger Krebskranke gibt.

Literatur:
Meyer R: Krebsprävalenz: Mit dem Wohlstand steigt die Rate. Deutsches Ärzteblatt 2002;99:C1465

Krebs III

Es gibt eine Krebspersönlichkeit.

Die Freiburger Krebsexpertin Charlotte Niemeyer hat das Auftreten von Krebs prägnant beschrieben: »Krebs ist ein unfaires Unternehmen. Wen es trifft, den trifft es.« Natürlich gibt es verschiedene Faktoren, die das Risiko erhöhen, an einem bestimmten Krebs zu erkranken: Raucher bekommen häufiger Lungenkrebs, wer raucht und viel Hochprozentiges trinkt, bekommt häufiger Speiseröhrenkrebs, Kehlkopfkrebs und Tumoren im Mund- und Rachenraum. Auch bestimmte Ernährungs- und Lebensweisen sowie verschiedene chemische Stoffe und radioaktive Strahlung sind als krebsauslösend bekannt.

K

Dennoch ist immer wieder von einer »Krebspersönlichkeit« die Rede. Nach diesem populären Vorurteil bekommen Menschen, die ihre Gefühle nicht zulassen, häufiger Krebs als andere, die ihre Emotionen zeigen. Besonders in den 1960er- und 1970er-Jahren wurde das Bild der »Krebspersönlichkeit« gezeichnet: Eine gehemmte Person, die alles in sich hineinfrisst und von sexueller Lust bis zu Wut und Aggressionen die meisten Gefühle unterdrückt. Dass Norman Mailer im Vollrausch seine Frau niederstach, begründete er damit, dass er Krebs bekommen hätte, wenn er sich nicht von seinen »mordlustigen Regungen« befreit hätte. Susan Sontag schrieb in ihrem Buch »Krankheit als Metapher« über Krebs als die Krankheit der »seelisch Angeschlagenen«. Schon der griechisch-römische Arzt Galen hatte im zweiten Jahrhundert nach Christus ein bestimmtes Temperament mit der Krebsentstehung in Verbindung gebracht.

Seit gut 20 Jahren ist die These von der Krebspersönlichkeit jedoch zunehmend entkräftet worden, auch wenn sich der Mythos weiter hält. Wissenschaftler fanden nämlich heraus, dass die Behauptung einer Krebspersönlichkeit hauptsächlich auf so genannten retrospektiven Untersuchungen beruhte: Dabei wurden bereits an Krebs Erkrankte befragt und ein Persönlichkeitsprofil von ihnen erstellt. Die Krebskranken hatten in der Tat häufig Schwierigkeiten, ihre Gefühle zu zeigen. Dies war jedoch nicht die Ursache, sondern die Folge ihres Tumorleidens. Nach einigen prospektiven Studien ließ sich die Behauptung einer Krebspersönlichkeit nicht mehr halten: Wurde bei Gesunden ein Persönlichkeitsprofil erstellt und nach Jahren untersucht, wer an Krebs erkrankte, konnte man nicht feststellen, dass ein bestimmter Persönlichkeitstyp ein größeres Risiko aufwies.

Für die Patienten ist es schwierig, mit dem Klischee der Krebspersönlichkeit konfrontiert zu werden. Es vermittelt ihnen, »falsch« gelebt zu haben und deshalb selbst schuld an der Erkrankung zu sein. Ein ähnliches Phänomen ist derzeit unter dem Schlagwort »Krankheitsverarbeitung« zu beobachten. Wer sich als aufgeklärter und gut informierter Patient aktiv mit seiner Krankheit auseinander setzt, wer sich die Krebszellen und ihre Bekämpfung anschaulich vorstellt, kann mithelfen, die Erkrankung zu besiegen, so eine populäre Vorstellung. Entsprechende Untersuchungen haben bisher jedoch einen sehr geringen Einfluss der Krankheitsverarbeitung auf den Krankheitsverlauf beobachten können. Die Psyche ist überschätzt worden. Das wollen Kranke und ihre Angehörigen oftmals nicht wahrhaben. Ihr Bedürfnis, Ursachen dafür zu finden, dass sie erkrankt sind, ist immens.

Krebs IV

Krebs entsteht nicht durch Keime.

Nach dem Rauchen und bestimmten Ernährungsgewohnheiten sind infektiöse Erreger die dritthäufigste Ursache für die Entstehung von Krebs. So genannte Papillomaviren fördern die Entstehung von Gebärmutterkrebs, das im Verdauungstrakt siedelnde Bakterium Helicobacter pylori die Entstehung von Magenkrebs und Hepatitis-B- und Hepatitis-C-Viren die Entstehung von Leberkrebs. Das Ebstein-Barr-Virus wird mit der Entstehung eines seltenen Lymphdrüsenkrebses in Verbindung gebracht. Doch auch wenn Viren und Bakterien zur Krebsentstehung beitragen können, heißt das noch lange nicht, dass Krebs ansteckend ist oder man gar den Kontakt mit Krebskranken wegen einer Infektionsgefahr meiden sollte.

Krebsvorsorge I

Krebsvorsorge verlängert das Überleben.

Der Glaube an den Nutzen der Vorsorge ist ungebrochen. Was soll auch falsch daran sein? Je früher ein Krebs entdeckt und erkannt wird, desto leichter müsste man ihn doch behandeln und heilen können. Vordergründig ist das einleuchtend, aber so einfach ist es nicht. Denn die frühe Diagnose verlängert manchmal nicht das Leben, sondern nur das Leiden. Beispiel Prostatakrebs: Es gibt einen Marker im Blut, das »Prostataspezifische Antigen« (PSA), dessen Wert bei einem Krebs der Vorsteherdrüse zumeist erhöht ist. Erhöhte PSA-Konzentrationen kommen allerdings auch beim Radfahren und nach dem Sex vor, bei Entzündungen oder gutartigen Vergrößerungen ebenso.

K

Nun kann zwar mit Hilfe eines PSA-Tests und weiteren Untersuchungen frühzeitig ein Prostatakrebs erkannt werden. Da der Krebs jedoch häufig äußerst langsam wächst, selten wuchert und schwer zu behandeln ist, hat der Test keinen nachgewiesenen Einfluss auf die Sterblichkeit der Männer. Neben der Sorge um eine Krebserkrankung nehmen sie häufig sogar Schaden, wenn sie operiert oder bestrahlt werden: Impotenz und Blasenschwäche sind häufig die Folge der invasiven Eingriffe.

Dazu kommt, dass der Prostatakrebs meist sehr spät auftritt. Der Tumor wird in Deutschland im Durchschnitt im Alter von 67 Jahren entdeckt. Das durchschnittliche Sterbealter an dem Krebs liegt bei 77 Jahren und damit deutlich über der durchschnittlichen Lebenserwartung von Männern insgesamt, die bei gut 73 Jahren liegt. Nach verschiedenen seriösen Untersuchungen hat jeder zweite 80-jährige Mann Tumorzellen in seiner Vorsteherdrüse. Die Mehrzahl stirbt in diesem Alter aus anderen Gründen, das heißt, die Männer sterben mit und nicht an dem Krebs.

Nur wenige Mediziner entziehen sich der Propagierung der Vorsorge. Zu ihnen gehören die Vertreter der evidenzbasierten Medizin (EbM), die eine wissenschaftliche Überprüfung aller medizinischen Maßnahmen fordern – was keineswegs immer gewährleistet ist. Eine im Frühjahr 2003 vorgelegte Stellungnahme des EbM-Netzwerks zum PSA-Screening betont: »Der Nutzen einer solchen Maßnahme im Sinne eines verlängerten Überlebens von betroffenen Männern ist nach einhelliger wissenschaftlicher Auffassung nicht belegt.« Doch trotz dieser noch völlig unklaren Beweislage wird bei den neuerdings stattfindenden »Männergesundheitstagen« schon mal der PSA-Test angeboten. »Die noch nicht beendeten Studien werden die Vorteile des PSA-Tests erweisen«, sagt etwa Wolfgang Schultze-Seemann, Urologieprofessor an der Universitätsklinik Freiburg, und greift damit geradezu prophetisch Ergebnissen vor, die er noch nicht kennen kann.

Auch beim Brustkrebs (s.u.) ist ein Vorteil der Reihenuntersuchung keineswegs erwiesen: Ohne Mammographie-Screening sterben in zehn Jahren 996 von 1.000 Frauen nicht an Brustkrebs. Mit Screening sterben in zehn Jahren 997 von 1.000 Frauen nicht an Brustkrebs. Ist es deshalb gerechtfertigt, dass seit dem Jahr 2003 die gesetzlichen Kassen allen Frauen zwischen 50 und 70 die Mammographie anbieten? Auch hier ist noch überhaupt nicht klar, ob durch die Vorsorge Leben gerettet werden können oder ob sich nur die Zahl der Krebsdiagnosen erhöhen wird. Bedeutet Vorsorge etwa, so eine andere Interpretation des Begriffs, dass die Sorgen vorverlegt werden?

Die Verfechter einer evidenzbasierten Medizin stoßen auf viel Widerstand. »Praxisferne« und »Kochbuchmedizin« sind noch die harmlosesten Vorwürfe, die sie sich von Ärztekollegen anhören müssen. Als »neuer Hackethal« wurde einer der Autoren des Buches »Mythos Krebsvorsorge« von einem Frauenarzt diffamiert. Sein Vergehen: Klaus Koch hat in seinem 2003 gemeinsam mit Christian Weymayr veröffentlichten Buch Schaden und Nutzen der einzelnen Vorsorgeuntersuchungen aufgelistet, ohne sich für oder gegen die Früherkennung auszusprechen. Wer Angehörige durch Krebs verloren hat oder selbst erkrankt ist, mag für statistische Argumente wenig Verständnis haben. Dabei will niemand den Menschen die Vorsorge ausreden. Doch an einer ausgewogenen Aufklärung haben alle Patienten Interesse.

Literatur:

Weymayr C, Koch K: Mythos Krebsvorsorge. Frankfurt 2003

Krebsvorsorge II

Durch regelmäßiges Röntgen der Brust (Mammographie-Screening) kann die Sterblichkeit an Brustkrebs gesenkt und viele Frauenleben können gerettet werden.

Rund 48.000 Frauen erkranken in Deutschland jährlich neu an Brustkrebs. Etwa 18.000 sterben jährlich hier zu Lande daran. Brustkrebs ist der häufigste Krebs bei Frauen. Jede kann es treffen. Da der Krebs so unvermittelt bei jeder Frau wuchern kann, wird seit Jahren darüber diskutiert, ob und wie die Sterblichkeit verringert werden könnte. Ärzte, Politiker und Krankenkassen suchen nach effektiven Maßnahmen, um Brustkrebs wirksam zu bekämpfen. Gentests erfüllten in der Vergangenheit nicht die in sie gesetzten Hoffnungen, deswegen geriet die Röntgen-Reihenuntersuchung der Brust in den Blickpunkt. Doch die Einführung von regelmäßigen Mammographien von einem bestimmten Alter an ist auch unter Medizinern äußerst umstritten.

Dabei hatten Experten bisher angenommen, dass eine Reihenuntersuchung der Brust alle zwei Jahre zumindest bei Frauen zwischen 50 und 70 Jahren zu einer statistisch aussagekräftigen Verringerung der Sterblichkeit führen würde. Auf immerhin 20 bis 30 Prozent weniger Todesfälle durch Brustkrebs schätzten Fachleute die Auswirkungen flächendeckender Mammographien.

In den vergangenen Jahren sind jedoch Zweifel an diesen Schätzungen laut geworden. Ein im Fachblatt »Lancet« am 20. Oktober 2001 erschienener Artikel stellt den Nutzen der Mammographie in Frage. Die dänischen Forscher Ole Olsen und Peter Götzsche sind nach ausführlichen Literaturstudien zu dem Ergebnis gekommen, »dass es keine zuverlässigen Beweise dafür gibt, dass durch Mammographie-Screening das Risiko der Frauen verringert wird, an Brustkrebs zu sterben«. Die Wissenschaftler kommen außerdem zu dem Schluss, dass aufgrund eines flächendeckenden Screenings deutlich aggressivere Therapiemethoden gewählt und mehr Brustamputationen vorgenommen werden, die sich dann als unnötig herausstellen. Olsen und Götzsche haben methodische Mängel in den von ihnen kritisch untersuchten Studien festgestellt. Deshalb kamen sie auch zu dem Ergebnis, dass

K

sich die bisher weitgehend akzeptierte Einschätzung, wonach ein Mammographie-Screening die Sterblichkeit an Brustkrebs vermindert, nicht aus der Fachliteratur ableiten lässt.

Die Schlussfolgerungen der dänischen Forscher sind veröffentlicht worden, nachdem alle Parteien im Bundestag ihre Zustimmung zum Antrag der rot-grünen Regierungskoalition für die Einführung von Röntgen-Reihenuntersuchungen gegeben hatten. Doch stehen diese politischen Willensbekundungen wie auch die Forderungen etlicher Selbsthilfegruppen nach Mammographie-Screening angesichts der Daten der dänischen Forscher nicht auf tönernen Füßen? Möglich ist es. Denn das Wort von Olsen und Götzsche hat Bedeutung.

Die beiden zurückhaltenden Forscher leiten das Cochrane-Zentrum in Kopenhagen. Cochrane-Zentren haben es sich zur Aufgabe gemacht, die Aussagekraft medizinischer Studien zu bewerten. Deshalb kann man die Meinung der Dänen nicht als Außenseiterposition abtun. Gerd Antes leitet das deutsche Cochrane-Zentrum in Freiburg. Er teilt die Skepsis an den bisher verfügbaren Daten: »Die Forderung, endlich auch in Deutschland Reihenuntersuchungen einzuführen, muss angesichts dieser Ergebnisse neu bewertet werden. Die dänische Arbeit zeigt, dass die Qualität der Datenlage zum Brustkrebs-Screening außerordentlich schlecht ist.«

Es kommt immer darauf an, wie wissenschaftliche Ergebnisse vermittelt werden. Die Darstellung des potenziellen Nutzens beeinflusst schließlich die Entscheidungen von Patienten, Ärzten und Politikern. Ingrid Mühlhauser, Inhaberin des Lehrstuhls für Gesundheit an der Universität Hamburg, hat in mehreren Untersuchungen gezeigt, wie häufig Informationen über Brustkrebs und Screening verzerrt werden:

Üblicherweise ist zu lesen, dass durch Mammographie-Screening die Sterblichkeit an Brustkrebs um 20 bis 30 Prozent verringert wird. Das klingt beeindruckend. Dahinter steht allerdings die Information, dass über zehn Jahre von 1.000 Frauen eine Frau einen Nutzen durch Mammographie-Screening hat, da sie in dieser Zeit nicht an Brustkrebs stirbt. Denn ohne Mammographie-Screening sterben in zehn Jahren vier von 1.000 Frauen an Brustkrebs. Mit Mammographie-Screening sterben hingegen in zehn Jahren drei von 1.000 Frauen an Brustkrebs. (Der Unterschied von drei zu vier sind die »20 bis 30 Prozent«). Das heißt auch, dass ohne Mammographie-Screening in zehn Jahren 996 von 1.000 Frauen nicht an Brustkrebs sterben. Folglich sterben mit Mammographie-Screening in zehn Jahren 997 von 1.000 Frauen nicht an Brustkrebs.

Wenn man diese Ergebnisse unüblich in »Relativ-Prozent« ausdrückt, steigt der Anteil der Frauen, die nicht an Brustkrebs sterben, durch Mammographie-Screening um gerade mal 0,07 Prozent. Man könnte den Nutzen dieser Untersuchung auch so ausdrücken: »Von 1.000 Frauen mit Mammographie-Screening über zehn Jahre haben 999 keinen Nutzen, da sie auch ohne Mammographie-Screening nicht an Brustkrebs gestorben wären (996 Frauen) oder weil sie trotzdem an Brustkrebs sterben (drei Frauen).«

Ob der Nutzen für eine Frau unter 1.000 (das sind auf die Gesamtbevölkerung in Deutschland hochgerechnet immerhin etwa 4.000) den logistischen wie finanziellen Aufwand einer Reihenuntersuchung rechtfertigt, sei dahingestellt. Schließlich würden durch Mammographie-Screening auch schätzungsweise mindestens 200.000 falsch positive und falsch negative Diagnosen jährlich erhoben – Krebse übersehen und harmlose Befunde als gefährlich eingestuft. Die Sorgen und Unsicherheiten der Frauen sind vielleicht der wichtigste Aspekt im Streit um die Mammographie – sie lassen sich jedoch kaum berechnen.

Literatur:

Mühlhäuser I: Mammographie-Screening – informierte Entscheidung statt verzerrte Information. In: Koppelin F, Müller R, Keil A, Hauffe U (Hg.): Die Kontroverse um die Brustkrebs-Früherkennung. Bern 2001, S. 79-90

Olsen O, Götzsche PC: Cochrane review on screening for breast cancer with mammography. Lancet 2001;358:1340-1342 (und 1284-85)

K

Künstliche Organe

Künstliche Organe können schon bald defekte oder zerstörte Organe ersetzen.

Die Zucht künstlicher Organe beschäftigt seit jeher die Phantasie von Forschern und Medizinern. Lange Jahre galt das als ferne Zukunftsmusik, doch nach den ersten Erfolgen mit aus kleinen Proben hochgezüchteter Eigenhaut entstanden schnell überzogene Erwartungen an die Gewebeingenieure.

K

Aber die Forscher wissen selbst um die Grenzen der neuen Technologie: Künstliche »Haut aus der Tube«, wie sie etwa in ersten klinischen Versuchen seit 1999 angewendet wird, enthält keine Drüsen oder Haare, sie »atmet« nicht und muss ihre langfristige Haltbarkeit bei großen Defekten, wie etwa Verbrennungen, erst noch unter Beweis stellen. Bei Zuckerkranken etwa deckt sie zwar die Hautdefekte bei »offenen Beinen« ab, die Ursache für die Ernährungs- und Durchblutungsstörungen der Haut wird allerdings nicht beseitigt.

In verschiedenen Laboren ist es auch bereits gelungen, Knorpel zu züchten. Das Bindegewebe ist jedoch nicht richtig belastbar und die Verankerung im Gelenk stellt ein bisher ungelöstes Problem dar. Der Knorpel konnte deshalb bisher nur in nicht tragenden Gelenken oder als Ersatz für defekten Ohr- und Nasenknorpel Verwendung finden.

Bei inneren Organen ist die Nachahmung der natürlichen Vorbilder noch weitaus schwieriger. Verschiedene Arbeitsgruppen haben versucht, Lebergewebe zu züchten. Doch die Leber besteht aus mehreren hochdifferenzierten Zelltypen, sie ist mit einem feinen Geäst von Blutgefäßen, Gallengängen und Nerven durchzogen. Manche Zellen bilden Gallensäuren, andere sind mit dem Stoffwechsel und der Weiterverarbeitung der mit der Nahrung zugeführten Stoffe beschäftigt.

Auch wenn man alle diese einzelnen Strukturen und Gewebe kennt, kann dieses komplexe Zusammenspiel, wenn überhaupt, erst in sehr ferner Zukunft per Zucht simuliert und in seiner dreidimensionalen Struktur und Funktionsform nachgeahmt werden. Das Ganze ist mehr als die Summe seiner Teile. Bei Herz, Milz und Niere verhält es sich ähnlich. Auch diese Organe sind zu komplex, um sie in ihrer Wechselwirkung simulieren zu können. Die Organspende wird noch lange Zeit einfacher sein als die Züchtung innerer Organe, sagen Experten.

Literatur:
Bartens W: Revolutionäre Zellen. Eine Reise durch deutsche Labors, wo das Ersatzteillager Mensch entsteht. Die Zeit (Dossier) 35/2000

Langlebigkeit

Erfolg macht weder glücklich noch alt.

Zumindest bei Schauspielern scheinen Erfolg und Langlebigkeit unmittelbar zusammenzuhängen. Preisgewinne haben demnach Auswirkungen auf die Lebenszeit. In einer großen Studie mit etwa 1.500 Schauspielerinnen und Schauspielern zeigte sich, dass Oscar-Preisträger durchschnittlich 79,7 Jahre alt wurden, während es die nicht ausgezeichneten Kollegen nur auf 75,8 Jahre brachten.

Unter denen, die lediglich nominiert waren, aber den begehrten Preis nicht bekamen, war kein positiver Effekt auf die Lebensdauer festzustellen. Wer den Oscar zweimal bekam, wurde sogar um durchschnittlich sechs Jahre älter als die Kollegen ohne Preis. Nach oben sind kaum Grenzen gesetzt: Katharine Hepburn wurde viermal ausgezeichnet und ist 94 geworden. Anthony Quinn, immerhin zweimal ausgezeichnet, ist mit 86 gestorben. Der sechsmalige Oscarpreisträger Billy Wilder wurde noch älter. Er starb im März 2002 im Alter von 96 Jahren.

Literatur:
Redelmeier DA, Singh SM: Survival in Academy Award-winning actors and actresses. Annals of Internal Medicine 2001;134:955-962

Lebendspende

In Deutschland ist eine Lebendspende von Organen nur zwischen nahen Verwandten möglich.

Die Regelung wurde aufgeweicht. Das im November 1997 verabschiedete Transplantationsgesetz betont ausdrücklich, dass die Lebendspende nur unter Verwandten ersten oder zweiten Grades, Ehegatten, Verlobten oder anderen Personen zulässig ist, »die dem Spender in besonderer persönlicher Verbundenheit offenkundig nahe stehen«. Mit dieser Einschränkung sollte der Organhandel ausgeschlossen und eine Kommerzialisierung verhindert werden. »Man wollte nicht, dass halbe Dörfer nur noch mit einer Niere herumlaufen«, sagt Hans-Ludwig Schreiber, Vorsitzender der Ständigen Kommission Organtransplantation der Bundesärztekammer, mit Hinweis auf indische Verhältnisse: »Wir wollten eben gerade nicht in die Situation kommen, dass ein Sultan einen jungen Kerl mitbringt und dem Arzt mitteilt: Das ist mein Freund, der will mir seine Niere spenden.«

Doch wie nahe muss man sich stehen, um einem Menschen zu Lebzeiten ein Organ zu spenden? Schließlich unterzieht sich niemand gern einer Operation – schon gar nicht, wenn sie für die eigene Gesundheit nicht unbedingt erforderlich ist. Und außerdem kann nicht ausgeschlossen werden, dass die verbleibende Niere später erkrankt und dann nicht mehr durch die zweite ersetzt werden kann.

Im Bundesdurchschnitt werden 16 Prozent aller Organverpflanzungen als Lebendspende vorgenommen. Befürworter weisen auf die große Zahl von Dialysepatienten hin, die dringend auf Hilfe angewiesen sind. Sie müssen zwei- bis viermal wöchentlich von einer »künstlichen Niere« ihr Blut gewaschen bekommen, sich beim Essen einschränken und mit einer reduzierten Trinkmenge zurechtkommen. Sie warten im Durchschnitt fünf Jahre auf ein Spenderorgan. Viele sterben in der Zwischenzeit an den Folgeerkrankungen der Nierenschwäche oder an den Komplikationen durch die künstliche Blutwäsche.

Außerdem beträgt die Überlebensrate zehn Jahre nach einer Lebendspende 80 Prozent. Nach einer »Leichenspende« überleben nur 50 Prozent die erste Dekade nach der Verpflanzung. Deshalb sehen manche Ärzte die Durchführung von Lebendspenden als einfachsten

Weg, um dem chronischen Organmangel abzuhelfen. Die Zahl der Organspender stagniert in Deutschland seit Jahren. Hier zu Lande stehen von den fast 50.000 chronisch Nierenkranken etwa 12.000 auf der Warteliste für ein gesundes Organ. Doch weil die fehlen, können nur knapp 3.000 Nieren jährlich verpflanzt werden.

Das Gesetz lässt reichlich Spielraum für Interpretationen. Zwei Paare aus der Schweiz und Deutschland haben sich 1999 Organe »über Kreuz« gespendet, ein Organtausch im Quartett: In diesem Fall erklärte sich die Frau eines kranken Bundeswehrsoldaten dazu bereit, einer dialysepflichtigen Schweizerin ihre Niere zu spenden. Im Gegenzug erhielt der nierenkranke Soldat ein gesundes Organ vom Ehemann der Schweizerin. Bevor der Tauschhandel verabredet wurde, hatten sich die beiden Paare nie gesehen.

L

Verfechter der so genannten Lebendspende verteidigen dieses Vorgehen. Die Crossover-Spende sei illegal, sagen diejenigen, die jede Form der Lebendspende als Einfallstor für Organhandel betrachten. Befürworter der Überkreuzspende sprechen dagegen von einer Form legitimer »Wahlverwandtschaften«, die zum Wohle der Patienten eingegangen und niemandem schaden würden.

Das Bundesgesundheitsministerium wies damals auf die unklare Rechtslage hin. Womöglich wurden deshalb einige der Operationen in Basel vorgenommen. In der Schweiz ist die Crossover-Spende erlaubt. Und das Beisein der Psychologen beim ersten Kontakt der Paare diente allein dem Zweck, die »besondere persönliche Verbundenheit« der Organtauschenden zu dokumentieren.

Das Landessozialgericht in Essen war nicht so recht von der Rechtmäßigkeit der Crossover-Spende überzeugt. Es bewertete zwar nicht den etwaigen Straftatbestand einer Überkreuzspende, verweigerte aber dem Soldaten eine Erstattung der Kosten in Höhe von 100.000 Mark. Der Mann war bereits zuvor in erster Instanz vor dem Sozialgericht Aachen unterlegen. Dort hatte er geklagt, weil sich seine Krankenkasse geweigert hatte, die Kosten für die umstrittene Verpflanzung zu übernehmen.

»Es ist unerträglich, wenn Ärzte in die kriminelle Ecke gedrängt werden«, ereiferte sich daraufhin Jurist Schreiber, »das muss ein Ende haben.« Etliche Medizinrechtler halten die Crossover-Spenden als »mittelbaren« Ausdruck einer besonderen persönlichen Verbundenheit für vertretbar. Dieser Auffassung entspricht auch ein im Jahr 2001 erschienener Kommentar zum Transplantationsgesetz des Gesundheitsministeriums: Demnach ist die Crossover-Spende unter Nichtverwandten auch dann zulässig, »wenn sich erst aus dem Anlass der Lebendspende eine besondere persönliche Bindung entwickelt hat«.

Literatur:
Bartens W: Tausche Niere gegen Niere. In Deutschland fehlen Organe. Eine Überkreuzspende könnte vielen Kranken helfen. Aber Juristen haben Bedenken. Die Zeit, 31/2001, S.23

Leichenschau

Bei der Leichenschau durch den Arzt wird die Todesursache eindeutig festgestellt.

Entgegen einer weit verbreiteten Annahme wird bei der Leichenschau häufig nicht die genaue Todesursache festgestellt. Durch Fehler bei der ärztlichen Leichenschau bleiben in Deutschland jedes Jahr mehr als 10.000 nicht natürliche Todesfälle unerkannt. Darunter sind wenigstens 1.200 Tötungsdelikte jährlich, die nicht bekannt werden.

Als Ursache für diese hohe Dunkelziffer wird eine Beeinflussung der Ärzte durch Dritte angenommen, am häufigsten durch die Polizei. Außerdem wird die Leichenschau häufig äußerst flüchtig und unvollständig vorgenommen. Viele Ärzte sind nicht ausreichend für die Leichenschau ausgebildet, andere schlicht zu bequem: In einer jüngst publizierten Untersuchung wurde festgestellt, dass nur 25 Prozent der Ärzte die Leiche vollständig entkleideten.

Literatur:
Brinkmann B, Banaschk S, Bratzke S, et al: Fehlleistungen bei der Leichenschau in der Bundesrepublik Deutschland (I+II). Archiv für Kriminologie 1997; 199:1-12 und 65-74
Vennemann B, DuChesne A, Brinkmann B: Die Praxis der ärztlichen Leichenschau. Deutsche Medizinische Wochenschrift 2001; 126:712-716
Rückert S: Tote haben keine Lobby. Berlin 2002

Libido

Frauen haben immer gleich viel (oder wenig?) Lust auf Sex.

Was und wann will das Weib? Ein schwieriges Thema, das auch von der Medizin nicht leicht zu erfassen ist. Aus verschiedenen Untersuchungen weiß man jedoch, dass die sexuelle Lust der Frauen ansteigt, wenige Tage bevor sich ihre Körpertemperatur erhöht. Dies ist ungefähr der Zeitpunkt des Eisprungs. Die genaue, wahrscheinlich hormonelle, Regulation des weiblichen Begehrens ist jedoch – wie so vieles, was Frauen tun und treiben – auch von Wissenschaftlern noch nicht vollständig durchschaut worden.

Österreichische Verhaltensforscher wollen allerdings herausgefunden haben, dass Frauen sich abhängig von ihrem Zyklus unterschiedlich »aufreizend« in der Öffentlichkeit geben, weil ihre Lust auf Sex jeden Monat erheblichen Schwankungen unterworfen sei. So stellten die Wissenschaftler fest, dass junge Frauen während der fruchtbaren Tage in der Zeit um den Eisprung in Nachtclubs und Diskotheken knappere Kleidung trugen und entschieden mehr Haut zeigten als in den übrigen Phasen ihres Zyklus. Die Forscher schlossen daraus, dass die Frauen in dieser Zeit auch eher dazu bereit waren, sich mit einem Mann auf ein sexuelles Abenteuer einzulassen. Ihre größere Flirtbereitschaft diene demnach dem evolutionären Trieb, die Erhaltung der Art sicherzustellen, so das Fazit der Wissenschaftler.

Zwar mag es für österreichische Forscher angenehm sein, zu beobachten, wie Frauen ihre Haut zu Markte tragen. Ob freizügigere Kleidung in der Hitze der Nacht allerdings wirklich ein Signal für weibliche Paarungsbereitschaft ist und ob jeder Wiegeschritt auf dem Parkett gleich als Fruchtbarkeitstanz aufgefasst werden kann, darf bis zum Beweis des Gegenteils getrost bezweifelt werden.

Literatur:
Grammer K: Signale der Liebe. Die biologischen Gesetze der Partnerschaft. Hamburg 1993
Stanislaw H, Rice FJ: Correlation between sexual desire and mentrual cycle characteristics. Archives of Sexual Behaviour 1988;17:499-508
Levin RJ: The physiology of sexual arousal in the human female: a recreational and procreational synthesis. Archives of Sexual Behaviour 2002;31:405-411

Liegezeiten im Krankenhaus

Ärzte behalten Patienten möglichst lange im Krankenhaus.

Die Situation in deutschen Kliniken hat sich in den vergangenen Jahren dramatisch verschärft: Die Zahl der Kranken stieg von 13,7 Millionen 1990 auf 16,6 Millionen im Jahr 1998. Gleichzeitig wurden zehn Prozent der Krankenhäuser geschlossen und 15 Prozent der Betten gestrichen. Die Patienten bleiben durchschnittlich um 20 Prozent kürzer im Krankenhaus. Im Jahr 2002 betrug die Verweildauer pro vollstationärem Patient hier zu Lande – unabhängig von seiner Erkrankung – im Durchschnitt gut zwölf Tage.

L

Gleichzeitig wird am Personal gespart, die Überstunden der Mediziner werden überdies in den meisten Häusern nicht bezahlt. Immer weniger Ärzte haben immer mehr zu tun. Angesichts der veränderten Situation ist es zynisch, wenn alte Chefärzte von den »guten, alten Zeiten« erzählen, als sie angeblich allein den Dienst in ihrer Klinik geschmissen haben. Da weder das Krankenhaus noch die Ärzte mehr verdienen, wenn die Patienten länger bleiben, spricht nichts dafür, dass die Patienten mit Absicht länger als nötig im Krankenhaus behalten werden.

LSD

Timothy Leary und Richard Alpert waren beide zu Beginn der 1960er-Jahre Dozenten an der Harvard-Univerity – der eine für Sozial-, der andere für Erziehungswissenschaften. Sie führten damals allerdings auch Untersuchungen durch, die von zweifelhaftem pädagogischen Wert waren. Leary und Alpert experimentierten seinerzeit mit Halluzinogenen, die noch nicht illegal waren. Von dem Chemieriesen Sandoz Pharmaceuticals erhielten sie Psilocybin und LSD, das sie nicht nur für ihre Versuche verwendeten, sondern auch an Freunde, Kollegen – und an Studenten – weitergaben.

Der Universität und den akademischen Kollegen missfiel das freizügige Verhalten der beiden Fakultätsmitglieder. Sie vermissten den nötigen universitären Ernst und die Zielstrebigkeit in der Forschung. Außerdem wurden zu dieser Zeit gerade die ersten Regelungen zu Versuchen mit Menschen an den Universitäten aufgestellt. Immerhin wurde zwischen Alpert, Leary und der Harvard-Universität im Herbst 1961 eine Vereinbarung getroffen, dass sie keine Studenten mehr an ihren Drogenversuchen teilhaben lassen sollten.

1962 hatten Leary und Alpert dann genug von den universitären Vorschriften. Sie gründeten ihren eigenen Verein, die »International Federation for Internal Freedom«. Innere Freiheit und Frieden fanden sie womöglich – aus der Uni wurden sie jedoch entlassen: Alpert, weil er einem Studenten trotz der anders lautenden Vereinbarung Psilocybin gegeben hatte, Leary, weil er immer wieder aufgrund von persönlichen Drogenversuchen seinen Unterricht versäumt hatte.

Literatur:
Pattullo EL: Governmental regulation of the investigation of human subjects in social research. Minerva 1985;23:521-533

Luft im »Tropf«

Mehrere Luftblasen im Infusionsschlauch führen unweigerlich zum Tod.

Es kommt auf die Menge an. Die einzelnen Bläschen im »Tropf«, die manche Patienten oder Angehörigen im Krankenhaus beunruhigen und nach der Schwester rufen lassen, sind meist noch nicht bedrohlich. Erst wenn sich über eine Strecke von mehr als 20 Zentimeter Luft im Infusionsschlauch befindet, kann es für den Patienten bedrohlich werden und zu einer Luftembolie kommen. Dabei gelangt Luft anstatt Blut in die Lungenarterien und verstopft das Blutgefäß und damit die Versorgung der Bronchien mit Blut und Nährstoffen.

Magengeschwüre

Magengeschwüre werden durch Stress verursacht und sind eine psychosomatische Erkrankung.

M

Bei Magengeschwüren handelt es sich um eine Infektionskrankheit. Jahrzehntelang galt das Magengeschwür als »klassische« psychosomatische Erkrankung der Empfindlichen und Stressgeplagten, denen Probleme und Belastungen schnell auf den Magen schlagen. Seit Mitte der 1980er-Jahre ist jedoch bekannt, dass Bakterien für die Entstehung von Magengeschwüren verantwortlich sind. Der Keim Helicobacter pylori ist als Auslöser für die Geschwüre identifiziert worden. Die beiden Australier Barry J. Marshall und J. Robin Warren beschrieben das Bakterium Helicobacter pylori und identifizierten es als Ursache für die Mehrzahl der Magengeschwüre.

Es gab zunächst Widerstände gegen die Behauptung der beiden Forscher, bis Marshall 1985 im Selbstversuch nachweisen konnte, dass die beiden richtig lagen. Marshall ließ sich zunächst den Magen spiegeln, wobei nichts Krankhaftes festgestellt wurde. Anschließend nahm er ein Gebräu zu sich, in dem Helicobacter enthalten war. Einige Tage später bekam der Wissenschaftler Bauchweh und eine Magenschleimhautentzündung. Der Beweis war auch für Gegner der Hypothese so eindeutig, dass mittlerweile die Mikrobiologie an die Stelle der Seelenerkundung getreten ist, wenn es um die Ursachenforschung und Therapie des Magengeschwürs geht. Eine in der Fachzeitschrift »Lancet« 1988 publizierte Studie untermauerte die Botschaft der beiden Australier endgültig: In dieser Untersuchung konnte demonstriert werden, dass Magengeschwüre durch die Gabe von Antibiotika geheilt werden konnten.

Manche Ärzte, die eine psychosomatische Erklärung des Leidens bevorzugen, wenden hingegen ein, dass auch nach der Identifizierung von Helicobacter pylori nicht klar ist, warum manche Menschen ein Magengeschwür bekommen und andere nicht. Immerhin sind etwa 90 Prozent der Menschen schon einmal mit dem Erreger in Berührung gekommen, aber nur ein geringer Teil von ihnen bekommt auch entsprechende Beschwerden. Ist das Magengeschwür vielleicht doch ein psychosomatisches Krankheitsbild, bei dem die Keime nur dann Symptome verursachen, wenn der Mensch auch psychisch angeschlagen ist?

Literatur:
Leiß O: Ärztliche Weltbilder: Helicobacterisierung psychosomatischer Konzepte? Deutsches Ärzteblatt 2001;98:A886-890

Marihuana

Haschischkonsum lässt sich nicht im Körper nachweisen.

Das ist bei gelegentlichen ebenso wie bei regelmäßigen Konsumenten und auch bei Sportlern ein weit verbreiteter Irrtum. Bei wöchentlichem Haschischrauchen oder anderweitigem Marihuanakonsum lässt sich die Droge nämlich zwischen einer Woche und einem Monat lang im Urin identifizieren. Wird täglich konsumiert, ist der Nachweis sogar über einen Zeitraum von bis zu drei Monaten möglich. In letzter Zeit gerieten immer wieder Fußballer in die Schlagzeilen, bei denen der Konsum von Haschisch nachgewiesen werden konnte.

Tröstlich mag für die ertappten Kiffer sein, dass kein Zusammenhang zwischen der nachgewiesenen Drogenkonzentration in den Körperflüssigkeiten und dem Ausmaß der Auswirkungen besteht, die der Suchtstoff auf die Anwender hat.

Literatur:
Speicher CE: Rationale Labordiagnostik. Bern 2001

Masturbation

Onanieren ist gesundheitsschädlich.

Was hat man jungen Männern nicht alles eingeredet: Selbstbefriedigung führe zu Schwindsucht, Blindheit und Schwachsinn und könne andere schwerwiegende Gesundheitsschäden nach sich ziehen.

Im Sommer 2003 wurde das Gegenteil festgestellt: Junge Männer, die häufig onanieren, senken einer Studie zufolge ihr Risiko für Prostatakrebs. Ein Team australischer Wissenschaftler verglich Daten zu Sexualpraktiken von 1.079 Prostatakrebs-Patienten mit denen von 1.259 gesunden Männern im Alter zwischen 20 und 70 Jahren.

Das Ergebnis widerlegt nicht nur Moralisten, die dereinst den Nachwuchs vor dem Verlust des Augenlichts durch Onanie warnten, sondern ergänzt auch jüngere medizinische Studien. Wer in seinen Zwanzigern öfter als fünfmal pro Woche ejakuliert, senkt damit den neuen Ergebnissen zufolge sein Risiko für den häufigsten Krebs bei Männern um ein Drittel. Ein Wermutstropfen für ältere Männer: Häufige Ejakulationen in späteren Jahren hatten in dieser Untersuchung keinen Einfluss auf die Erkrankungswahrscheinlichkeit.

Frühere Studien hatten häufige Sexualkontakte umgekehrt mit einem deutlich erhöhten Risiko für Prostatakrebs in Zusammenhang gebracht. Graham Giles und seine Kollegen vom Cancer Council Victoria in Melbourne wiesen jedoch darauf hin, dass dies durch die höhere Infektionsgefahr bedingt sein könne. Betrachte man jedoch die Zahl der Ejakulationen insgesamt, so hätten diese einen schützenden Effekt. Die Forscher glauben, dass durch die häufige Bildung von Samenflüssigkeit Krebs erregende Substanzen aus der Prostata herausgeschwemmt werden. »Je öfter die Leitungen gespült werden, umso weniger bleibt darin hängen, was die Zellen schädigt«, sagte Giles in Analogie an das Installateurhandwerk. Auch würden die Prostatazellen auf diese Art zum Ausreifen angeregt, was sie für Krebs erregende Einflüsse weniger anfällig machen könnte.

Einen ähnlichen Zusammenhang hatten vor Jahren Studien auch im Fall des weiblichen Brustkrebs nahe gelegt: Auch hier sinkt das Risiko, wenn die Frauen gestillt hatten – und damit möglicherweise Krebs erregende Substanzen regelmäßig herausgespült werden.

Literatur:
Giles GG, Severi G, English DR, et al: Sexual factors and prostate cancer. British Journal of Urology 2003; 92:211-216

Medizinergesundheit

Ärzte leben gesünder als der Durchschnitt der Bevölkerung.

Wenn es nur so wäre. Doch ähnlich wie Schuster angeblich die schlechtesten Schuhe haben, scheint auch bei Medizinern zu gelten, dass ihr Gesundheitszustand oft in beklagenswertem Zustand ist. So stellte ein US-Psychiater fest, dass sie häufiger als der Durchschnitt gefühlskalt seien und zu Depressionen neigten. Roy Menninger aus Topeka behandelte in den vergangenen 20 Jahren mehr als 1.000 Ärzte und stellte seine Beobachtungen 1999 auf einer Tagung der amerikanischen Psychiater vor.

Menninger beobachtete unter den Ärzten, die er behandelte, erstaunliche Ähnlichkeiten. Zwar haben Mediziner häufig mit Extremsituationen zu tun und sind immer wieder mit Leid, Tod und enttäuschten Hoffnungen konfrontiert. Doch diese regelmäßigen Erfahrungen scheinen nicht ihre Fähigkeit zum Mitgefühl zu verstärken: Bei vielen Medizinern ist die »emotionale Schwingungsfähigkeit« kaum ausgeprägt und der idealistische Wunsch, helfen zu wollen, in Zynismus umgeschlagen. Zwar wissen Ärzte, was sie den Angehörigen eines Todkranken sagen müssen, aber sie sind häufig nicht in der Lage, sich wirklich in die Leiden anderer einzufühlen.

Bei den Belastungen vieler Mediziner ist das kaum verwunderlich. In einer Studie wurde kürzlich festgestellt, dass Ärzte am Ende eines 30-Stunden-Dienstes Konzentrationsschwächen aufweisen, die dem Verhalten mit einem Promille Alkohol im Blut entsprechen. Solange das neue Arbeitszeitschutzgesetz noch nicht umgesetzt ist, werden manche Helfer in Weiß zu einem Risiko für ihre Patienten.

Die Zunahme psychischer Probleme unter Ärzten ist seit Jahren zu beobachten. Viele flüchten in Suchtmittel und Tabletten. Genaue Zahlen über Sucht unter Medizinern sind schwer zu ermitteln. Nach seriösen Schätzungen sind sieben bis acht Prozent der Ärzte davon betroffen – das entspricht etwa 30.000 allein in Deutschland. Dieser Anteil der Süchtigen liegt um das Dreifache über dem der Normalbevölkerung. Aus anderen Quellen wie der Zeitschrift »Ärztliche Praxis« kann man gar entnehmen, dass 20.000 der rund 388.000 deutschen Ärzte Alkoholiker seien. Auch wenn die hohe Zahl erschrickt – in den

USA kommen Leberzirrhosen unter Ärzten dreimal so oft wie in der übrigen Bevölkerung vor.

Unter den süchtigen Medizinern greifen Frauen eher zu Tabletten Männer hingegen zur Flasche. Menninger untersuchte jedoch fast ausschließlich männliche Ärzte, da diese im Umgang mit Gefühlen wie Trauer, Mitleid und Empathie weitaus größere Probleme hatten. Allerdings können die meisten Mediziner laut Menninger ihre emotionale Inkompetenz durch Rationalisierung verbergen. Sie wirkten zwar auf die Patienten distanziert, es komme aber selten zu Entgleisungen. Dabei hilft das mechanistische Bild, das viele Ärzte vom menschlichen Körper haben, der sich bei Schwäche oder beruflichen Schwierigkeiten mit den richtigen Arzneimitteln schon wieder in Ordnung bringen lasse. Die Krankheitseinsicht komme oft spät oder überhaupt nicht, hat Menninger beobachtet.

Sechs Jahre dauert es deshalb im Durchschnitt, bis suchtkranke Mediziner ihren Beruf nicht mehr ausüben können. Ärzte können ihre Abhängigkeit lange geheim halten. Zudem gelingt es ihnen häufig recht erfolgreich, mit Hilfe von Medikamenten die äußeren Anzeichen ihrer Sucht zu verdecken. Aber auch wenn die Symptome immer deutlicher werden, wagen es nur wenige Mitarbeiter, in einem persönlichen Gespräch den Arzt auf seine Fahne oder seine Teilnahmslosigkeit hinzuweisen.

Die Ursachen für die emotionale Kälte vieler Ärzte sieht Menninger in einem geringen Selbstwertgefühl der Mediziner. »Wenn sie mehr arbeiten, hoffen sie darauf, auch mehr Anerkennung zu bekommen«, hat der Psychiater beobachtet.

Seit wenigen Jahren untersuchen zunehmend Mediziner und Psychiater, warum so viele ihrer Kollegen unzufrieden oder unmotiviert sind. Es liegt eben nicht nur an der Arbeitsbelastung der Mediziner, die dabei – ähnlich den Lehrern – vergleichsweise selten eine Wertschätzung ihrer Tätigkeit erfahren, dass psychische Probleme in dieser Berufsgruppe häufig sind. Die sich widersprechenden Erwartungen von Ärzten und Patienten spielen ebenso eine Rolle: Viele Patienten erwarten von der Medizin Hilfe und Heilung in jeder Lebenslage, die meisten Ärzte wissen, dass ihre Möglichkeiten begrenzt sind.

Die Ärzte kommen gelegentlich selbst unter die Räder, wenn sie den

Spagat zwischen Anspruch und Realität nicht mehr ertragen. Ist es daher verwunderlich, wenn immer mehr Mediziner nach dem Examen einen nicht-ärztlichen Beruf wählen, sodass allenthalben schon vor einem Ärztemangel gewarnt wird?

Literatur:
Lamberg L: If I work harder, I will be loved. Roots of physician stress explored. Journal of the American Medical Association 1999;282:13-14
Wetterneck TB, et al: Worklife and satisfaction of general internists. Archives of Internal Medicine 2002;162:649-656
Smith R: Why are doctors so unhappy? British Medical Journal 2001;322:1073-1074
Shem S: The House of God. New York 1978

Migräne

Wenn man Schmerzmittel gegen Kopfschmerzen nimmt, gehen die Kopfschmerzen weg.

In den meisten Fällen stimmt das. Es gibt jedoch auch Formen der Migräne, die erst durch die Einnahme von Kopfschmerzmedikamenten ausgelöst werden. Die Kosten, die durch Missbrauch der Arzneien gegen das Hämmern im Kopf entstehen, betragen nach Schätzungen von Gesundheitswissenschaftlern rund 90 Millionen Euro jährlich. Dazu gehören aber auch jene Kosten, die entstehen, wenn Menschen jahrelang Schmerzmittel nehmen und (wenn der Wirkstoff Phenacetin enthalten ist) dadurch ein chronisches Nierenversagen erleiden, sodass sie auf eine künstliche Niere oder eine Transplantation angewiesen sind.

Nach verschiedenen Schätzungen leiden in Deutschland etwa acht Millionen Menschen an Migräne, das wären zehn Prozent der Bevölkerung. Die Dunkelziffer wird noch weitaus höher vermutet. Der häufige Migräne-Kopfschmerz hat erhebliche wirtschaftliche Folgen: Auf Migräne zurückzuführende Fehltage verursachen jährlich Kosten von etwa 1,5 Milliarden Euro. 700 Millionen Euro sind Patienten jedes

Jahr für frei verkäufliche Kopfschmerz- und Migränemittel zu zahlen bereit. Die Kosten für auf Rezept verordnete Medikamente gegen Kopfschmerz werden mit 75 Millionen Euro angegeben.

Literatur:
Heinze A: Migräne – wenn es hämmert und pocht. Deutsches Ärzteblatt 2001;98:C708-709

Mittagsschlaf

Mittagsschlaf ist gesund.

Das sollte man meinen. Die Siesta hat besonders in den Mittelmeerländern Tradition und ihren Bewohnern sagt man Gelassenheit und Gesundheit nach. Olivenöl, ein Schlückchen Wein und jeden Tag ein Nickerchen zur Mittagszeit bescheren Spaniern, Südfranzosen, Italienern und anderen mediterranen Genießern ein ebenso zufriedenes wie langes Leben, so das Klischee.

Ein israelischer Forscher – auch Israel liegt am Mittelmeer – hat diesen Volksglauben jedoch in jüngster Zeit erschüttert. Michael Bursztyn und seine Mitarbeiter vom Hadassah-Universitätskrankenhaus in Jerusalem stellten fest, dass zumindest bei 70-Jährigen ein regelmäßiger Mittagsschlaf mit einer höheren Sterblichkeit einhergeht. Bursztyn beobachtete 455 ältere Menschen in Jerusalem über einen Zeitraum von fast sieben Jahren und befragte sie nach ihren Schlaf- und Ruhegewohnheiten. Nach dieser Zeit waren 75 Teilnehmer der Studie gestorben. Die Sterblichkeit unter denjenigen, die eine tägliche Siesta einlegten, betrug 20 Prozent, unter denen, die keinen Mittagsschlaf hielten, lag sie bei etwa elf Prozent.

Als Erklärung für ihre ungewöhnliche Beobachtung vermuten die Mediziner, dass wiederholtes Wiederaufwachen den Körper, wenn er schon einige Vorerkrankungen aufweist, ziemlich anstrengt. Ähnlich wie am frühen Morgen, der bekanntlich die gefährlichste Tageszeit für Herzkranke ist, steigen auch beim Aufwachen nach der Siesta Blutdruck und Herzfrequenz kurzfristig an. Bei Menschen mit Gefäßproblemen könnte das zu Schwierigkeiten führen, so die Vermutung. In der Gruppe der Mittagsschläfer fanden sich in der Tat mehr Probanden mit Herz- und Gefäßleiden als unter den Nicht-Schläfern.

Eine weitere Untersuchung der israelischen Arbeitsgruppe scheint diese Hypothese zu bestätigen: Bei denjenigen Alten, die sich mittags nur ausruhten, aber nicht schliefen, beobachteten die Forscher keine erhöhte Sterblichkeit. Je länger und tiefer der Schlaf und damit intensiver die Aufwachreaktion danach war, desto höher fiel die Sterblichkeit aus. So betrug sie 28,2 Prozent in der Gruppe derjenigen, die länger als eine Stunde schliefen, gegenüber 10,9 Prozent bei denen, die nur ruhten, aber nicht einnickten.

Literatur:
Bursztyn M, Ginsberg G, Hammerman-Rozenberg R, Stessman J: The siesta in the elderly: risk factor for mortality? Archives of Internal Medicine 1999;159:1582-1586
Bursztyn M, Ginsberg G, Stessman J: The siesta and mortality in the elderly: effect of rest without sleep and daytime sleep duration. Sleep 2002;25:187-191

Mondphasen

Der Mond hat starken Einfluss auf operative und andere medizinische Eingriffe.

Dem Mond werden allerlei besondere Wirkungen zugeschrieben. Schon in der Antike galt seine Stellung und Phase in manchen Kulturen als gutes oder schlechtes Omen für das Handeln der Menschen. In neuerer Zeit hat diese Vorstellung wieder viele Anhänger. In dem Bestseller »Vom richtigen Zeitpunkt« von Paungger und Poppe wird beispielsweise behauptet, dass Vollmond sich negativ auf chirurgische Eingriffe auswirke und eine Operation am besten bei abnehmendem Mond durchzuführen sei. An Vollmond sei angeblich die Rate der Komplikationen und Infektionen größer, die Heilung dauere länger und es komme häufiger zu schwereren Blutungen.

Immer wieder werden Mediziner damit konfrontiert, dass Patienten nur während einer bestimmten Mondphase operiert werden wollen. Selbst einige Ärzte und medizinisches Personal glauben mittlerweile daran. Allen gemeinsam ist die feste Überzeugung, dass sich das Risiko für Komplikationen durch Beachtung der »richtigen« Mondphase verringern lasse. Verschiedene Untersuchungen haben mittlerweile jedoch nachweisen können, dass die Mondphase keinerlei Einfluss auf den Verlauf operativer Eingriffe hat. 1999 wurde beispielsweise beobachtet, dass die erfolgreiche Einpflanzung künstlicher Gelenke unabhängig vom Stand des Mondes ist. Eine weitere Untersuchung konnte im selben Jahr zeigen, dass auch bei anderen chirurgischen Eingriffen kein Zusammenhang zwischen Mondphasen und der Schwere und Häufigkeit von Komplikationen besteht.

Josef Smolle von der Grazer Uni-Klinik für Dermatologie leitete eine weitere Untersuchung, in die 11.134 Patienten aufgenommen wurden, die in den zurückliegenden sechs Jahren wegen Notfällen in das Krankenhaus eingewiesen und behandelt wurden. Doch weder Vollmond noch zu- oder abnehmender Mond oder Neumond hatten einen Einfluss auf die Häufigkeit der Notfälle. In einer anderen Studie aus dem Jahr 1998, die Daten von etwa 15.000 Patienten rückwirkend bis ins Jahr 1990 erhoben hatte, konnte bereits gezeigt werden, dass die Mondphase in keinerlei Hinsicht den Heilungsverlauf und die Rate der Komplikationen während und nach der Operation beeinflusste. Nicht einmal eine Tendenz in die behauptete Richtung konnten die Forscher feststellen.

In die Studie einbezogen wurden 14.970 Patienten, bei denen allgemeinchirurgische, plastische, gefäßchirurgische, thorax- und herzchirurgische Operationen vorgenommen wurden. Als Kriterium für den Einfluss der Mondphasen wurde ein Todesfall der Patienten während der Operation oder innerhalb der nachfolgenden 30 Tage bestimmt. Von den 14.970 Patienten starben 189 innerhalb von 30 Tagen nach der Operation. Dies entspricht einer allgemeinen Sterblichkeit von 1,28 Prozent. Jeweils ungefähr die Hälfte der Patienten wurde bei zunehmendem beziehungsweise bei abnehmendem Mond operiert.

Die Sterblichkeit der bei zunehmendem Mond Operierten betrug 1,20 Prozent und 1,33 Prozent bei denjenigen, die bei abnehmendem Mond auf dem OP-Tisch lagen. Für die während Vollmond Operierten betrug sie 1,16 Prozent. Der Unterschied in der Sterblichkeit ist aus statistischer Sicht bedeutungslos und lässt keinerlei Aussagen über größere oder geringere Risiken bei bestimmten Mondphasen zu.

Auch bei Brustoperationen (600 Patienten wurden in diese Studie einbezogen) zeigte sich kein Unterschied im postoperativen Verlauf, wenn die verschiedenen Mondphasen berücksichtigt wurden. Eine weitere Untersuchung, die das Risiko und die Häufigkeit von Blutungen während und nach der Implantation von Knie- und Hüftprothesen untersuchte, kam ebenfalls zu dem Ergebnis, dass der Mond hier keinen Einfluss hatte. Auch eine angeblich gesteigerte Blutungsgefahr konnte – gemessen an dem Verbrauch von Blutkonserven – bei den insgesamt 228 Operationen, die zwischen 1995 und 1996 durchgeführt wurden, nicht beobachtet werden.

Da es sehr wichtig für den Verlauf einer Krankheit sein kann, wie die Patienten ihrem Leiden und dessen Behandlung gegenüber eingestellt sind, bemängeln fast alle Autoren der »Mond-Studien«, dass die Patienten massiv verunsichert werden, wenn ihnen – aus wissenschaftlicher Sicht völlig ungerechtfertigt – immer wieder die Bedeutung der Mondphasen vermittelt wird. Schließlich haben Mediziner in den vergangenen Jahren beobachtet, dass die Zahl der Patienten, die ihren Lebensrhythmus nach dem Mond ausrichten und auch zum »richtigen Zeitpunkt« behandelt werden wollen, immer größer wird. Im ungünstigsten Falle können dadurch wichtige Operationen zu spät eingeleitet werden oder der Genesungsverlauf wird beeinträchtigt.

Literatur:
Wolbank S, Prause G, Smolle-Juettner F, et al: The influence of lunar phenomena on the incidence of emergency cases. Resuscitation 2003;58:97-102
Smolle J, Prause G, Kerl H: A double-blind, controlled clinical trial of homeopathy and an analysis of lunar phases and postoperative outcome. Archives of Dermatology 1998;134:1368-1370
Wunder E, Schardtmüller M: Moduliert der Mond die perioperative Blutungsgefahr und andere Komplikationsrisiken im Umfeld von chirurgischen Eingriffen? Zeitschrift für Anomalistik 2002;2:91-108

M

Musik

Musik ist gesund.

Wenn man einmal von Wilhelm Buschs sarkastischer Einschätzung »Musik wird oft nicht schön gefunden, weil sie stets mit Geräusch verbunden«, absieht, so gilt Musik nach allgemeiner Einschätzung als Inbegriff für Entspannung und Wohlbefinden. Selbst Kühe sollen angeblich mehr Milch geben, wenn der Stall mit Mozarts »Kleiner Nachtmusik« berieselt wird.

Dass Musik auch krank machen kann und dass etliche Musiker mit den Folgen ihres Berufs kämpfen, ist den meisten Menschen fremd. Von Stimmbandknoten über Haltungsschäden bis hin zu psychischen Problemen reicht das Spektrum. Natürlich gibt es bei jeder musikalischen Tätigkeit besondere Gesundheitsrisiken. Meistens sehen Musiker ihre Beschwerden als Eigenverschulden an, etwa weil sie zu wenig oder falsch geübt haben. Gewisse Dinge werden auch tabuisiert, das Lampenfieber bei Sängern zum Beispiel. Dabei bereitet Nervosität während der Darbietung auch erfahrenen Profis häufig noch Probleme.

Oft kommt es auch zu Haltungsschäden und Beeinträchtigungen des Skelettsystems – und das nicht nur am »Musikantenknochen«. Besonders beim intensiven Gebrauch »asymmetrischer« Instrumente wie Querflöte und Geige können Schulter, Ellenbogen und Hand betroffen sein. Wenn der Bogen zu sehr überspannt wird, treten Sehnenscheidenentzündungen auf, aber auch das »Karpaltunnelsyndrom«, bei dem die Nerven und Gefäße im Bereich der Handwurzelknochen zu wenig Platz bekommen, wenn die Sehnen der Unterarmmuskeln überstrapaziert werden und anschwellen. Bekannt unter Musikern ist auch das »Gitarrenkantensyndrom«. Es entsteht, wenn der Unterarm im Bereich des Ellennervs zu lange auf dem Instrument aufliegt.

Bei Bläsern herrschen andere Gesundheitsgefahren vor. Hier können durch den ständig aufzubauenden Druck schon mal die Zähne wackeln. Das Lungenemphysem – eine krankhafte Erweiterung der Lungenbläschen – ist bei Bläsern ein weiteres bekanntes berufliches Leiden. Sänger schließlich können bei Überlastung an den so genannten Sängerknötchen oder Schreiknötchen leiden. Wenn man die Palette der Symptome und Syndrome betrachtet, die bei Musikern gehäuft auftreten, kann man zu der Überzeugung kommen: Musik ist ungesund.

Dass dies vielleicht doch nicht ganz zutrifft, liegt an der »affektiven Kopplung«. Damit ist die simple Tatsache gemeint, dass Musik meistens Spaß macht – zumindest denen, die sie ausüben. Und was Spaß macht, tut fast immer gut. Denn das Maß des Leidens scheint erheblich davon abhängig zu sein, mit wie viel Lust und Eifer es zur Sache geht. So tragen Rockmusiker, die in ihren Sessions mit Begeisterung alles geben, weniger Hörschäden davon als Orchestermusiker, die im Stadttheater die fünfzehnte Aufführung der »Lustigen Witwe« begleiten müssen – auch wenn der Geräuschpegel bei den Rockmusikern erheblich höher liegt.

Muskelkater

Muskelkater entsteht durch die Ablagerung von Milchsäure bei Überanstrengung.

Das dachten selbst Sportmediziner lange Zeit. Inzwischen weiß man aber: Feinste Risse und Zerrungen der Muskelfasern sind der Grund für die Muskelschmerzen nach starker körperlicher Anstrengung. Dabei handelt es sich nicht um massive Blutungen oder Risse, sondern um oftmals nur mikroskopisch wahrnehmbare Mikrotraumen. Diese veränderte Erklärung des Muskelkaters hat durchaus Auswirkungen für die »Behandlung«. Während früher empfohlen wurde, die Muskeln schnell wieder zu belasten, um die überschüssige Milchsäure abzubauen, wird heute eher zur Ruhe geraten, damit sich die strapazierten Muskeln wieder erholen können. Zwar verschwindet der Muskelkater auch von allein wieder, selbst wenn man gleich wieder Sport treibt. Trotzdem warnen Sportmediziner davor, die Muskeln chronisch zu überfordern, weil sonst dauerhafte Schäden die Folge sein könnten.

Nachtdienst

Auch wenn ein Arzt schon lange gearbeitet hat, kann er, wenn er sich konzentriert, noch volle Leistung bringen.

Ärzte, die 24 oder 30 Stunden ohne Ruhepause gearbeitet haben, können nicht mehr vergleichbar mit einem ausgeruhten Kollegen reagieren und Entscheidungen treffen. Zwar schnellen bei einem kurzzeitigen Einsatz – etwa bei einer Notfalloperation oder einem Wiederbelebungsversuch – die Stresshormone in die Höhe und nötigen dem Körper nochmals volle Aufmerksamkeit ab. Auf längere Zeit lässt sich dieser Zustand jedoch nicht aufrechterhalten. Nach wenigen Minuten – jedenfalls deutlich unter einer Stunde – setzt wieder die Müdigkeit ein.

Nach verschiedenen Untersuchungen reagieren Mediziner unter 30-stündigem Schlafentzug so schlecht und verlangsamt, als ob sie ein Promille Alkohol im Blut hätten. Bisher gibt es allerdings nur Schätzungen und keine gesicherten Angaben dazu, wie viele ärztliche Behandlungsfehler auf Übermüdung im Dienst zurückgeführt werden können. Seit Herbst 2003 ist es jedoch vorgeschrieben, das neue Arbeitszeitgesetz umzusetzen. Nachdem es in anderen Ländern bereits angewendet wurde, sind mittlerweile auch für Mediziner in Deutschland Zwangspausen und Erholungszeiten vorgeschrieben.

Narkose I

Während der Narkose sterben regelmäßig Gehirnzellen ab.

Diese Urangst scheint fast jeden Menschen vor Operationen zu befallen. Nach Aussage eines erfahrenen Anästhesisten spricht ihn jeder zweite Patient auf diese vermeintliche Gefahr an. Dabei gibt es für diese Sorge heutzutage keine rationale Grundlage mehr, denn die Sauerstoffversorgung des Gehirns ist während der Narkose sicherlich luxuriöser als in der übrigen Zeit, in der wir nicht künstlich und kontrolliert beatmet werden. Dass die verwendeten Anästhetika sich schädlich auf die Nervenzellen oder andere delikate Hirnbereiche auswirken, ist ebenfalls nicht bekannt.

Die Angst vor dem Zellverlust im Gehirn rührt wahrscheinlich aus der Geschichte der Anästhesie, und die ist – was die etwas rustikaleren Methoden angeht – noch gar nicht so alt. Einige ältere Patienten erinnern sich heute noch mit Grausen an die früher üblichen Äthernarkosen, vor allem deshalb, da diese so gut wie immer mit Übelkeit und Erbrechen einhergingen. Die Äthernarkosen wurden in so genannter Spontanatmung durchgeführt, ohne die heute vorgeschriebene Überwachung der Sauerstoffsättigung des Blutes und ohne die heute übliche unterstützte Beatmung.

Bedingt durch die Narkotika kam es während der Betäubung gelegentlich zu einer ungenügenden Spontanatmung mit einer daraus resultierenden Unterversorgung mit Sauerstoff. Dies war zwar vielleicht nicht die Regel, aber sicherlich auch keine Ausnahme. Die Anästhesie wurde schließlich noch in den 1970er-Jahren an vielen deutschen Krankenhäusern jeweils vom jüngsten Chirurgen, der noch nicht mitoperieren durfte, durchgeführt. Die jungen Mediziner haben seinerzeit einfach so lange Äther auf die Maske geträufelt, bis der Patient eingeschlafen war – der Rest war dann Glücksache.

Heute gibt es nur noch extrem selten Narkosezwischenfälle, die dann aber im Extremfall schon zu einem Hirnschaden führen können. Ein gesunder Mensch, der anlässlich einer Bagatell-OP nicht richtig beatmet werden kann und dessen Großhirn daraufhin geschädigt bleibt, ist heute extrem selten und Folge eines Anästhesieunfalls und nicht eine normale Narkosenebenwirkung.

Narkose II

Kein Mensch begibt sich freiwillig unters Messer. Ein operativer Eingriff macht Angst und jeder Patient steht vor der bangen Frage, wie die Operation verlaufen mag. Außerdem ruft die Narkose bei fast allen Menschen vage Befürchtungen und Unsicherheiten hervor. Man begibt sich schließlich vollständig in die Hände anderer Menschen und verliert die Kontrolle über den eigenen Körper. Man weiß nicht, was während der Narkose geschieht – und hinterher kann man sich an nichts erinnern.

Um die Angst vor der Operation zu lindern, geben Ärzte ihren Patienten bereits einige Stunden vor der eigentlichen Narkose Medikamente zur behutsamen OP-Vorbereitung. Das Ziel dieser Medikamentengabe ist es, dass die Patienten beruhigt werden und möglichst frei von Ängsten sind (Anxiolyse). Häufig haben die zur so genannten Prämedikation gegebenen Arzneimittel zusätzlich auch eine einschläfernde Wirkung, die Sedierung.

Bis in die 1980er-Jahre hinein wurde zur Prämedikation in vielen Krankenhäusern das Medikament Thalamonal gegeben (dabei handelt es sich um eine Kombination der pharmakologischen Wirkstoffe Fentanyl und Dehydrobenzperidol). Die Patienten wurden daraufhin schläfrig und ruhig – und die Ärzte glaubten, die Patienten seien jetzt sowohl beruhigt als auch angstfrei und damit optimal auf die anstehende Operation vorbereitet. Ungeklärt blieb allerdings, warum so viele Patienten vor einer nächsten Operation sagten, dass sie »auf keinen Fall wieder diese Tablette« wollten.

Nach und nach wurde der »Thalamonalirrtum« aufgeklärt. Es zeigte sich, dass das Arzneimittel die OP-Kandidaten zwar in der Tat müde machte und langsam einschläferte. Die Angst wurde jedoch durch das Thalamonal keinesfalls gelindert – im Gegenteil. Es kam sogar zu einer Zunahme der Angst und vermehrt zu depressiven Stimmungen. Das psychische Befinden des Patienten verschlechterte sich unter Thalamonal erheblich.

Lange Zeit bemerkten die Mediziner nicht, was sie ihren Patienten mit einer Prämedikation mit Thalamonal antaten. Schließlich bestand ein enormer Unterschied zwischen dem, was der Narkosearzt beobachtete, nachdem das Medikament verabreicht worden war (ein schläfriger, bereits fast »weggedämmerter« Patient), und dem, was der Patient während der Narkose wirklich erlebte (innere Aufgewühltheit bei äußerer Müdigkeit). In manchen Fällen ging das sogar so weit, dass die Patienten unter Einfluss von Thalamonal die Operation, zu der sie längst eingewilligt hatten, wieder verweigerten.

Seit der Irrtum Anfang der 1980er-Jahre erkannt wurde, setzen Anästhesisten Thalamonal nur noch in Ausnahmefällen ein. Mittlerweile ist es Standard, der Linderung von Angst einen mindestens so großen Stellenwert einzuräumen wie der Sedierung und allgemeinen Beruhigung der Patienten. Besonders die Substanzgruppe der Benzodiazepine wird heute zur Prämedikation verwendet. Die meisten Patienten empfinden diese Wirkstoffe als angenehm, weil sie die Angst lindern und außerdem auch einen rückwirkenden Gedächtnisverlust bewirken, sodass das zumeist negativ empfundene Geschehen direkt vor der Operation nicht mehr in ihrer Erinnerung bleibt.

Literatur:
Höfling S, Dworzak H, Butollo W, Neef W: Der Angstprozeß unter verschieden hohen Thalamonaldosen zur Prämedikation. Anästhesist 1983;32:512-518

Nase

»Hochziehen« bei verstopfter Nase ist ungesund.

Manche HNO-Ärzte halten das »Hochziehen« bei verstopfter Nase für gesünder als das Schnäuzen. Eine gewisse Reinigungsfunktion haben beide Tätigkeiten – aber der Effekt für die angrenzenden Bereiche des Kopfes ist unterschiedlich. Denn beim Hochziehen entsteht ein Unterdruck in der Nase, der dazu führt, dass Flüssigkeit aus den Nasennebenhöhlen herausgesaugt wird.

Beim Schnäuzen werden die Flüssigkeit und der zähe Schleim jedoch durch den entstehenden Überdruck wieder in die Nebenhöhlen zurückgepresst und das Risiko für Entzündungen und Vereiterungen dieser empfindlichen Hohlräume steigt an. Gerade Menschen, die immer wieder zu Nasennebenhöhlenentzündungen neigen, sollten es daher ruhig mal mit dem »Hochziehen« versuchen – auch wenn das gelegentlich als Unsitte erscheint und das Schnäuzen einen besseren Eindruck macht.

Nasenlänge

Wie die Nase eine Mannes, so ist meist auch sein Johannes.

Über die Größe des Penis sind schon die erstaunlichsten Vermutungen angestellt worden. Mit den unterschiedlichsten Körperregionen wurden seine Maße in Verbindung gebracht. Mittlerweile hat sich jedoch weitgehend herumgesprochen, dass die Länge und Größe des männlichen Glieds für das sexuelle Erleben der Frau längst nicht so bedeutend sind, wie viele Männer immer noch annehmen und phantasieren.

N

Ebenso ins Reich der Legenden gehört die Vermutung, dass zwischen der Nasenlänge und -breite eines Mannes und den Ausmaßen seines Penis ein Zusammenhang besteht.

In einer Hinsicht hat der Volksmund jedoch recht: Der Penis der asiatischen Männer ist im Durchschnitt zwei bis drei Zentimeter kürzer als der ihrer europäischen Kollegen. Selbst die Kondome werden daher in unterschiedlichen Maßen gefertigt.

Nervenschwund

Mit zunehmendem Alter sterben jedes Jahr im Gehirn unwiderruflich Millionen von Nervenzellen ab.

Bis in die 1990er-Jahre glaubten selbst die meisten Wissenschaftler daran, dass die Nervenzellen im Gehirn jedes Jahr weniger würden. Nichts könne den kontinuierlichen Neuronentod in unserem Kopf aufhalten, war die verbreitete Meinung. Durch Schläge wie beim Boxen oder zu viele Kopfbälle beim Fußball gingen die kostbaren Nervenverbindungen sogar vor der Zeit verloren. Dauerhaft und unwiederbringlich. Das mit dem Schaden durch Schlagen stimmt zwar – doch ansonsten geht nichts im Kopf verloren, wenn Durchblutung und Sauerstoffversorgung mitspielen und der übrige Körper gesund ist. Mittlerweile weiß man sogar, dass das Gehirn in geringem Umfang auch beim Erwachsenen noch zur Neubildung von Nervenzellen in der Lage ist.

Erfreuliche Nachrichten also: Das Gehirn von 70- oder 80-Jährigen kann die Leistungsfähigkeit aus jungen Tage behalten, wenn es nicht von Krankheiten wie Alzheimer oder Parkinson geplagt wird oder anderweitig zu Schaden gekommen ist. Moderne, erst in den 1990er-Jahren entwickelte Untersuchungsmethoden haben gezeigt, wie langlebig unsere Nervenzellen sind. Und dauerhaft funktionsfähig bleiben sie auch – wenn sie regelmäßig trainiert werden.

Nierentransplantation

Auf der Warteliste für Nierentransplantationen stehen alle Patienten, die dringend eine Spenderniere benötigen.

Auf der deutschen Warteliste für Nierentransplantationen standen im Jahr 2000 die Namen von knapp 12.000 Menschen. In Deutschland sind aber fast 50.000 Menschen chronisch nierenkrank. Von ihnen ist so gut wie nie die Rede, wenn es um Organmangel, Wartelisten und Transplantationen geht. Die Gründe, warum rund 38.000 Nierenkranke nicht auf die Warteliste kommen, sind unterschiedlich und nicht immer medizinisch nachvollziehbar. Fortgeschrittenes Alter ist beispielsweise kein medizinischer Grund, einem Nierenkranken – wenn er noch operiert werden kann – ein Spenderorgan zu versagen.

Obst

Trinken auf Steinobst führt zu Bauchweh.

Diese Weisheit ist falsch – sie stammt aus einer Zeit, als das Trinkwasser nicht immer den heutigen Hygieneanforderungen genügte. Bei Kirschen gibt es jedoch eine vernünftige Grundlage für diese Legende. Es kommt allerdings auf die Menge der verzehrten Kirschen an.

Wenn man beispielsweise in kurzer Zeit mehr als ein halbes Kilo Kirschen isst, kann man in der Tat Bauchweh und Blähungen bekommen – auch ohne Wasser zu trinken. Denn in und auf den Schalen der meisten Steinobstfrüchte sind recht viele Hefekeime vorhanden. Im Magen können sie zu einer Vergärung von Zucker führen, und dieser chemische Prozess kann schon mit einigem Drücken und Grummeln einhergehen. Die Magensäure ist bei großen Mengen Kirschen jedenfalls nicht immer in der Lage, den Gärprozess abzupuffern. Wird Wasser dazu getrunken, ist die Magensäure zusätzlich verdünnt und kann noch weniger die Hefebazillen an ihrer Gärleistung hindern. Wenn das Wasser – wie es früher häufiger vorkam – zudem verunreinigt ist und selbst einige Hefekeime enthält, können der Gärprozess und die entsprechenden Beschwerden natürlich erst recht gefördert werden.

Ohrenschmalz I

Ohrenschmalz muss aus gesundheitlichen Gründen regelmäßig entfernt werden.

Ohrenschmalz ist nützlich und sollte deshalb nicht so oft entfernt werden. Auch das Waschen der Ohren kann ebenso wie die Pflege mit Ohrenstäbchen übertrieben werden. Denn die schmalzige Substanz in unserem Ohr fängt Dreck, Bakterien und Pilze ab, damit diese nicht tiefer ins Ohr eindringen können.

Der wissenschaftlich als Cerumen bezeichnete Ohrenschmalz enthält außerdem spezielle Enzyme wie Lysozym, die in der Lage sind, die

Zellwände von Bakterien zu zerstören und die Krankheitserreger so zu vernichten. Insofern ist Ohrenschmalz nicht nur ein effektives mechanisches Hindernis für die eindringenden Keime, sondern er enthält zugleich auch noch einen bakteriziden Abwehrstoff. Die zu häufige Verwendung von Ohrenstäbchen ist daher aus gesundheitlichen Gründen nicht zu empfehlen.

Ohrenschmalz II

Ohrenschmalz ist bei allen Menschen gleich.

Es gibt Unterschiede zwischen den verschiedenen Volksgruppen in der Beschaffenheit des Ohrenschmalzes. Bei Weißen und Schwarzen ist er weich und gelblich-weiß. Bei den meisten asiatischen Völkern hingegen ist er trocken und krümelig und von grauer Farbe.

Organtransplantation I

Patienten mit transplantierten Organen sind hoch motiviert, die medizinischen Empfehlungen zu befolgen, um eine Abstoßung ihres neuen Organs zu verhindern.

Die Wirksamkeit einer medizinischen Behandlung ist nicht nur von der Wahl der richtigen Therapie abhängig, sondern auch von der Bereitschaft der Patienten zur Mitarbeit und zur Befolgung der empfohlenen Verhaltensrichtlinien. Werden die Hinweise der Mediziner nicht genügend beachtet, führt das zu Verschwendung verschiedener Ressourcen: Einerseits wird der mögliche Therapieerfolg geschmälert, andererseits entstehen zusätzliche Behandlungskosten durch die wieder oder neu auftretenden Folgeerkrankungen bei unzureichender Therapie.

Besonders gravierend sind die Auswirkungen fehlender Zusammenarbeit in der Behandlung bei Organtransplantierten. Sie müssen ihr Leben lang Medikamente zur Unterdrückung des Immunsystems einnehmen, um eine Abstoßung des Organs zu verhindern. Wird die notwendige Medikation nicht befolgt oder halten sich die Transplantierten nicht an andere Empfehlungen, kann es zum Organverlust, zu schweren Infektionen und sogar zum Tod kommen.

Aus diesen Gründen scheint es nahe liegend, dass Transplantierte besonders sorgfältig auf die Behandlungsschemata achten. Da Organmangel besteht und die Wartezeit bis zur Operation in jedem Fall mehrere Monate, wenn nicht Jahre beträgt, sollte man annehmen, dass die Transplantierten hoch motiviert sind, die Empfehlungen der Mediziner zu befolgen. Erstaunlicherweise ist das nicht der Fall. Zwischen 20 und 50 Prozent beträgt der Anteil der Patienten, die ungenügend mit den Ärzten zusammenarbeiten und damit schwere Gesundheitsschäden riskieren. Aus dem Verhalten vor der Transplantation lassen sich bereits Hinweise auf eine mangelnde Kooperation nach dem Eingriff erkennen.

Literatur:
Bunzel B, Laederach-Hofmann K: Noncompliance in organ transplantation: a review. Wiener Klinische Wochenschrift 2000;112:423-440

Organstransplantation II

Eine Organverpflanzung wirkt sich positiv auf die Beziehung des Patienten mit seinem Partner aus.

Eine Organerkrankung, die eine Transplantation erforderlich macht, ist eine enorme Belastung für den Patienten, seinen Partner, die Familie und viele Angehörige. Deshalb sollte man davon ausgehen, dass sich eine Transplantation positiv auf die persönliche Beziehung auswirkt, ist doch die ärgste Lebensgefahr nach einer erfolgreichen Übertragung eines Spenderorgans zunächst einmal gebannt. Und die Bürde, die vorher sowohl auf dem Patienten als auch auf seinem Partner ruhte, ist mit der lebensverlängernden Behandlung auch geringer geworden, sollte man annehmen.

In der Praxis sieht das jedoch anders aus. Wie Mediziner von der Universitätsklinik in Wien herausgefunden haben, stellten sowohl die Transplantierten wie auch ihre Partner im Verlauf der Transplantation eine Verschlechterung ihrer Beziehung fest. In einer Untersuchung hatten die Wissenschaftler 26 Paare, von denen ein Partner eine Herztransplantation über sich ergehen lassen musste, immer wieder zu ihrem Befinden im zeitlichen Umfeld der Organverpflanzung und mehrere Jahre danach befragt. Die Patienten bemerkten hauptsächlich, dass es stets mit dem Partner zu Konflikten kam, sobald sie über ihre Gefühle sprachen.

Die Partner hingegen hatten auf verschiedenen Ebenen Probleme mit der neuen Situation. Sie erlebten ein verändertes Rollenverständnis, hatten Schwierigkeiten mit der Kommunikation, der emotionalen Beteiligung und den Werten und Normen ihres operierten Gegenübers. Die Veränderungen traten spätestens ein Jahr nach der Organverpflanzung auf, hielten aber mindestens für fünf Jahre an. Während in der Behandlung häufig der medizinische Aspekt im Vordergrund steht und das wichtigste Ziel der Ärzte ist, eine Abstoßung des neuen Organs zu verhindern, sollte die persönliche Beziehung des Transplantierten nicht außer Acht gelassen und schon vor der Organverpflanzung auf die Bedürfnisse der Partner eingegangen werden.

Literatur:
Bunzel B, Laederach-Hofmann K, Schubert MT: Patients benefit – partners suffer? The impact of heart transplantation on the partner relationship. Transplant International 1999;12:33-41

Organtransplantation III

Durch fortwährende Aufklärungsbemühungen ist die Zahl der Nierenverpflanzungen in den letzten Jahren deutlich gestiegen.

1990 wurden in Deutschland 2.358 Nieren transplantiert, im Jahr 2000 waren es 2.219 Organe. In den Jahren dazwischen waren es nie mehr als 2.340 Organe. Die Zahl der verpflanzten Nieren ist also von

1990 bis 2000 nahezu konstant geblieben – mit leicht rückläufiger Tendenz. Im selben Zeitraum ist die Anzahl der Patienten auf der Warteliste für eine Transplantation von 6.945 auf 11.973 gestiegen. Die Spanne zwischen Angebot und Nachfrage wird also immer größer. Für den nierenkranken Patienten bedeutet dies, dass er mittlerweile im Durchschnitt fünf Jahre auf ein neues Organ warten muss – eine körperlich wie psychisch stark belastende Zeit, in der einige Patienten an den Komplikationen des Nierenversagens sterben.

Im Jahr 2002 hat der chronische Organmangel sogar dazu geführt, dass einige Transplantationmediziner einen »Bonus« für Lebendspender befürworteten. Demnach sollten Spendewillige Geld oder anderweitige Leistungen, wie Steuervorteile, erhalten, wenn sie sich bereit erklärten, eine Niere zu spenden. Ein Vorschlag, der zu hitzigen Debatten und Diskussionen geführt hat. Bisher ist in Deutschland die Lebendspende nämlich nur unter strengen Auflagen zwischen Verwandten ersten oder zweiten Grades erlaubt, sowie zwischen Ehegatten, Verlobten oder »Personen, die in besonderer persönlicher Beziehung stehen«.

Organtransplantation IV

Organtransplantierten geht es nach der Verpflanzung in jeder Hinsicht besser.

Auch wenn in der Öffentlichkeit massiv für die Organspende geworben wird – vielen Transplantierten geht es mit dem neuen Organ nicht unbedingt besser als vorher. Zwar ist die akute Gefahr durch das lebensbedrohliche Organversagen nach einer Transplantation meist gebannt, doch dafür drohen neue Gefahren. Das liegt in erster Linie an der Vielzahl der Medikamente, die nach einer Transplantation eingenommen werden; manche Patienten schlucken ein Dutzend Pillen täglich. Um eine Abstoßung des neuen – und fremden – Organs zu verhindern, müssen mehrere Mittel genommen werden, die das Immunsystem schwächen. Die Folge sind eine starke Anfälligkeit für Infektionen sowie ein erhöhtes Risiko für eine Krebserkrankung.

Hinzu kommen spezifische Gefahren: Wie hoch und welcher Art das Risiko ist, nach einer Organverpflanzung zu erkranken, haben Wissenschaftler aus Frankreich zeigen können. Von 2.029 Transplantierten entdeckte das Ärzteteam aus Lyon bei 146 Patienten (7,2 Prozent) eine bestimmte Form von Hautkrebs, das so genannte Basalzell-Karzinom. Im Durchschnitt entwickelte sich der Hautkrebs 6,9 Jahre nach der Transplantation – bei Herztransplantierten früher als bei Patienten nach einer Nierentransplantation, bei Männern dreimal häufiger als bei Frauen. Die Hauttumore unterschieden sich in einigen Merkmalen von denen bei Nicht-Transplantierten. So breiten sich die Krebse bei Transplantierten oberflächlicher aus und sind häufiger an anderen Stellen des Körpers als an Kopf und Hals zu finden, wo sie üblicherweise auftreten. 20 Jahre nach der Organtransplantation leiden fast 40 Prozent der Patienten an einer Art von Hautkrebs.

Literatur:
Kanitakis J, Alhaj-Ibrahim L, Euvrad S, Claudy A: Basal cell carcinomas in solid organ transplant recipients: clinicopathologic study of 176 cases. Archives of Dermatology 2003;139:1133-1137

Orgasmus

Beim Orgasmus sind alle Sinne geschärft.

Das mag für viele Bereiche gelten und beispielsweise für das Berührungsempfinden, den Geruch, den Geschmack und andere Wahrnehmungen durchaus zutreffen. Zumindest für die Sehfähigkeit des Mannes gilt dies allerdings nicht. Denn Liebe kann buchstäblich blind machen – wenigstens kurzzeitig. Es gibt immer wieder Männer, die wegen Sehstörungen beim oder kurz nach dem Sex den Arzt aufsuchen. Eine Ursache dafür liegt auf der Hand: Bei manchen Männern wurde mehrfach während des Orgasmus eine verminderte Durchblutung bestimmter Hirnareale festgestellt, wobei besonders die Bereiche in der Nähe des Sehzentrums betroffen waren. Die Sicht war kurzzeitig getrübt, manchen Männern flimmerte es sogar minutenlang vor den Augen.

Oroya-Fieber

In Peru kam es in den 1870er- und 1880er-Jahren zu einer rätselhaften, bislang weltweit unbekannten Epidemie. Besonders Eisenbahnarbeiter waren davon betroffen, sie litten an hohem Fieber, Schwäche und Blutarmut. Da sich die Krankheit hauptsächlich entlang der Eisenbahnneubaustrecke zwischen der Hauptstadt Lima und dem Ort La Oroya ausbreitete, wurde die ominöse Seuche als »Oroya-Fieber« bezeichnet. Etliche Peruaner wurden dahingerafft, eine Linderung der Beschwerden oder gar eine erfolgreiche Behandlung schien nicht in Sicht.

O

Im Jahr 1881 starb auch ein junger peruanischer Medizinstudent an dem mysteriösen Fieber. Da der angehende Arzt gleichzeitig unter warzenförmigen Hautausschlägen litt, vermutete sein Studienfreund, Daniel Alcides Carrión (1858–1885), dass ein Zusammenhang zwischen dem Auftreten der Warzen und dem Fieber bestand. Denn in verschiedenen peruanischen Überlieferungen war auch immer wieder von einem vor Jahrhunderten bereits bei den Inkas als »Sirki« verbreiteten warzenhaften Ausschlag die Rede, der mit hohem Fieber einherging. In Europa wusste man in dieser Zeit übrigens noch nichts von diesem Leiden, es schien sich auf die Gebirgsregionen der Anden zu beschränken.

Carrión vermutete aufgrund seiner Lektüre, dass die beiden rätselhaften Krankheitsbilder dieselbe Ursache hatten. Durch das Schicksal seines Kommilitonen angespornt, wollte er im heroischen Selbstversuch den Beweis dafür antreten. Am 27. August 1885 ließ er sich das Blut einer Frau einimpfen, die an den als »peruanische Warze« bezeichneten Hautausschlägen gelitten hatte. Carrión führte anschließend penibel Tagebuch über sein gewagtes Selbstexperiment. 22 Tage nach der Infektion, am 17. September 1885, bemerkte er dann die ersten Symptome. Er hatte Schmerzen und ihm war ziemlich übel. Bald kam auch das Fieber hinzu. Innerhalb weniger Tage steigerten sich die Beschwerden, sodass er das Bett nicht mehr verlassen konnte. Das Fieber, die Schmerzen und die Blutarmut schwächten ihn so sehr, dass er seine Notizen nicht weiter führen konnte, was seine Freunde dann für ihn übernehmen mussten.

Carrión sollte sich nicht wieder erholen. Er starb, keine 27 Jahre alt, am 5. Oktober 1885 im französischen Krankenhaus zu Lima. Bis heute wird er für seinen aufopferungsvollen Mut als einer der Nationalhelden Perus gefeiert. Der Erreger der fortan nach ihm benannten »Carrión'schen Krankheit« wurde erst 1909 von Alberto Barton (1871–1950), einem Landsmann Carrións, entdeckt und nach ihm als »Bartonella bacilliformis« bezeichnet.

Literatur:
Garcia-Caceres U, Garcia FU: Bartonellosis. An immunodepressive disease and the life of Daniel Alcides Carrión. American Journal of Clinical Pathology 1991;95:58-66

Ozon

Ozon schadet der Lungenentwicklung bei Kindern.

Ozon gilt als ein schädlicher Reizstoff, der durch vielfältige Umweltbelastungen in immer höheren Konzentrationen in unserer Luft vorliegt. Besonders in Ballungsräumen erreicht die Ozon-Konzentration im Sommer gelegentlich so hohe und gesundheitsschädliche Werte, dass der Verkehr eingeschränkt und vom Aufenthalt im Freien abgeraten wird.

Dennoch scheinen die Langzeitfolgen des Ozons auf die Atemwege längst nicht so gravierend zu sein wie vermutet. Kinderärzte in Freiburg haben in einer mehrjährigen Studie festgestellt, dass sich die Lungenentwicklung bei Kindern in Gebieten mit hoher Ozonkonzentration nicht verzögert. Dazu haben sie in verschiedenen Gemeinden Baden-Württembergs Kinder unterschiedlichen Alters untersucht, die verschieden hohen Ozonkonzentrationen ausgesetzt waren. Bei allen untersuchten Kindern zeigte sich eine vergleichbare Lungenentwicklung über die Jahre. Auch wenn die Lungenentwicklung bei Kindern in Gebieten mit hohen Ozonbelastungen im Sommer leicht verzögert war, holten sie dies in den Herbst- und Wintermonaten wieder auf.

Literatur:
Forster J, Kuehr J: The role of ozone. Pediatric Allergy and Immunology 2000;11 (Suppl. 13):23-25

Parkinson-Krankheit I

Patienten mit Parkinson sind geistig beeinträchtigt oder sogar dement.

P

Viele Menschen glauben, Patienten, die an dem irreführend auch als »Schüttellähmung« bezeichneten Morbus Parkinson leiden, hätten mit der Erkrankung nicht nur ihre motorischen, sondern auch ihre geistigen Fähigkeiten eingebüßt. Das ist jedoch bei weitem nicht so. Bei der Parkinson-Erkrankung dominiert eindeutig die körperliche Behinderung. Eine stärkere geistige Einschränkung ist in vielen Fällen überhaupt nicht vorhanden oder tritt häufig erst ein, wenn die Erkrankung bereits sehr weit fortgeschritten ist.

Nach zurückhaltenden Schätzungen leiden 150.000 bis 200.000 Menschen in Deutschland an Morbus Parkinson. Jährlich erkranken 12.000 bis 13.000 Patienten hier zu Lande neu. Die Symptome entstehen durch einen Abbau der Dopamin produzierenden Zellen in einer »Substantia nigra« genannten Region im Gehirn. Dadurch kommt es zu einer Störung der motorischen Feinregulation. Die Beschwerden können äußerst vielfältig sein, beziehen sich aber zum großen Teil auf die Beweglichkeit. Dazu gehören eine Verlangsamung der Bewegungen, eine Versteifung der Gliedmaßen mit einem erhöhten Muskeltonus sowie häufig ein als Tremor bezeichnetes Zittern. Typisch ist weiterhin eine zunehmende Erstarrung der Gesichtszüge, das so genannte Maskengesicht. Vielleicht erscheinen Parkinson-Kranke daher teilnahmsloser und geistig nicht mehr so rege – dabei haben die weniger lebhaften Gesichtszüge ihren Grund hauptsächlich in der eingeschränkten Modulationsfähigkeit der mimischen Muskulatur.

So wurden beispielsweise in verschiedenen Untersuchungen Parkinson-Kranke mit Gleichaltrigen verglichen, die an anderen Krankheiten litten. Parkinsonkranke wiesen genauso wenig Persönlichkeitsveränderungen und Verminderungen der geistigen Fähigkeiten auf wie Patienten mit Arthrose oder Rheuma. Allerdings leiden sie häufiger an Stimmungsschwankungen und Depression.

Bei vielen Parkinson-Kranken kommt es mit der Zeit zwar schon zu mentalen Einbußen. Doch im Sinne einer Demenz oder von anderen schweren geistigen Störungen sind nur etwa ein Fünftel der Patienten betroffen, wobei hierunter besonders Kranke im Spätstadium fallen. Bei ihnen ist eine deutliche Verminderung der Gedächtnisleistung, eine Verlangsamung im Lernen oder in bestimmten Strategien zur Problemlösung sowie anderer kognitiver Fähigkeiten festzustellen.

Wie geistig rege auch langjährige Parkinson-Kranke noch sein können, beweist der frühere Oberbürgermeister von Stuttgart, Manfred Rommel, stets aufs Neue. Am 24. Dezember 2003 ist er 75 Jahre alt geworden. In einem kurz zuvor in der »Badischen Zeitung« erschienenen Interview antwortete er auf die Frage, ob ihm die geistige Frische bei körperlichen Gebrechen nicht das Leben schwer mache: »Umgekehrt. Ich hätte, glaube ich, weniger Bücher geschrieben, wenn ich voll beweglich gewesen wäre.«

Literatur:
Hausotter W: Parkinson in der Praxis. Bern 2003
Ivory SJ, Knight RG, Longmore BE, Caradoc-Davies T: Verbal memory in non-demented patients with idiopathic Parkinson's disease. Neuropsychologia 1999;37:817-828
Pluck GC, Brown RG: Apathy in Parkinson's disease. Journal of Neurology Neurosurgery and Psychiatry 2002;73:636-642
Schrag A, Ben-Shlomo Y, Quinn N: How common are complications of Parkinson's disease. Journal of Neurology 2002;249:419-423
Hupka S: »Ehret die Alten.« Interview mit Manfred Rommel. Badische Zeitung 20.12.2003

Parkinson-Krankheit II

Parkinson-Kranke unterdrücken ihre Gefühle.

Patienten mit Parkinson wurde früher unterstellt, sie hätten »starre Gefühlsregungen« und ihre Krankheit breche aus, weil sie ihre Affekte zu stark unterdrückten. Noch 1948 stellte ein amerikanischer Mediziner die Hypothese auf, Parkinson-Kranke seien zwanghaft und würden eine Maske tragen, mit der sie ihre aggressiven Impulse unterdrückten. Die Krankheit würde demnach auftreten, wenn Frustrationen oder traumatische Erlebnisse das psychische Gleichgewicht – und damit die Maske – zerstörten.

Mittlerweile ist seit Jahren bekannt, dass die Parkinson-Krankheit auf einer Degeneration von Hirngewebe beruht, wodurch weniger von der Überträgersubstanz Dopamin gebildet wird. Die Folge sind starre Bewegungen und das so genannte »Maskengesicht« – und nicht umgekehrt. Jetzt, da längst eine stoffliche Ursache für die Krankheit gefunden worden ist, würde niemand mehr einem Parkinson-Kranken die »Flucht« in sein Leiden oder eine typische Persönlichkeitsstruktur nachsagen.

Viele Kranke haben unter solchen vorschnellen Psychologisierungen zu leiden. Dabei werden allzu oft die Krankheitsfolgen – beispielsweise sozialer Rückzug oder Einschränkung der Alltagsaktivitäten – als Ursachen der Erkrankung angesehen. Haben Krebskranke sich zu wenig geschont und ihren Körper auf diese Weise anfällig gemacht? Sind ungewollt Kinderlose vielleicht innerlich noch nicht bereit für ein Kind? Ist es die Angst vor der Auseinandersetzung in der Leistungsgesellschaft, die chronisch erschöpfte Menschen müde werden lässt? Solche Vulgärpsychosomatik müssen sich Betroffene, deren Beschwerden noch nicht bekannt sind oder sich einer einfachen Erklärung entziehen, immer wieder anhören. Durch Information können Ärzte von Schuldgefühlen und Selbstvorwürfen entlasten.

Partnerwahl

Gleich und gleich gesellt sich gern.

Zumindest was den Geruch des potenziellen Partners angeht, gilt eher das Gegenteil: Gegensätze ziehen sich an. Die persönliche Duftnote des anderen wird dann als besonders attraktiv empfunden, wenn sie sich von der eigenen deutlich unterscheidet. Der Grund für diese Bevorzugung des Fremden ist biochemischer Natur: Über unsere Haut dringen chemische Duftstoffe nach außen, die bei jedem Menschen unterschiedlich sind und auch als Lockstoffe fungieren können – wenn man jemanden gut riechen kann.

Die Zusammensetzung dieser so genannten Pheromone ist weitgehend durch unsere Erbanlagen bestimmt und steht in enger Beziehung zu dem eigenen Abwehrsystem. Zwei Partner, die unterschiedlich riechen, haben demnach auch ein recht unterschiedliches Abwehrsystem. Sie würden sich immunologisch gut ergänzen und dann besonders widerstandsfähigen Nachwuchs zeugen. Das »Sich-gut-riechen-können« hat also durchaus einen evolutionären Sinn.

Literatur:
Bakker J: Sexual differentiation of the neuroendocrine mechanisms regulating mate recognition in mammals. Journal of Neuroendocrinology 2003;15:615-621
Portillo W, Paredes RG: Sexual and olfactory preference in noncopulating male rats. Physiology and Behaviour 2003;80:155-162

P

Passivrauchen

Durch Passivrauchen werden die Mitmenschen kaum geschädigt.

Lange Zeit dachte man, dass die Gefahren des Rauchens besonders ausgeprägt bei jenen sind, die selbst rauchen und dazu noch inhalieren. Nach und nach geriet aber auch die Gefährdung der Nichtraucher, die den Qualm der Raucher ertragen mussten, in den Blickpunkt. Mittlerweile weiß man zwar, dass auch Passivraucher gewissen Gesundheitsgefahren ausgesetzt sind, doch noch immer wird dieser Effekt massiv unterschätzt.

Londoner Mediziner haben deshalb die Risiken für Passivraucher genauer unter die Lupe genommen. Dazu analysierten sie 19 Studien, in denen die gesundheitlichen Gefahren für Nichtraucher, die mit Rauchern zusammenlebten, beschrieben wurden. Dabei konzentrierten sie sich in erster Linie auf den Herzinfarkt. Nach Einbeziehung aller Faktoren zeigte sich, dass das Herzinfarktrisiko eines Nichtrauchers um 30 Prozent gegenüber einem »normalen« Nichtraucher erhöht ist, wenn er mit einem Raucher zusammenlebt und ständig Rauch einatmen muss. Das Risiko ist erstaunlich hoch. Es ist sogar halb so groß wie das Risiko eines Rauchers, der 20 Zigaretten täglich pafft – auch wenn der Passivraucher nur einem Prozent der Schadstoffe eines Rauchers ausgesetzt ist. Diese erstaunliche Wirkung beruht darauf, dass die Risiken nicht linear mit der Dosis ansteigen, sondern bereits eine relativ kleine Menge Nikotin ziemlich viel Schaden anrichten kann.

Während 1962 und 1964 die Medizinbehörden in Großbritannien und den USA den ursächlichen Zusammenhang zwischen Rauchen und Lungenkrebs bei Rauchern für medizinisch gesichert erklärten, dauerte es bis in die Mitte der 1980er-Jahre, bis die ersten nationalen Gesundheitsbehörden feststellten, dass auch Passivraucher deutlich erhöhten Gefahren durch Nikotin und andere Tabakschadstoffe ausgesetzt sind. In einer sorgfältigen Untersuchung der bisherigen Fachliteratur wurde Ende der 1990er-Jahre das Risiko für Passivraucher untersucht, an Lungenkrebs zu erkranken. In dieser Überblicksstudie zeigte sich, dass das Risiko für lebenslange Nichtraucher, die mit Rauchern zusammenleben, um 24 Prozent erhöht war, an Lungenkrebs zu erkranken.

P

Dass die Häufung von Lungenkrebs bei Passivrauchern wirklich ursächlich auf den Qualm der anderen zurückzuführen ist, zeigte sich daran, dass auch im Blut und sogar im Urin von Passivrauchern die für Tabak spezifischen krebserregenden Substanzen nachgewiesen werden konnten. Die Untersuchungen zeigen deutlich, dass nicht nur die Raucher selbst, sondern auch ihre Partner und Familienmitglieder einem deutlich höheren Risiko ausgesetzt sind, sowohl an Lungenkrebs als auch an Herzinfarkt zu erkranken.

Forscher aus San Francisco bestätigten dies in weiteren Experimenten. Sie injizierten Dutzenden Mäusen Krebszellen unter die Haut und ließen die Tiere dann entweder Zigarettenrauch oder saubere Luft einatmen. Es zeigte sich, dass die Tumoren unter dem Einfluss von Zigarettenrauch deutlich stärker und schneller an Größe und Gewicht zunahmen als wenn normale Raumluft in die Käfige geleitet wurde. Auch das Gefäßnetz in den Tumoren war unter Zigarettenrauch deutlich ausgeprägter. Die Wissenschaftler vermuten, dass die Neubildung von Blutadern im Tumor durch das Nikotin im Zigarettenrauch angeregt wird, was wiederum zur Stimulation des Krebswachstums führt. Dafür spricht, dass kein beschleunigtes Krebswachstum festzustellen war, wenn die für die Gefäßneubildung verantwortlichen Botenstoffe medikamentös blockiert wurden.

Epidemiologisch wirken sich die Folgen des Passivrauchens in einem erschreckend hohen Maß aus: Durch Passivrauchen sterben allein in den USA jährlich geschätzte 3.000 Menschen an Lungenkrebs und 35.000 bis 62.000 an Herzinfarkt. 150.000 bis 300.000 kommen durch eine Bronchitis oder Lungenentzündung zu Tode, die durch Passivrauchen ausgelöst wird. Weiterhin treten durch Passivrauchen in den USA jährlich 8.000 bis 26.000 neue Asthmafälle auf und es kommt zu 400.000 bis einer Million Asthmaanfällen. 700.000 bis 1,6 Million Arztbesuche sind auf die Folgen des Passivrauchens zurückzuführen, dazu kommen 9.700 bis 18.600 Fälle von zu niedrigem Geburtsgewicht und 1.900 bis 2.700 Fälle von plötzlichem Kindstod. Bange machen gilt zwar nicht. Man sollte es sich vielleicht trotzdem gut überlegen, ob man einen Raucher heiratet oder mit ihm zusammenlebt.

P

Literatur:
Law MR, Morris JK, Wald NJ: Environmental tobacco smoke exposure and ischaemic heart disease: an evaluation of the evidence. British Medical Journal 1997;315:973-980
Hackshaw AK, Law MR, Wald NJ: The accumulated evidence on lung cancer and tobacco smoke. British Medical Journal 1997;315:980-988
McGinnis JM, Foege WH: Actual causes of death in the United States. Journal of the American Medical Association 1993;270:2207-2212
Zhu BQ, Heeschen C, Sievers RE, et al: Second hand smoke stimulates tumor angiogenesis and growth. Cancer Cell 2003;4:191-196

Pellagra

Der amerikanische Mediziner Joseph Goldberger unterzog sich zu Beginn des 20. Jahrhunderts mehreren ausgesprochen garstigen Selbstversuchen. Goldberger interessierte sich für die Ursachen der Pellagra, einer ebenso qualvollen wie entstellenden Hauterkrankung, die mit Durchfall und neurologischen Störungen einherging und etliche Menschen aus niedrigeren sozialen Schichten heimsuchte.

Die Symptome der Pellagra wurden mit den »drei D«: Diarrhö (Durchfall), Dermatitis (Hautentzündung) und Dementia (Schwachsinn) charakterisiert. Patienten hatten unerträglich brennende Hautrötungen, Krämpfe und Lähmungen, die manche in den Selbstmord trieben. In Südeuropa, aber besonders in den Südstaaten der USA traten zu Beginn des 20. Jahrhundert immer wieder schwere Epidemien mit Zehntausenden Toten auf. Betroffen waren vor allem die ärmeren Landstriche der USA, in denen hauptsächlich Mais angebaut wurde.

Die meisten Mediziner glaubten seinerzeit, dass ein Keim die Erkrankung auslöste. Goldberger, der vom Public Health Service der USA mit einer Untersuchung der Pellagra beauftragt war, hielt nichts von dieser Hypothese und den unbekannten Erregern. Schließlich hatte er beobachtet, dass fast nur arme, unterernährte Menschen an Pellagra erkrankten, während sich die Pfleger und Ärzte, die mit den Kranken in Kontakt kamen, nie ansteckten.

Goldberger wollte im Selbstversuch beweisen, dass hier kein Keim im Spiel war. 1914 spritzte er sich zunächst das Blut eines Kranken. Doch damit nicht genug. Anschließend rieb er sich noch den Speichel und die Nasensekrete von Erkrankten in Mund und Nase. Goldberger spürte keinerlei Beschwerden. Ein paar Tage später kam der Höhepunkt der »Ekelpartys«, wie Goldberger seine Selbstversuche nannte: Gemeinsam mit ein paar Kollegen schluckte er den Urin, Kot und die Hautfetzen von Infizierten. Jetzt bekam er zwar Durchfall, aber an Pellagra erkrankte er immer noch nicht.

Nachdem Goldberger diese »Ekelpartys« siebenmal wiederholt hatte, war es selbst ihm genug. Eines Abends schrieb er in sein Tagebuch: »Das war heute unsere letzte Party. Falls ein Mensch Pellagra auf diese Weise bekommen könnte, dann hätte sie uns mit Sicherheit hart erwischt. Aber jetzt reicht es. Nie wieder.« Für Goldberger war damit die Infektionshypothese endgültig widerlegt. Außerdem hatte er noch zwei andere Belege für seine Vermutung: Ihm war es gelungen, bei Gefangenen Pellagra hervorzurufen, indem er sie auf eine eiweißarme Diät setzte. Wenn er andererseits an Pellagra erkrankten Patienten eine fleischreiche Kost gab, erholten sie sich wieder.

Es dauerte dennoch mehr als 20 Jahre, bis die Wissenschaft herausfand, dass Pellagra durch eine bestimmte Art von Vitaminmangel entsteht. Zu der Erkrankung kommt es bei einer Unterversorgung mit Niazin, das insbesondere in Hefe, Fleisch und in Leber enthalten ist.

Literatur:
Altmann LK: Who goes first? The Story of Self-Experimentation in Medicine. New York 1987
Elmore JG, Feinstein AR.: Joseph Goldberger: an unsung hero of American clinical epidemiology. Annals of Internal Medicine 1994;121:372-375
Nutrition classics: Public Health Reports, Vol. 37, March 3, 1922: Amino-acid deficiency probably the primary etiological factor in pellagra. By Joseph Goldberger and W. F. Tanner. Nutrition Review 1987;45:149-151
Schultz MG: Joseph Goldberger and pellagra. American Journal of Tropical Medicine and Hygiene 1977;26:1088-1092

Penis I

Frauen ist die Größe des männlichen Gliedes egal.

Wenn über die Größe des männlichen Geschlechtsorgans geredet wird, geht es fast immer um die Länge. Dabei ist die Breite ein Teil der Größe. Doch gemeinhin halten Männer ihren Penis für klein, wenn er kurz und dick ist, und für groß, wenn er lang und schmal aussieht. Ob diese Fragen des Maßstabs für Frauen und ihr sexuelles Erleben überhaupt eine Bedeutung haben, wird seit jeher diskutiert.

Die berühmten amerikanischen Sexualforscher Masters und Johnson sind davon ausgegangen, dass die Größe des männlichen Penis für das sexuelle Erleben der Frau nahezu oder vollkommen unerheblich ist und jeder Mann jeder Frau bei entsprechender Stimulation genügend sexuelle Lust bereiten kann. Masters und Johnson begründeten ihre Theorie damit, dass sich die weibliche Vagina nahezu jeder Penisgröße anpassen kann.

Russel Eisenman zweifelte jedoch daran, dass Frauen wirklich egal sein sollte, welche Maße ein Mann zu bieten hat. Dazu ließ er 50 Studentinnen seiner Universität befragen – und zwar von zwei sportlichen männlichen Studenten desselben Campus. Den 18- bis 25-jährigen Studentinnen wurde nur eine Frage gestellt: »Was fühlt sich beim Sex besser an, ein langer oder ein dicker Penis?«

Von den 50 Frauen, die alle die Frage beantworteten, entgegneten 45, dass sich ein dicker Penis besser anfühlt, nur fünf entschieden sich für die Länge. Keine der Frauen antwortete, dass es egal sei. Als Erklärung vermutet Eisenman, dass ein dickerer Penis den Bereich um die Klitoris stärker stimuliert und der Frau ein »erfüllteres« Gefühl vermittelt. Wenn also eine der zahlreichen Volksweisheiten zur Größe des Penis und dem sexuellen Erleben der Frau zutreffend ist, dann diese: Klein und dick, der Frauen Glück.

Literatur:
Masters WH, Johnson VE: Human sexual response. Boston 1966, 1970
Eisenman R: Penis size: Survey of female perceptions of sexual satisfaction. BMC Women's Health 2001;1:1-2

Penis II

Ein langer Penis bereitet der Frau einen intensiveren Orgasmus.

Häufig ist es umgekehrt. Ein sehr langer Penis kann der Frau nämlich Schmerzen bereiten, wenn er zu hoch in die Vagina eindringt und an den sehr empfindlichen Muttermund stößt. Außerdem können dort auf schmerzhafte Weise die Haltebänder gedehnt werden, mit denen die Gebärmutter im knöchernen kleinen Becken verankert ist. Die meisten Frauen empfinden die stärksten sexuellen Reize außerdem im Bereich der Klitoris und am Scheideneingang – dort, wo auch der ominöse G-Punkt vermutet wird, den noch niemand genau lokalisieren konnte.

Literatur:
Coolsaet B: Der Pinsel der Liebe. Köln 1999
Eisenman R: Penis size: Survey of female perceptions of sexual satisfaction. BMC Women's Health 2001;1:1-2

Penis III

Schwarze Männer haben einen längeren Penis als weiße.

Das stimmt nicht – es sieht allerdings meistens so aus. Bei farbigen Männern ist der Penis im schlaffen Zustand weniger elastisch als bei ihren weißen Geschlechtsgenossen. Deshalb hängt er »schlaff« herunter und erscheint dadurch länger als bei weißen Männern. Bei Weißen zieht er sich aufgrund seiner besonderen Elastizität klein und runzelig zusammen, wenn es kalt ist und er gerade nicht anderweitig gebraucht wird.

Wenn sich das Glied versteift, verlängert sich der vermeintlich so viel größere Penis bei schwarzen Männern kaum noch – während er bei Weißen erheblich wachsen kann. Die vermeintlich mickrigere Ausstattung des weißen Mannes ist also in Wirklichkeit eine »optische Täuschung«, die auf der Elastizität und Wandlungsfähigkeit seines Gliedes beruht.

P

Penis IV

Dicke Männer haben einen kürzeren Penis als dünne Männer.

Diesen Eindruck hat man häufig. Er beruht allerdings – bei allen individuellen Variationen – zum großen Teil auf einer optischen Täuschung. Denn die schwergewichtigen Männer entwickeln ihre Fettpolster eben auch im Bereich des Schambeins und des Unterleibs. Das Fett sammelt sich nicht nur an Bauch, Brust und Bein, sondern legt sich auch über die mit dem knöchernen Becken verankerte Peniswurzel. Auf diese Weise verdeckt es die freie Sicht auf das männliche Glied und lässt es deshalb kleiner erscheinen. Nach einer Diät erscheint der Penis dann wieder in seiner natürlichen Größe.

Penis V

Der Penis ist das empfindlichste Körperteil des Mannes.

Alles eine Frage der Definition. Ein gutes Maß für die Empfindlichkeit einer Körperregion ist ihre Versorgung mit den so genannten sensiblen Nervenfasern, die Tastreize und Berührungen weiterleiten. Betrachtet man die Anzahl und Verteilung dieser auch als »sensible Nervenendigungen« bezeichneten Fasern, ist die Eichel des männlichen Gliedes lange nicht so dicht und »feinfühlig« ausgestattet wie etwa die Lippen, die Zunge oder auch die Fingerspitzen. Die Dichte der sensiblen Nerven an der Penisspitze entspricht in etwa der sensiblen Nervenversorgung an den Fußsohlen.

Pest

Der italienische Mediziner Eusebio Valli war besonders wagemutig und experimentierfreudig – vor allem mit sich selbst. Vielleicht war er auch nur lebensmüde oder er hoffte auf den dauerhaften Ruhm der Nachwelt. Jedenfalls ließ er sich 1803 in einem Krankenhaus im heutigen Istanbul mit einer Eitermischung impfen – die Krankheitserreger von Pest und Pocken bildeten dabei die Hauptbestandteile. Valli wollte beweisen, dass man sich auf diese Art gegen die Pest impfen konnte. Er hatte Glück und bekam nur leichte Symptome der Pest. Vom Erfolg angestachelt, wiederholte er den Selbstversuch in den nächsten Monaten mehrfach.

Die Experimentierlust mit dem eigenen Körper schien bei Dottore Valli nicht nachzulassen, im Gegenteil. Im Jahre 1816 wollte er die Ansteckungswege des Gelbfiebers untersuchen. Dazu rieb er sich im kubanischen Havanna mit dem Hemd eines an Gelbfieber Gestorbenen ein und machte es sich neben der Leiche bequem. Diesmal überlebte Valli das Experiment allerdings nicht. Er starb wenige Tage später an den Komplikationen des Gelbfiebers.

Valli fand jedoch bald einen würdigen Nachfolger: Der französische

Militärmediziner Jean-Louis-Geneviève Guyon übertraf ihn sogar noch. Im Jahre 1822 trank Guyon beispielsweise das erbrochene Blut eines Gelbfieberkranken. Wie es ihm die ersten Stunden nach dieser Prozedur erging, ist nicht überliefert. Für die Wissenschaft bedeutender war der Ausgang dieses Selbstversuchs: Mit Gelbfieber infizierte sich Guyon nicht.

Ein paar Jahre später, mittlerweile schrieb man das Jahr 1831, war Guyon bereit für den nächsten Selbstversuch. Wieder ging es um eine tödliche und weit verbreitete Infektionskrankheit. Guyon impfte sich mit den Erregern der Cholera und erkrankte auch diesmal nicht. Woran er letztendlich gestorben ist, ist nicht überliefert. An einem Selbstversuch – soweit bekannt – jedenfalls nicht.

Literatur:
Spina G: Eusebio Valli. Scientia Medica Italiana 1959;7:393-409

Pickel

Fette Ernährung und mangelnde Hygiene führen zu Akne.

Von Pickeln geplagte Pubertierende haben es wirklich nicht leicht. Sie haben mit den Kratern in ihrem Gesicht zu leben und dann bekommen sie auch noch allerlei Ratschläge zur richtigen Ernährung. Fettes Essen sollen sie ebenso meiden wie Zitrusfrüchte oder Schokolade – weil alles angeblich die lästigen Mitesser wachsen lässt. Auch wird vielen Pickligen unterstellt, es mit der Hygiene nicht so genau zu nehmen. Natürlich ist eine tägliche Reinigung des Gesichts notwendig. Aber ein übertriebener Waschfimmel zerstört den Säureschutzmantel der Haut und trägt nicht dazu bei, dass weniger Pickel sprießen.

Pickel entstehen in der Zeit hormoneller Umstellungen unabhängig von der Ernährung und der Gesichtshygiene. Bei unreiner Haut infizieren sich die Pickel allerdings schneller und entwickeln sich zu blühenden Eiterlandschaften. Akne entsteht durch Besiedlung mit einem Keim, der sich während der Hormonumstellung in der Pubertät besonders leicht ausbreitet. Die Gleichung fettige Haut durch fettiges Essen geht nicht auf, und auch auf der gepflegtesten Haut können sich während der Pubertät hässliche Pickel entwickeln.

»Pille«

Die Pille ist in den USA entwickelt worden.

P

Die Pille wurde in 2.200 Metern Höhe, in Mexico City, entwickelt. Dort war der Chemiestudent Luis Miramontes im Labor von Carl Djerassi mit seiner Diplomarbeit beschäftigt. Bei seinen Forschungen gelang es Miramontes am 15. Oktober 1951, einen Wirkstoff herzustellen, der auf den chemischen Namen 19-Nor-17alpha-ethinyl-Testosteron hörte. Um die später nur noch als »Norethisteron« bezeichnete Substanz genauer zu analysieren, wurde das neue Präparat kurz nach seiner Synthese nach Madison/Wisconsin geschickt. Obwohl Mexiko das Geburtsrecht besitzt, hatten auch Forscher in den USA ihren Anteil daran, dass die Pille zur Welt kam. Die Analysen in den USA bestätigten nämlich, dass es sich bei der Substanz um ein äußerst wirksames Hormon zur Empfängnisverhütung handelte.

Noch im Jahr 1951 reichte die mexikanische Firma Syntex den Patentantrag für Norethisteron ein, und im März 1952 publizierten Djerassi, Miramontes und Rosenkranz eine Zusammenfassung ihrer Versuche mit dem neuen Hormon. Bis zur Anwendung dauerte es jedoch noch einige Jahre: In den USA wurde die Pille 1957 für erste Studien in Kliniken zugelassen, 1960 dann auch für den allgemeinen Gebrauch.

In Westdeutschland wurde das neue Verhütungsmittel am 1. Juni 1961 unter dem Namen »Anovlar« von der Pharmafirma Schering auf den Markt gebracht. Der Konzern annoncierte die Pille noch etwas irreführend als »Mittel gegen Menstruationsbeschwerden«. Im Kleingedruckten stand allerdings die entscheidende Nebenwirkung: »empfängnisverhütend«. Im Osten kam die hormonelle Verhütungsmethode mit einiger Verspätung an. Erst 1965 wurde die vom VEB Jenapharm entwickelte Pille »Ovosiston« als erstes orales Verhütungsmittel der DDR zugelassen. Heute verhüten in Deutschland etwa ein Drittel aller Frauen im fortpflanzungsfähigen Alter mit der Pille, unter den Frauen zwischen 14 und 24 Jahren sogar die Hälfte. Von den über 35-Jährigen nehmen noch 24 Prozent die Pille, von den Frauen über 40 Jahren sind es 16 Prozent.

Literatur:
Djerassi, Carl: This Man's Pill. Sex, die Kunst und Unsterblichkeit. Innsbruck 2001
Baker, Robin: Sex im 21. Jahrhundert. Der Urtrieb und die moderne Technik. München 2000

Pocken

P

Die Pocken sind endgültig besiegt.

Theoretisch stimmt das. Der Sieg über die Pocken gilt als einer der größten Erfolge der Medizin. Am 8. Mai 1980 wurde die Seuche offiziell für ausgerottet erklärt. Doch in Zeiten von Bioterror, Milzbrandattacken und gentechnisch manipulierbaren Erregern kehrt die Angst vor längst vergessen geglaubten Epidemien zurück.

Der Feind ist nicht mal einen Millimeter groß. Nur unter dem Elektronenmikroskop ist das Pockenvirus erkennbar. Doch seine Wirkung kann verheerend sein: Nach acht bis achtzehn Tagen Inkubationszeit fängt es mit grippeähnlichen Symptomen, hohem Fieber, Kopf- und Gliederschmerzen an. Dann kommen Blutungen in der Achselhöhle und der Leistenbeuge hinzu. Entzündungen der Atemwege und schwere Hautausschläge bestimmen den Verlauf der Erkrankung.

Etwa ein Drittel der Infizierten stirbt an den Pocken, die früher als Blattern bezeichnet wurden. Im Jahr 1958 tötete die Seuche weltweit noch zwei Millionen Menschen jährlich. Das war Anlass genug, von der Weltgesundheitsorganisation WHO eine Kampagne zur Ausrottung der Pocken zu fordern.

Rund 22 Jahre später war es so weit; 1980 galten die Pocken laut WHO als besiegt. Ein paar Erreger überlebten in den Laboren des US-amerikanischen und des sowjetischen Seuchenschutzzentrums – so die offizielle Version. Unter Infektiologen ist es jedoch längst kein Geheimnis mehr, dass illegal auch in anderen Laboren virulente Stämme des gefährlichen Erregers überdauerten.

Dass die Krankheit schon so lange als ausgerottet gilt, bereitet den Seuchenexperten heute Schwierigkeiten, wenn es um die mögliche Reaktion auf einen terroristischen Anschlag mit Pockenviren geht. Die Ärzte haben schlicht keine Erfahrung mehr mit der Diagnostik und Behandlung der Krankheit. Die letzte Epidemie in Baden-Württemberg fand 1958/59 in Heidelberg statt. Auf Amtsärztetagungen werden in letzter Zeit wieder Schulungen durchgeführt, da viel zu wenig Erkenntnisse über den Impfschutz bestehen. Experten gehen davon aus, dass heute niemand mehr über ausreichenden Impfschutz verfügt.

»Die Pockenimpfung verleiht zwar mindestens zehn Jahre Immunität«, sagt Johannes Hübner, in Deutschland ausgebildeter Infektiologe, der inzwischen in Harvard forscht, »aber die letzten Impfungen in Deutschland fanden ja Ende der 1970er-Jahre statt«. Grund genug, angesichts der Bedrohung durch den weltweiten Terrorismus wieder die Massenimpfung einzuführen? Mediziner sind skeptisch. Denn bei der Impfung kann es zu schweren Nebenwirkungen kommen. »Geschwürsbildungen an der Impfstelle und Hirnhautentzündungen werden immer wieder beschrieben«, so Hübner. Bei rund einer von 1.000 Impfungen wird mit Komplikationen gerechnet. Auf die Gesamtbevölkerung von 80 Millionen übertragen, bedeutete dies Nebenwirkungen bei 80.000 Menschen.

Derzeit sind die Epidemiologen und Gesundheitspolitiker deshalb noch zögerlich, eine Massenimpfung zu fordern. Die Einschätzungen darüber, wie hoch das Risiko einer Bedrohung durch Pocken wirklich ist, gehen auseinander. Dabei wird Bioterroristen längst zugetraut, Pockenviren gentechnisch so zu verändern, dass sie noch gefährlicher werden und schlechter zu bekämpfen sind. Der konventionelle Impfstoff wäre dann ohnehin weitgehend wirkungslos.

Rauchen I

Rauchen macht schlank.

Einer der beliebtesten Mythen über die Nikotinsucht, der in den USA angeblich sogar dazu führt, dass Übergewichtige mit dem Rauchen anfangen. Doch ein Zusammenhang zwischen Rauchen und Abnehmen lässt sich nicht herstellen. Verschiedene Studien haben die Gewichtsentwicklung von Rauchern und Nichtrauchern verglichen. Keine Untersuchung konnte eindeutig beweisen, dass Raucher schlanker bleiben.

Umgekehrt wird allerdings ein Schuh daraus. Wenn langjährige Raucher mit ihrem Laster aufhören, nehmen sie an Gewicht zu – und zwar je nach Veranlagung durchschnittlich zwischen vier und sechs Kilogramm. Erklärt wird dies mit der oralen Befriedigung, die wegfällt, wenn man nicht mehr raucht. Um einen anderen Lustgewinn im Mundbereich zu erhalten, essen viele ehemalige Raucher dann mehr als vorher.

Rauchen II

Ärztliche Ermahnungen und Aufklärungsbemühungen führen nicht dazu, dass Raucher ihre Gewohnheit aufgeben.

Einen gewissen, minimalen – aber immerhin statistisch nachweisbaren – Nutzen haben die Empfehlungen und Ratschläge von Medizinern, wie in Erhebungen mit mehr als 14.000 Rauchern festgestellt wurde. Zwei Prozent der Raucher hörten als Folge der ärztlichen Beratung mit dem Rauchen auf und wurden innerhalb des folgenden Jahres nicht rückfällig. Dabei dauerte die Beratung durchschnittlich weniger als fünf Minuten. Zusätzliche, etwas ausführlichere Ermutigung und Unterstützung, mit dem Rauchen aufzuhören, führt dazu, dass weitere drei Prozent ihre Gewohnheit aufgeben. Ob die Beratung durch einen Arzt oder einen Psychologen erfolgt, ändert nichts an der Quote derer, die ihrem Laster für mindestens ein halbes Jahr entsagen.

Die Ergebnisse der Beratungsbemühungen erscheinen zwar enttäuschend gering. Angesichts des minimalen Aufwands und der niedrigen Kosten eines solchen Gesprächs ist das jedoch ein beachtenswerter Erfolg. Und zwei Prozent weniger Raucher würden bereits zu einer deutlichen Verbesserung der öffentlichen Gesundheit führen. Mühsam ernährt sich das Eichhörnchen: Um einem Menschen für mindestens ein halbes Jahr das Rauchen abzugewöhnen, müssen 50 Raucher für kurze Zeit oder 25 Raucher intensiv beraten werden.

Literatur:
Law M, Tang JL: An analysis of the effectiveness of interventions intended to help people stop smoking. Archives of Internal Medicine 1995;155:1933-1941
Ashenden R, Silagy C, Weller D: A systematic review of the effectiveness of promoting lifestyle change in general practice. Family Practice 1997;14:160-176

R

Rauchen III

Nikotinersatz bringt nichts.

Versuche und Methoden gibt es vielerlei, mit dem Rauchen aufzuhören. Erfolgreich sind nur wenige. Viele Menschen trauen den Methoden des Nikotinersatzes nicht zu, aus einem Raucher einen Nichtraucher zu machen.

Dabei ist es wissenschaftlich erwiesen: Ob es sich nun um Pflaster, Kaugummi oder Spray handelt – man kann sich mit Nikotinersatz das Rauchen abgewöhnen, auch wenn man mehr als zehn Zigaretten täglich geraucht hat. Zwischen zehn und 20 Raucher müssen einen Nikotinersatz bekommen, damit – statistisch gesehen – einer von ihnen länger als ein Jahr mit dem Rauchen aufhört.

Literatur:
Stapleton J: Cigarette smoking prevalence, cessation and relapse. Statistical Methods in Medical Research 1998;7:187-203

Rauchen IV

Für die Gesundheit und die Lebenserwartung bringt es nichts mehr, wenn man im hohen Alter mit dem Rauchen aufhört.

So lautet eine bequeme Entschuldigung von Rauchern, die sich nicht den Mühen der Entwöhnung unterziehen wollen. Zwar kann es bis zu 15 Jahre dauern, bis starke und langjährige Raucher wieder das gleiche geringe Risiko für Krebserkrankungen und Herzinfarkte haben wie Nichtraucher. Das Risiko eines Schlaganfalls bleibt immerhin noch fünf bis zehn Jahre bei Rauchern erhöht, nachdem sie das Rauchen beendet haben. Und es ist als Raucher im Vergleich zu Nichtrauchern dreimal wahrscheinlicher, in mittleren Jahren zwischen 45 und 64 zu sterben als im höheren Alter zwischen 65 und 84.

Dennoch haben Untersuchungen ergeben, dass sich die Lebenserwartung selbst bei 65-Jährigen noch deutlich verbessert, wenn sie in diesem Alter mit dem Rauchen aufhören. Es ist eben nie zu spät.

Literatur:
Doll R, Peto R, Wheatley K, et al: Mortality in relation to smoking: 40 years' observations on male British doctors. British Medical Journal 1994;309:901-911

Rauchen V

Rauchen ist in jeder Hinsicht gesundheitsschädlich.

Ein heikles Thema. Denn unbestritten gehen vom Rauchen enorme gesundheitliche Risiken aus, manche Experten halten es sogar für die weltweit größte Bedrohung des Wohlbefindens überhaupt. Rauchen steigert das Risiko für Lungenkrebs, für chronische Atemwegserkrankungen, für Speiseröhrenkrebs sowie für Tumoren im Nasenrachenraum. Außerdem bekommen Raucher häufiger Herzinfarkte. Weiterhin schädigt Rauchen das gesamte Herz-Kreislauf-System, indem es direkt die Blutgefäße angreift, und es hat negative Auswirkungen auf die Spermienreifung und die Fruchtbarkeit.

Und dennoch: Es ist nicht zu leugnen, dass zumindest dem Nikotin auch einige positive Eigenschaften zugeschrieben werden. In etlichen Untersuchungen wurden die erstaunlichen Eigenschaften dieser Substanz bestätigt. Am häufigsten genannt werden in der Liste der Krankheiten, auf die sich Nikotin schützend auswirken könnte: Parkinson, Alzheimer, Colitis ulcerosa, eine chronisch entzündliche Erkrankung des Darms, aber auch Tumoren der Gebärmutter und Endometriose.

Als Erklärung wurde angeführt, dass Rauchen eine anti-östrogene Wirkung hat, die Prostaglandinherstellung beeinflusst und die nikotinergen Rezeptoren im zentralen Nervensystem stimuliert. Besonders die Stimulation dieser Rezeptoren, die bei Parkinson und Alzheimer gehemmt sind, könnte die günstige Wirkung auf degenerative Erkrankungen des Nervensystems erklären. Außerdem übt Nikotin einen positiven Einfluss auf Überträgerstoffe im Nervensystem wie etwa Dopamin aus – und die Dopaminherstellung ist bei der Parkinson-Erkrankung vermindert.

Offiziell betonen Mediziner natürlich immer wieder, dass auch ein möglicher Schutzeffekt für bestimmte Krankheiten kein Freibrief für das Rauchen sein kann, da es zweifellos mit mehr Schaden als Nutzen einhergeht. Auf Ärztekongressen war jedoch immer wieder zu beobachten, dass Mediziner sich zur Raucherpause mit der Bemerkung zurückzogen: Wir tun jetzt etwas gegen unseren Alzheimer. Und im alten Gebäude der Neurologischen Uniklinik Freiburg gab es sogar ein intern so genanntes »Zigarrenzimmer«, in das sich die Mediziner zu einer gepflegten Zigarre oder zum Zigarillo begaben – aus Vorsorgegründen, versteht sich.

Vielleicht ist die wiederholte Beobachtung vom vermeintlichen Schutzeffekt des Nikotins für Parkinson und Alzheimer aber auch ganz anders zu erklären: Womöglich sterben die meisten Raucher an anderen Leiden, bevor sie das Alter erreichen, in dem Parkinson und Alzheimer gehäuft auftreten.

Literatur:
Riggs JE: The »protective« influence of cigarette smoking on Alzheimer's and Parkinson's disease. Quagmire or opportunity for neuroepidemiology? Neurology Clinic 1996;14:353-358
Hillier V, Salib E: A case-control-study of smoking and Alzheimer's disease. International Journal of Geriatric Psychiatry 1997;12:295-300
Birtwistle J, Hall K: Does nicotine have beneficial effects in the treatment of certain diseases? British Journal of Nursery 1996;13:1195-1202
Baron JA: Beneficial effects of nicotine and cigarette smoking: the real, the possible and the spurious. British Medical Bulletin 1996;52:58-73

Rauchen VI

Man soll die Zigarette nicht an der Kerze anzünden, denn das ist extrem ungesund.

Es ist schon amüsant, wenn Raucher einander davor warnen, den Glimmstengel nicht an einer Kerze zu entzünden. Sie geben sich einem zweifelsohne gesundheitsschädlichem Laster hin, inhalieren Teer, Nikotin, Kondensat und andere hochgiftige Stoffe, setzen sich damit etlichen Risiken aus – sind aber dann in Sorge um die zusätzlichen Gefahren durch eine Kerze.

Allerhand wüste Theorien existieren, die den angeblichen Schaden durch die Kerze erklären sollen. Mal sind es die Wachspartikel, dann sind es die im Docht enthaltenen Stoffe, gelegentlich auch der Kerzenrauch. Doch was soll daran schlimm sein? Feuer ist Feuer. Bisherige Studien haben gezeigt, dass auch Dutzende Kerzen inklusive ihrer Verbrennungsprodukte nicht annähernd die Schadstoffkonzentration einer einzigen Zigarette aufweisen.

Rauchen VII

Raucher verhalten sich – mit Ausnahme des Rauchens – so gesundheitsbewusst wie der Rest der Bevölkerung.

Ein Laster scheint selten allein zu kommen. Eine bereits etwas ältere große amerikanische Studie kam zu dem Ergebnis, dass sich Raucher auch abgesehen von ihrer Nikotinsucht alles andere als gesundheitsbewusst verhalten, sondern eher einen hastigen ungesunden Lebensstil pflegen. Verglichen mit Nichtrauchern schlafen Raucher nachts meist weniger als sechs Stunden, sie lassen öfter das Frühstück aus, sie treiben im Durchschnitt weniger Sport und sie sind regelmäßigere Trinker, die nicht nur häufiger, sondern auch noch tiefer ins Glas schauen. Raucher waren allerdings seltener als Nichtraucher übergewichtig. Die Eigenschaften und Merkmale waren bei männlichen wie weiblichen Rauchern übrigens ähnlich ausgeprägt.

Literatur:
Revicki D, Sobal J, DeForge B: Smoking status and the practice of other unhealthy behaviors. Family Medicine 1991;23:361-364

Rauchen VIII

Raucher-Paradox: Wenn Raucher mit Herzinfarkt ins Krankenhaus eingeliefert werden, sterben sie dort seltener als Nichtraucher.

Was wurden dem Rauchen nicht schon alles für positive Eigenschaften nachgesagt. Immer wieder gab es Meldungen und sogar Fachartikel, dass Rauchen nicht so gesundheitsschädlich sei wie vermutet und sogar manche Krankheiten vorbeugen helfe (s.o.). Unter dem Schlagwort vom »Raucher-Paradox« ging eine in der Tat erstaunliche Beobachtung in die Fachliteratur ein: Nach einem Herzinfarkt mit nachfolgender Krankenhauseinweisung überleben mehr Raucher als Nichtraucher die ersten vier Wochen. In mehreren Untersuchungen wurde der bemerkenswerte Befund bestätigt (in manchen Studien war das Risiko zu sterben für die Raucher um den Faktor zwei geringer als für Nichtraucher), ohne dass man ihn recht erklären konnte.

Die Auflösung des Paradox erwies sich dann aber doch als verblüffend einfach. Mediziner aus Neuseeland analysierten dazu die Herzinfarkte von 5.106 Patienten, die sich zwischen 1986 und 1992 in Auckland ereigneten. Unter den Infarktopfern waren 2.166 Raucher, 1.477 ehemalige Raucher und 1.088 Nichtraucher. Bei den übrigen Patienten konnten die Rauchgewohnheiten nicht ermittelt werden. Darunter befanden sich 231, die bereits vor der Krankenhauseinweisung starben.

In den ersten vier Wochen nach Infarkt zeigte sich in der Tat auch in dieser Untersuchung, dass im Durchschnitt mehr Raucher überlebten als Nichtraucher. Die Erklärung dafür war diese: Unter denen, die an dem Herzinfarkt zu Hause oder auf dem Weg ins Krankenhaus gstorben waren, befanden sich überdurchschnittlich viele Raucher. Die meisten Raucher kommen gar nicht ins Krankenhaus, sondern sterben vorher. Der offensichtliche Effekt, dass Raucher im Krankenhaus eine größere Chance haben, ihren Infarkt zu überleben, ist das Ergebnis einer negativen Selektion: Dass deutlich mehr Raucher als Nichtraucher das Krankenhaus nach einem Infarkt nicht mehr lebend erreicht haben, unterstreicht erneut den schädlichen Einfluss des Rauchens auf das Herz.

Literatur:

Barbash GI, Reiner J, White HD, et al: Evaluation of paradoxic beneficial effects of smoking in patients receiving thrombolytic therapiy for acute myocardial infarction: mechanism of the »smoker's paradox« from the GUSTO-I-trial, with angiographic insights Journal of the American College of Cardiology 1995;26:1222-1229

White HD: Lifting the smoke-screen: the enigma of better outcome in smokers after myocardial infarction. American Journal of Cardiology 1995;75:278-279

Sonke GS, Stewart AW, Beaglehole R, et al: Comparison of case fatality in smokers and non-smokers after acute cardiac event. British Medical Journal 1997;315:992-993

Rauchen IX

Rauchen schädigt Herz und Kreislauf und trägt zur Krebsentstehung bei, ist aber nicht gefährlich für andere Organe und Körperteile.

Eine weitere schädliche Auswirkung des Rauchens sollte nicht unerwähnt bleiben: Es schwächt den Knochen und macht anfälliger für Brüche. Denn durch das Rauchen wird die Knochendichte vermindert und das Risiko für Frakturen steigt. 1976 wurde dieser Zusammenhang erstmals beschrieben, doch wie stark die Schädigung ist, war lange Zeit umstritten.

R

Wissenschaftler aus London fassten daher den bisherigen Kenntnisstand in einer sorgfältigen Literaturanalyse zusammen. Einbezogen wurden Berichte über die Knochendichte bei 2.156 Rauchern und 9.705 Nichtrauchern sowie 3.889 Fälle von Oberschenkelhalsbrüchen bei Rauchern und Nichtrauchern.

Es zeigte sich, dass die Knochendichte bei Frauen vor den Wechseljahren bei Raucherinnen wie bei Nichtraucherinnen ähnlich war. Bei Frauen nach den Wechseljahren war der Knochenverlust bei Raucherinnen jedoch ausgeprägter als bei Nichtraucherinnen. Mit dem Alter nahm dieser Unterschied zu. Während das Risiko für Raucherinnen und Nichtraucherinnen, einen Oberschenkelhalsbruch zu erleiden, bei 50-jährigen Frauen noch gleich groß war, sind Raucherinnen mit 60 Jahren bereits einem um 17 Prozent erhöhten Risiko ausgesetzt. Mit 70 Jahren ist das Risiko um 41 Prozent größer, mit 80 Jahren sogar um 71 Prozent. Auf die gesamte Bevölkerung umgerechnet, ist jeder achte Oberschenkelhalsbruch auf das Rauchen zurückzuführen. Bei Männern ist eine ähnliche Tendenz zu erkennen, doch hierzu gibt es bisher wenig Daten.

Literatur:
Daniel HW: Osteoporosis of the slender smoker. Archives of Internal Medicine 1976;136:298-304
Law MR, Hackshaw AK: A meta-analysis of cigarette smoking, bone mineral density and risk of hip fracture: recognition of a major effect. British Medical Journal 1997;315:841-846

Rauchen X

Raucher kosten das Gesundheitswesen mehr Geld als Nichtraucher.

Natürlich ist es aus gesundheitlicher Sicht uneingeschränkt wünschenswert, wenn möglichst viele Menschen mit dem Rauchen aufhören. Ökonomisch gesehen sieht das jedoch anders aus. Zwar wurde lange Zeit behauptet, dass Rauchen die Gesellschaft finanziell belaste. Schließlich leiden Raucher im Durchschnitt an mehr Krankheiten als Nichtraucher. Andererseits sterben Raucher auch deutlich früher als Nichtraucher, die deshalb im Laufe ihres Lebens mehr Gesundheitskosten verursachen können. Und wenn Raucher einmal krank sind, erkranken sie meist ziemlich schwer und es kommt schneller zum Exitus als bei den Kranken, die nicht rauchen und chronisch vor sich hin siechen. Deshalb kosten Raucher die Gesellschaft insgesamt weniger als Nichtraucher. Diese Rechnung mag vielen Menschen zynisch erscheinen, ökonomisch richtig ist sie trotzdem.

Niederländische Mediziner aus Rotterdam haben dieses Phänomen genauer untersucht und in Zahlen gefasst. Sie kamen zu dem Ergebnis, dass die Gesundheitskosten für Raucher zu einem bestimmten Zeitpunkt zwar deutlich höher liegen als die für Nichtraucher – je älter die untersuchte Bevölkerungsgruppe, umso größer ist der Unterschied. In einer Bevölkerung ohne Raucher würden die Gesundheitskosten jedoch für Männer um sieben Prozent und für Frauen um vier Prozent höher liegen als in der gegenwärtigen gemischten Bevölkerung aus Rauchern und Nichtrauchern. Wenn alle Raucher ihr Laster aufgeben würden, wären die Kosten zur Behandlung von Krankheiten zwar zunächst verringert. Doch etwa nach 15 Jahren wären sie höher als in einer Gesellschaft mit Rauchern. Deshalb würden auf lange Sicht die Gesundheitskosten in einer vollkommen rauchfreien Gesellschaft die heutigen Kosten übersteigen.

Literatur:
Barendregt JJ, Bonneux L, van der Maas PJ: The health care costs of smoking. New England Journal of Medicine 1997;337:1052-1057

R

Rheuma I

Nur alte Menschen bekommen Rheuma.

Es gibt sogar Formen des jugendlichen Rheumas. Rheuma, das klingt nach dicken Fingern bei alten Menschen, die unter Kälte und Wetterwechsel leiden. Doch eine der Hauptformen des Rheumas ist die Rheumatoide Arthritis, wie das entzündliche Gelenkrheuma genannt wird. Rheumatoide Arthritis ist eine zerstörerische Autoimmunerkrankung. Dabei wenden sich Zellen des Abwehrsystems gegen Gewebe des eigenen Körpers und zerstören die Gelenkflächen. Das kann in jedem Alter auftreten und wird selbst bei Kindern im Schulalter – und in seltenen Fällen sogar schon im Vorschulalter – beobachtet.

Rheuma II

Wenn man häufig von Brennnesseln und Ameisen verbrannt/gestochen wird, bekommt man kein Rheuma.

Rheuma ist eine äußerst lästige Krankheit, an der allein in Deutschland mehrere Millionen Menschen leiden. Auch junge Leute können von der chronischen Polyarthritis, so der Fachbegriff, betroffen sein. Volkstümlich werden immer wieder Brennnesseln gegen rheumatische Beschwerden aller Art empfohlen. Auch der von Ameisen abgesonderte Stoff soll lindernd auf entzündliche Gelenkbeschwerden wirken, heißt es. Nachfragen bei universitären Rheumatologen führen zunächst zu Achselzucken: Ja, man habe schon davon gehört. Dabei sind Brennnesseln bereits ein bewährtes Mittel in der antiken und der chinesischen Medizin gewesen. Roman Huber, Leiter der Ambulanz für Naturheilverfahren an der Uniklinik Freiburg, weiß weiter. Man habe mittlerweile nachweisen können, dass Brennnesseln entzündungshemmend und schmerzlindernd wirken – zumindest wenn der erste Schmerz nach der Berührung vorbei ist.

In jüngster Zeit konnte gezeigt werden, dass in der Brennnessel eine Substanz enthalten ist, die das Signalmolekül TNF-alpha blockiert. TNF-alpha ist ein körpereigener Botenstoff, der für den Informationsaustausch zwischen Zellen des Abwehrsystems wichtig ist und bei der Entstehung von Rheuma eine entscheidende Rolle spielt. Die neuesten Medikamente gegen Rheuma hemmen gezielt TNF-alpha und versuchen so, das entzündliche Geschehen zu lindern. Allerdings ist noch unklar, welche Substanz in der Brennnessel den therapeutischen Effekt hat. Am besten wirke die Pflanze, wenn sie nicht in ihre Bestandteile zerlegt wird, so Huber. Wie hoch die therapeutische Brennnessel-Dosis sein sollte, ist jedoch noch ungewiss – genauso wie die Zahl der Ameisen, von denen sich Rheumatiker in bester therapeutischer Absicht traktieren lassen sollten.

Röntgenstrahlen

Am 8. November 1895 musste eine Frau als Erste ihre Hand hinhalten. Es war die Gattin des Würzburger Physikprofessors Wilhelm Conrad Röntgen (1845–1923), auf die erstmalig gezielt die neu entdeckten »X-Strahlen« gerichtet wurden. Nach einer mehr als zwanzig Minuten dauernden Durchleuchtung war das Bild fertig, die Aufnahme von der beringten Hand Frau Röntgens ging zum Jahreswechsel 1895/96 um die Welt. Der Siegeszug der bald als »Röntgenstrahlen« bezeichneten neuen diagnostischen und therapeutischen Methode war nicht mehr aufzuhalten.

Die Euphorie für das neue Verfahren war enorm. Die Mediziner stellten jedoch auch bald die erheblichen Nebenwirkungen des Röntgens fest. Vor allem Techniker, Physiker und Ärzte erlitten schwerste Hautschäden bis hin zu Verstümmelungen, weil sie ungeschützt den Strahlen ausgesetzt waren. In Wien wurden 1896 die Strahlen erstmalig zu Behandlungszwecken eingesetzt. Ein Mädchen mit einem riesigen, behaarten Leberfleck an Hals und Rücken wurde zu Heilzwecken bestrahlt. Sie entwickelte daraufhin ein blutendes Geschwür der Haut, aber die Ärzte maßen dieser Nebenwirkung keine besondere Bedeutung bei.

Bereits 1897 gründete der Hamburger Arzt Heinrich Albers-Schönberg (1865–1921) ein röntgenologisches Institut und wurde damit der erste Facharzt auf diesem Gebiet. Auch er kam wenige Jahre später durch den ständigen beruflichen Kontakt mit den Strahlen zu Schaden. Aufgrund kaum bekannter Nebenwirkungen und noch nicht vorhandener Schutzvorkehrungen war er hohen Strahlenmengen ausgesetzt. 1910 musste Albers-Schönberg der von Krebs befallene linke Arm amputiert werden. Im Jahr 1921 starb er an den Folgen der langjährigen Röntgeneinwirkungen.

Im Jahr 1901 entdeckte Henri Becquerel (1852–1908) die Radioaktivität und die Eheleute Curie beobachten die strahlenden Eigenschaften des Radiums. Auch diese genialen Wissenschaftler unterschätzten die Gefährlichkeit der Stoffe, mit denen sie täglich hantierten. Becquerel trug beispielsweise ein Stück Radium zwei Wochen lang in der Rocktasche mit sich herum. Er legte das strahlende Material erst beiseite, als sich eine juckende Hautveränderung an der Stelle unter der Tasche gebildet hatte. Immerhin leiteten die Ärzte aus dieser Erfahrung ab, dass Radium die Haut verbrennen kann. Daraus entwickelte sich eine Therapie gegen Geschwüre, Krebs und Hautveränderungen.

Auch das Ehepaar Curie, das 1903 gemeinsam mit Henri Becquerel den Physik-Nobelpreis erhalten hatte, schaufelte in der Zeit ihrer Forschungen die radioaktive Pechblende, aus denen sie Radium gewannen, mit bloßen Händen. Pierre Curie (1859–1906) war 1906 an den Folgen eines Verkehrsunfalls gestorben. Marie Curie (1867–1934), zweifache Nobelpreisträgerin (1911 bekam sie auch noch den Nobelpreis für Chemie), starb 1934 an einer speziellen Form der Blutarmut, die auf die dauernde Einwirkung des Radiums auf ihren Körper zurückzuführen war.

Literatur:
Fölsing A: Wilhelm Conrad Röntgen. Aufbruch ins Innere der Materie. München/Wien 1995
McMillan NC: Developments in imaging. An historical review. Scottish Medical Journal 1999;44:180-185
Boyd L, O'Leary JP: Roentgen and his ray: an early impact on modern medicine. American Surgery 1999;65:292-294

Rückenschmerzen

Die meisten Rückenschmerzen haben eine organische Ursache.

Von wegen – es ist schon ein Kreuz: 80 Prozent aller Rückenschmerzen gelten als »unspezifisch«, das heißt, es lassen sich keine krankhaften Veränderungen der Muskeln, Knochen, Gelenke oder andere Auslöser für die Schmerzen finden. Akute Rückenschmerzen lassen bei 90 Prozent der Betroffenen zwar nach wenigen Tagen oder Wochen auch ohne spezifische Therapie wieder nach. Doch häufig treten sie dann umso stärker zu einem späteren Zeitpunkt wieder auf.

Rückenschmerzen sind ein echtes Volksleiden. Rund 40 Prozent aller Erwachsenen in Westdeutschland leiden an den verschiedensten Beschwerden im Kreuz. Über ein ganzes Jahr gesehen klagen sogar 70 Prozent der Erwachsenen zu irgendeinem Zeitpunkt darüber. Orthopäden stellen Rückenschmerzen als die mit Abstand häufigste Diagnose. Fast die Hälfte der Patienten sucht die Experten für das Skelettsystem deshalb auf. Auch bei Allgemeinmedizinern und praktischen Ärzten klagt durchschnittlich jeder sechste Patient über Rückenschmerzen. Damit ist die Pein mit dem Rücken nach den Kopfschmerzen die zweithäufigste Diagnose überhaupt. In anderer Hinsicht nehmen Rückenschmerzen sogar einen Spitzenplatz ein: Sie gehen mit den durchschnittlich längsten beruflichen Ausfallzeiten einher und stellen zudem die häufigste Ursache für Arbeitsunfähigkeit dar.

Samen

Alte Männer haben nicht mehr so viel Samenflüssigkeit wie junge.

Bei alten Männern sind die Spermien zwar etwas weniger flink als bei jungen – aber dennoch stehen die alten Herrschaften mit drei Millilitern einer jüngeren Kontrollgruppe um kein Tröpfchen nach. Die Spermien der Alten dringen genauso eifrig in weibliche Eizellen ein wie die der Jungen. Außerdem enthält die Samenflüssigkeit der 60- bis 90-Jährigen sogar im Durchschnitt 125 Millionen Spermienzellen pro

Milliliter gegenüber den etwa 75 Millionen Spermienzellen bei jungen Männern. Wahrscheinlich liegt das daran, dass die älteren Männer ihren Samen in der Regel länger bei sich behalten.

Auch die fragwürdige Regel »Tausend Schuss und dann ist Schluss«, gehört ins Reich der Legenden. Es ist nicht so, dass Männern nur eine bestimmte Menge Sperma zur Verfügung steht. Sperma und Samenflüssigkeit werden bis ins hohe Alter gebildet. Übrigens stellen alte Männer jungen Samen her. Nach jedem Erguss wird er wieder frisch in den Hoden, den Samenbläschen und der Prostata produziert und zubereitet. Nicht ganz so gut ist es allerdings um die Qualität des Spermas im Alter bestellt. Mit zunehmendem Alter ist die Erbsubstanz der Spermien immer weniger intakt. Die Spermien altern – auch wenn man es ihnen rein äußerlich nicht ansieht. Etwa um das 50. Lebensjahr herum sind bei Männern circa 30 Prozent der DNA-Stränge in den Spermien nicht mehr unversehrt. Dies ist etwa der Schwellenwert, der zu einer deutlichen Verminderung der Fruchtbarkeit führt. Auch wenn die Keimzellen im Alter unter dem Lichtmikroskop noch »normal« aussehen, sind sie bereits zu einem erheblichen Teil geschädigt.

Literatur:
Dekkers M: An allem nagt der Zahn der Zeit. München 1999

SARS

Effiziente Hygiene- und Seuchenschutzmaßnahmen haben im Frühjahr 2003 dazu geführt, dass die Lungenseuche SARS eingedämmt werden konnte.

So einfach haben es uns die Keime nun doch nicht gemacht. Sie ließen sich nämlich äußerst schwierig in Schach halten. Zwar wurde schon das absehbare Ende der Gefahr proklamiert, wenige Wochen nachdem die WHO im Frühjahr 2003 eine weltweite Bedrohung durch die Lungenseuche SARS ausgemacht hatte. Doch Keime sind klein und gemein, das weiß man. Für die Erreger von SARS gilt das ebenso, und die Ursache für ihr baldiges Verschwinden waren nicht die guten Schutz- oder gar Therapiemaßnahmen.

Glücklicherweise haben sich die Viren nur als mäßig infektiös erwiesen. Es war eher eine Medienseuche, die 2003 für weltweite Hysterie gesorgt und SARS zur ersten neuartigen globalen Epidemie des 21. Jahrhunderts gemacht hat. Im Vergleich zu den Tausenden täglichen Toten durch Unterernährung, Durchfall, aber auch durch Malaria, Cholera und Ruhr, nehmen sich die Ausmaße von SARS eher bescheiden aus – auch wenn jeder Tote zu viel ist. Amtlich wurden im Jahr 2003 8.439 Infizierte gemeldet und 812 Tote.

Man konnte die Ankündigung der WHO vom Ende der Seuche allerdings kaum als Erfolg einer weltweiten Gesundheitspolitik feiern. Vielmehr galt: Glück gehabt. Denn wären die SARS-Viren nur halb so gefährlich wie beispielsweise Pockenviren, hätten die Bemühungen zur Eindämmung wenig gefruchtet. Der Umgang mit SARS-Verdachtsfällen in Europa hat vielmehr gezeigt, dass die Mediziner auch an deutschen Kliniken nicht ausreichend auf solche Katastrophenfälle vorbereitet sind. Dort gibt es oft weder die nötige Infrastruktur noch die Experten.

Die Bedrohung scheint zu irreal und zu weit entfernt zu sein. Dabei sind immer mehr Erreger gegen herkömmliche Medikamente resistent. Alte Infektionskrankheiten wie die Tuberkulose erleben derzeit eine beunruhigende Renaissance. Und bei neuen Seuchen wie der Vogelgrippe, die 1997 und 2004 in Asien wütete, oder bei SARS scheint fatalerweise zu gelten: Wenn die Gefahr vorüber ist, belässt man alles beim Alten und freut sich, dass die globale Gesundheitspolitik nicht wirklich auf die Probe gestellt wurde.

Dabei ist offensichtlich, dass sie einer ernsthaften Bedrohung nicht gewachsen wäre. Keime, die uns dies immer wieder schmerzhaft und tödlich vor Augen führen könnten, gibt es leider mehr als genug. Und als ob es uns die SARS-Erreger noch mal beweisen wollten, meldeten sie sich zum Jahreswechsel 2003/2004 erneut zurück.

Literatur:
Garret L: Das Ende der Gesundheit. München 2002
Kriener M: Mensch und Mikrobe: Es wird spannend, wer wen umbringt. Tageszeitung 31.12.2003, S.15

S

Scheidung

Im »verflixten siebten Jahr« gehen die meisten Ehen und Partnerschaften auseinander.

Eigentlich müsste es das »verflixte vierte Jahr« heißen, denn statistisch gesehen gehen weltweit die meisten Ehen bereits im vierten Jahr auseinander und nicht erst im siebten. Ein Grund dafür könnte – zumindest bei Männern – der so genannte »Coolidge-Effekt« sein. Denn wie mehrere Experimente gezeigt haben, wird bei sexueller Gewöhnung immer weniger von der körpereigenen Euphoriedroge Dopamin aus den Nervenzellen abgegeben. Die Lust lässt nach und nach vier Jahren ist die Dopamin-Abgabe auf dem Nullpunkt angekommen. Wird eine neue Sexualpartnerin gewählt, steigt der Dopaminspiegel sofort wieder an. Bei den Frauen ist das Phänomen noch wenig erforscht.

Literatur:
Kiecolt-Glaser JK, Bane C, Glaser R, Malarkey WB: Love, marriage, and divorce: newlyweds' stress hormones foreshadow relationship changes. Journal of Consulting in Clinical Psychology 2003;71:176-188

Schizophrenie

Blut ist ein besonderer Saft. Das hat nicht nur Goethe gewusst, der es seinen Faust sagen ließ. Blut hat eine mystisch-religiöse Bedeutung und die Reinheit des Blutes war für viele totalitäre Staatsformen ein wichtiger Bestandteil ihrer Ideologie.

Auch in der Medizin wurde und wird dem Blut über seine physiologische Bedeutung hinaus immer wieder eine besondere Rolle zugewiesen. Was liegt da näher, als verschiedene Krankheiten auf »schlechtes Blut« zurückzuführen, erst recht, wenn man keine schlüssige Erklärung für die Symptome hat? Es ist gerade mal 20 Jahre her, als einige Mediziner meinten, auch die Schizophrenie lasse sich auf einen besonderen Faktor im Blut zurückführen – ein ominöses Schizophrenie-Toxin. Und wenn das Blut schlecht oder zumindest auf diese Weise verunreinigt ist, muss es gesäubert werden. Die moderne Medizin macht das seit Erfindung der Dialyse möglich. Ende der 1970er- und Anfang der 1980er-Jahre wurde deshalb in zahlreichen Fachartikeln von Psychiatern eine Blutwäsche für schizophrene Patienten gefordert. Der vermeintliche Schizophrenie-Giftstoff sollte durch Dialyse aus dem Körper entfernt werden, so die Vorstellung, und schon sei der Geisteskranke wieder geheilt.

Manche Patienten wurden über mehr als zwei Jahre regelmäßig an die Maschine zur Blutwäsche angeschlossen. Ihnen wurden zu diesem Zweck eigens so genannte Shunts am Unterarm operiert, Kurzschlüsse zwischen Venen und Arterien, an denen die Einstichstellen der Dialysezugänge für die »künstliche Niere« gelegt wurden. Zwar ging es einigen der Patienten nach dieser eingreifenden Behandlung besser und auch manche Ärzte meinten eine Abschwächung der Symptomatik festzustellen. Doch geholfen hat die Therapie in keinem Fall, allenfalls durch einen kurzfristigen Placeboeffekt.

Mindestens 325 publizierte Fälle sind in der Fachliteratur bekannt, in denen die Blutwäsche bei schizophrenen Patienten Anwendung fand. Mehrere Dutzend Artikel wurden zu diesem Thema veröffentlicht, bis man Ende der 1980er-Jahre plötzlich nichts mehr von der fragwürdigen Methode vernahm. Vielleicht war den leichtgläubigen Wissenschaftlern, die auf die neue Technik schworen, ein Aspekt entgangen, den der 1994 gestorbene Medizinkritiker Petr Skrabanek genüsslich ausführte: Die Idee vom schizophrenen Giftstoff im Blut stammte ursprünglich von einem schizophrenen Patienten.

Literatur:
Skrabanek P: Haemodialysis in schizophrenia: déjà vu or idée fixe. Lancet I 1982:1404-1405
Wagemaker H, Rogers JL, Cade R: Schizophrenia, hemodialysis, and the placebo effect. Results and issues. Archives of General Psychiatry 1984;41:805-810
Schulman A: Hemodialysis in the treatment of a group of schizophrenic patients. Acta Psychiatria Scandinavia (Suppl.) 1985;321:1-127
Meurice E: Overall results of attempts to treat schizophrenia by hemodialysis. Reflections on the placebo effect in a psychosis. Acta Psychiatria Belgiae 1986;86:266-286

S

Schlafen

Der Schlaf vor zwölf Uhr ist am gesündesten.

Diese Einschätzung wird seit Generationen von Eltern an Kinder und Kindeskinder weitergegeben. Dabei scheint es sich aber weniger um eine medizinische Weisheit als um ein probates Mittel zu handeln, Kinder oder jugendliche Nachtschwärmer früher ins Bett zu bekommen. Womöglich rührt diese Vermutung daher, dass die ersten zwei, drei Stunden des Schlafes am tiefsten sind. Und je tiefer der Schlaf, desto größer gemeinhin die Erholung.

Wer früh ins Bett geht, etwa um 21 oder 22 Uhr, erlebt die Phase des erholsamsten Schlafes vor Mitternacht und ein Abweichen von diesem Rhythmus führt zum bleiernen Gefühl am Morgen. Wer allerdings daran gewöhnt ist, um 1 Uhr ins Bett zu gehen, hat seine tiefste Schlafphase dann eben zwischen 1 und 3 Uhr in der Nacht. Und die ist genauso gesund wie die vor Mitternacht, wenn dies der regelmäßige Schlafrhythmus ist, auf den man sich und seinen Körper eingestellt hat.

Schlaganfall I

Die Beschwerden nach einem Schlaganfall bilden sich in den meisten Fällen wieder vollständig zurück.

Das mag bei einigen – vor allem jüngeren – Patienten der Fall sein. Doch insgesamt geht der Schlaganfall mit einer hohen Sterblichkeit einher und, wenn er überlebt wird, mit etlichen Folgekomplikationen. Der Schlaganfall ist die dritthäufigste Todesursache in den industrialisierten Ländern. Weltweit sterben rund 4,5 Millionen Menschen an einem Schlaganfall. Betroffen sind zur Hälfte Menschen, die bereits das 70. Lebensjahr überschritten haben.

10 Prozent aller Betroffenen sterben innerhalb der ersten 30 Tage nach Beginn eines Schlaganfalls. Unter denen, die einen Schlaganfall überleben, weisen nach einem halben Jahr rund 50 Prozent eine wie auch immer geartete Behinderung auf. Für die Prognose des Schlag-

anfalls ist die schnelle Behandlung entscheidend. In den vor ein paar Jahren entstandenen »Stroke units« werden die Patienten möglichst schnell und effektiv der richtigen Behandlung zugeführt. Wer in »Stroke units« behandelt wird, hat eine deutlich größere Wahrscheinlichkeit, das Krankenhaus lebend und ohne spätere Behinderungen zu verlassen.

Literatur:
Bonita R: Epidemiology of stroke. Lancet 1992;339:342-344
Stegmayr B, Asplund K, Hulter-Asberg K, et al: Stroke units in their natural habitat: can results of randomized trials be reproduced in routine clinical practice? Stroke 1999;30:709-714

S

Schlaganfall II

Ein Schlaganfall entsteht immer durch den Verschluss eines Blutgefäßes im Gehirn.

In etwa 80 Prozent der Fälle trifft das zu: Eine Arterie im Gehirn oder eine der zuführenden Arterien außerhalb des Gehirns wird durch einen Blutpfropf oder eine Embolie verschlossen. Der von diesem Blutgefäß versorgte Hirnbereich kann dann nicht mehr ausreichend durchblutet und mit Sauerstoff und Nährstoffen versorgt werden. Etwa 20 Prozent der Schlaganfälle entstehen jedoch nicht auf diese Weise, sondern durch eine Blutung aus einer der Arterien im Gehirn.

Literatur:
Bonita R: Epidemiology of stroke. Lancet 1992;339:342-344

Schmerz I

Schmerzen lassen sich nur mit Schmerzmitteln behandeln.

Das Schönste am Schmerz ist, wenn er nachlässt. Dass bei guter Stimmung Schmerzen nicht so schlimm empfunden werden, kann jeder auf Anhieb nachfühlen. Relativ neu ist jedoch die Erkenntnis, dass auch durch eine antidepressive Behandlung der Schmerz gelindert werden kann. In einer Studie mit rund 1.800 älteren Patienten, von denen 56 Prozent unter Gelenkschmerzen wie auch an einer Depression litten, wurde die Wirkung einer stimmungsaufhellenden Therapie untersucht. Die antidepressive Behandlung führte dazu, dass die Patienten weniger Schmerzen verspürten und sich gesünder fühlten und auch ihre Lebensqualität positiver einschätzten. Mit der Therapie wurden zwei Ziele zugleich erreicht: Die Schmerzen wurden gelindert und die Depression in vielen Fällen aufgehoben.

Erklärt wird diese Beobachtung damit, dass die Schmerzwahrnehmung und die Stimmungsmodulation im Gehirn eng miteinander verbunden sind und sich beide über miteinander kommunizierende Nervenbahnen gegenseitig beeinflussen. Diese neurobiologische Verbindung könnte auch die Erklärung für die erfolgreiche psychotherapeutische Beeinflussung der Schmerzwahrnehmung sein, die bei chronischen Schmerzpatienten ein wichtiger Bestandteil der Behandlung sein kann.

Ergänzt wird die Wichtigkeit dieser Beobachtung durch die Selbsteinschätzung chronisch Schmerzkranker. Obwohl Schmerzen als Symptome für eine Krankheit gelten und ihnen nur von wenigen Medizinern ein eigener Krankheitswert eingeräumt wird, sind sie ein Hinweis für den Gesundheitszustand einer Bevölkerung. Je häufiger und je intensiver die Schmerzen, als desto ungesünder stufen sich Probanden ein. Und unzufriedene oder gar depressive Menschen verursachen 50 Prozent mehr Kosten für das Gesundheitssystem als nicht depressive.

Literatur:

Mantyselka PT, Turunen JH, Ahonen RS, Kumpusalo EA: Chronic pain and poor self-rated health. Journal of the American Medical Association 2003;290:2435-2442

Lin EH, Katon W, von Korff M, et al: Effect of improving depression care on pain and functional outcomes among older adults with arthritis: a randomized controlled trial. Journal of the American Medical Association 2003;290:2428-2429

Schmerz II

Durch Schmerzsyndrome entstehen der Volkswirtschaft enorme Arbeitsausfälle.

S

Die Verluste, die einer Volkswirtschaft durch Schmerzen der arbeitenden Bevölkerung entstehen, sind in der Tat erheblich. Denn bei Schmerzen können die Menschen entweder gar nicht arbeiten oder nur mit eingeschränkter Leistung. Für die USA haben Wissenschaftler ausgerechnet, dass die Kosten durch Schmerzen jährlich imposante 61,2 Milliarden US-Dollar betragen. Der Großteil dieser Kosten (76,6 Prozent) wurde jedoch nicht durch Arbeitsausfälle und Krankschreibungen verursacht, sondern durch eine verringerte Produktivität und Leistungskraft der Betroffenen während der Arbeitszeit.

Die Forscher hatten in ihre Untersuchung in den Jahren 2001 und 2002 fast 29.000 Arbeitnehmer eingeschlossen. 13 Prozent der befragten Arbeitnehmer klagten während einer definierten zweiwöchigen Arbeitszeit über nachlassende Leistungsfähigkeit, die sie eindeutig auf verschiedene Schmerzsyndrome zurückführten. Am häufigsten handelte es sich dabei um Kopfschmerzen (5,4 Prozent), gefolgt von Rückenschmerzen (3,2 Prozent), Gelenkschmerzen (2 Prozent) und anderen Schmerzen der Muskeln oder der Knochen. Im Durchschnitt fehlten die Schmerzgeplagten 4,6 Stunden in der Woche bei der Arbeit, obgleich der größte Produktivitätsausfall durch eine geringere Leistungsfähigkeit während der Arbeit zustande kam.

Literatur:

Stewart WF, Ricci JA, Chee E, et al: Lost productive time and cost due to common pain conditions in the US workforce. Journal of the American Medical Association 2003;290:2443-2454

S

Schönheit

Symmetrische Gesichter wirken schöner als asymmetrische.

Im Prinzip stimmt das zwar – auch wenn die Gesichtshälften bei keinem Menschen völlig symmetrisch sind. Doch zu viel Symmetrie im Gesicht wirkt seltsam abwesend und oberflächlich. Die Künstlerin Rosemarie Trockel hat die Symmetrie 1995/96 ins Absurde gesteigert und zwölf »Beauties« 3000fach vervielfältigt und in Wien plakatiert. Die Gesichter der Models erweckten auf den ersten Blick den Eindruck, durch Unterschiede in der Frisur und Hautfarbe individuell zu sein. Trockel hatte allerdings die Fotos der Gesichter mit Hilfe von Computerprogrammen zu völliger Symmetrie »geschönt«. Dadurch wirkte der Ausdruck leer, das Gesicht als durchscheinende Fassade. Absolute Symmetrie ist langweilig, sagen selbst plastische Chirurgen.

Schönheitsoperationen I

Schönheitsoperationen sind ein ästhetischer Luxus.

Nicht immer. Manchmal sind die operativen Korrekturen sinnvoll oder sogar medizinisch erforderlich. Bei Patienten mit fliehendem Kinn kann durch eine starke Rückverlagerung des Unterkiefers der Rachenraum so sehr verengt sein, dass dies zu Atemproblemen beim Schlafen führt. Bei manchen Menschen mit Kieferfehlstellungen passen die Zahnreihen nicht richtig aufeinander, sodass ein normales Kauen schwierig und sogar die Nahrungsaufnahme erschwert ist. In diesen Ausnahmefällen gewinnen die Patienten erheblich an Lebensqualität, und eine »Verschönerung« durch den operativen Eingriff ist eine willkommene Nebenwirkung.

Wie viele Chirurgen medizinisch notwendige Eingriffe vornehmen und wie viele für das Streben nach Schönheit zum Skalpell greifen, ist schwer zu sagen. Die Branche verzeichnet enorme Zuwachsraten, so viel ist unbestritten. Nach zurückhaltenden Schätzungen lassen in den USA jährlich mindestens eine Million Menschen eine Schönheitsoperation über sich ergehen – manche Fachgesellschaften sprechen sogar von mehr als zwei Millionen Eingriffe im Land der unbegrenzten Operationen. In Deutschland wird mindestens 400.000-mal jährlich im Namen der Ästhetik operiert. Auch hier zu Lande kursieren um den Faktor 10 höhere Zahlen, die meist von Fachkliniken oder in ihren Diensten stehenden PR-Agenturen angegeben werden.

In Deutschland ist der Bauch für die Schönheit wohl noch wichtiger als der Kopf: Fettabsaugen plus Bauchstraffung ist mit 40 Prozent der häufigste Eingriff, dann folgen Lifting (25 Prozent), Nasenkorrektur und Brustveränderung. Für die Korrektur einer schiefen Nase müssen 4.000 bis 5.000 Euro bezahlt werden, Fettabsaugen und eine anschließende Straffung der Bauchdecke wird mit bis zu 8.000 Euro in Rechnung gestellt. Ein geliftetes Lächeln ist meist noch kostspieliger. Das Wachstumspotenzial der Branche scheint vorerst keine Grenzen zu kennen. Und die Kundschaft wird immer jünger: Von wegen alternde Filmdiven – bereits heute machen die 15- bis 25-Jährigen fast ein Viertel der Kundschaft aus.

Viele Kunden in Schönheitskliniken lassen Eingriffe im Grenzbereich zwischen ästhetischer Politur und medizinischer Notwendigkeit bei sich vornehmen. Auch wenn der vermeintliche Makel keinen körperlichen Krankheitswert hat, kann es gelegentlich sinnvoll sein, zu operieren. Manchmal bekommen Menschen, die sich nicht mehr zu helfen wissen und eine lange Odyssee durch Arztpraxen hinter sich haben, durch die Schönheitsoperation wieder eine Lebensperspektive. Ein solcher Eingriff kann etwa die Fettentfernung bei einer Frau sein, die verzweifelt ist, weil sie schon etliche Diäten hinter sich hat, aber ihre reithosenförmigen Polster an den »Problemzonen« einfach nicht verschwinden. Für Ärzte besteht allerdings die schwierige Aufgabe, zu erkennen, ob in solchen Fällen nicht eine chronische Wahrnehmungsstörung des eigenen Körperbildes vorliegt. Denn dann helfen keine Operationen, sondern oft nur psychotherapeutische Verfahren.

Schönheitsoperationen II

Nur Frauen lassen sich um der Schönheit willen operieren.

Diese einseitige Zuordnung trifft schon lange nicht mehr zu. Nach diversen Umfragen können sich jede zehnte Frau und immerhin schon jeder zwanzigste Mann in Deutschland vorstellen, Schönheitsoperationen bei sich durchführen zu lassen. In der Praxis hat sich das noch nicht niedergeschlagen: Noch führen die Frauen, und nur 15 Prozent der Operationen entfallen auf Männer.

Schokoladenseite

Die »Schokoladenseite« ist bei jedem Menschen eine andere.

Viele Menschen glauben, dass sie nicht nur positive Charaktereigenschaften haben, sondern auch ihre Gesichtshälften unterschiedlich schön sind. Sie versuchen sich dann bei Profilaufnahmen immer von ihrer »Schokoladenseite« zu zeigen. Die schönere Seite ist jedoch bei allen Menschen die rechte. Auf Collagen wird das erstaunlich deutlich. Ein aus beiden rechten Gesichtshälften spiegelbildlich zusammengesetztes Gesicht wirkt freundlicher, sympathischer und attraktiver. Ein Gesicht aus zwei linken Hälften erscheint unsympathischer und energischer. Bei Bildern von Prominenten werden die Betreffenden eher erkannt, wenn sich das Bild aus den rechten Gesichtshälften zusammensetzt.

Schuhcreme

Schuhcreme an Karneval ist gefährlich, ja tödlich ...

Sich zum Karneval mit Schuhcreme einzuschmieren, ist ein beliebter Brauch im Rheinland. Trotz dieser Tradition gibt es immer wieder Warnungen, dass dies gefährlich, ja sogar tödlich sein könnte. Zwar gibt es gesundheitlich unbedenklichere Stoffe als Schuhcreme, doch die Angst vor ihrer Wirkung ruht daher, dass befürchtet wurde, die Haut könne nicht genügend Luft zum Atmen haben. Ein zählebiger Mythos, der bereits im Kapitel »Hautatmung« am Beispiel des James-Bond-Films »Goldfinger« entkräftet wurde. Die Hautatmung beträgt weniger als einen Prozent und ist daher völlig zu vernachlässigen. Allenfalls für die Gesunderhaltung der Haut ist sie von gewisser Bedeutung.

S

Schweiß I

Wer sich die Achselhaare rasiert, schwitzt weniger.

Ebenfalls ein Irrtum im ewigen Streben nach makelloser Schönheit. Denn durch das Rasieren werden nicht die Schweißdrüsen in der Haut der Achselhöhle entfernt, sondern nur die herausstehenden Haare. Wenn die Haare unter den Achseln immer wieder rasiert werden, schwitzt man nicht weniger. Dafür bilden sich an den rasierten Achseln eher entzündliche Veränderungen der Schweißdrüsen, die bis zu Abszessen führen können.

S

Schweiß II

Schweiß riecht.

Der Schweiß selbst ist weitgehend geruchlos. Das, was wir oder unsere Mitmenschen als typischen Schweißgeruch wahrnehmen, wird erst durch die nachfolgende Zersetzung des Schweißes durch Bakterien und andere Mikroorganismen verursacht. Die Abbauprodukte des Schweißes sind es, die so unangenehm riechen, nicht der Schweiß selbst.

Der Schweiß wird von den Drüsen – hauptsächlich im Achsel- und Genitalbereich – produziert und ist besonders eiweißreich und fettsäurehaltig. An die Oberfläche gelangt, verbindet er sich mit den besonders an den behaarten Stellen des Körpers sesshaften Corynebakterien an der Hautoberfläche und dadurch entsteht die »anrüchige« Methylhexansäure. Der Schweiß, der bei Sport entsteht, riecht hingegen deutlich weniger – auch wenn sich der Betreffende nicht sofort wäscht und die Kleidung wechselt.

Schweiß III

Schweiß turnt ab.

Schweiß ist seit jeher ein sexuelles Lockmittel – er darf nur nicht zu lange auf der Haut bleiben. Aus evolutionärer Sicht war eine vermehrte Schweißproduktion gleichbedeutend mit gesteigerter sexueller Erregung. Bis heute werden Parfums und anderen Schönheitsmitteln Substanzen beigemischt, die von ihrem chemischen Aufbau und dem Duft her dem Schweiß gleichen – Moschus etwa. Wem das nicht unappetitlich genug ist: Moschus gleicht nicht nur dem Schweiß; das an- und gelegentlich aufregende Parfum sondert der Moschusochse aus Drüsen ab, die bei ihm rund um das After verteilt sind.

Bei manchen afrikanischen Naturvölkern gehorcht die Partnerwahl sogar den Regeln des Geruchtests. Männer riechen dazu unter den Achseln der Frauen und an ihren Genitalien, um herauszufinden, welcher Duft sie besonders anmacht, bevor sie eine Dame auswählen.

Auch bei dem urwüchsigen Naturvolk der Bayern waren derartige Partnerschaftstests noch bis zu Beginn des 20. Jahrhundert verbreitet. Auf ländlichen Volksfesten tanzten und schuhplattelten die Männer und zogen sich, wenn sie so richtig erhitzt waren, ein Schweißtuch – ähnlich einem überdimensionalen Taschentuch – unter der schweißnassen Achsel hindurch. Interessierte Frauen konnten dann an dem befeuchteten Tuch schnuppern und sich auf diese Weise ein Bild von ihrem etwaigen zukünftigen Partner machen. Oder auch auf die Schnelle feststellen, dass sie ihn beileibe nicht riechen konnten.

Literatur:
Morris D: Körpersignale: Vom Dekolleté zum Zeh. München 1986

Schwimmen

Nach dem Essen zu schwimmen ist gefährlich.

Etliche Bademeister, besorgte Mütter sowieso, aber auch die DLRG warnten und warnen vor dem Schwimmen mit vollem Bauch. Die Erklärung für die damit verbundenen Gefahren schien ganz einfach: Nach dem Essen ist der Körper vorrangig mit der Verdauung beschäftigt, weswegen sich das Blut hauptsächlich im Magen-Darm-Bereich sammelt. Wer dann schwimmen geht, begibt sich in Gefahr zu ertrinken, weil das Gehirn und andere wichtige Organe kaum noch durchblutet werden.

Man braucht allerdings keine wissenschaftlichen Studien, um diesen Volksglauben zu widerlegen. Wer nach dem Essen Sport treibt – etwa joggt oder Rad fährt –, wird auch nicht bewusstlos. Je nachdem, wie »schwer« das Essen und wie intensiv das Völlegefühl ist, kann es allenfalls etwas mühsamer sein, sich direkt nach einem üppigen Mahl sportlich zu betätigen, sodass die meisten Menschen ein ganz gutes Gespür dafür entwickelt haben, wann es an der Zeit ist, sich wieder ins Wasser zu trauen.

Schwitzen I

Schwitzen ist gesund.

Vielleicht beruht dieser Glaube darauf, dass man gemeinhin schwitzt, wenn man Sport treibt oder sich anderweitig körperlich betätigt. Und Sport gilt in Maßen als gesund. Gerade Sportler und trainierte Menschen schwitzen allerdings weniger als Untrainierte bei vergleichbarer Anstrengung. Und regelmäßige Saunagänger schwitzen ebenfalls weniger als die sporadischen Besucher einer Sauna. Bei Sport, Hitze und anderen körperlichen Anstrengungen ist es bisher nicht erwiesen, dass starkes Schwitzen gesünder als mäßiges Schwitzen ist.

S

Ein zweiter Grund, warum Schwitzen als gesund gilt, hängt damit zusammen, dass dem Schwitzen eine reinigende Funktion zugeschrieben wird. Viele Menschen stellen sich vor, den Körper beim Schwitzen innerlich auszuwringen und dabei schädliche Stoffe abzusondern. Zwar mag es befreiend und reinigend wirken, durch die Frühlingsluft zu joggen, nachdem man am Abend zuvor in einer verrauchten Kneipe gezecht hat. Doch seinen Körper reinigt man damit nicht – das passiert höchstens während des Duschens danach. Die Vorstellung einer Reinigung durch Schwitzen ist in etwa so irrig wie die von einer »Entschlackung«.

Ein drittes Motiv dafür, dass Schwitzen als gesund gilt, könnte mit der Fieberreaktion bei grippalen Infekten zusammenhängen. Solange das Fieber steigt, fühlt man sich noch heiß und elend. Sobald jedoch starkes Schwitzen einsetzt, ist man meist auf dem Weg der Besserung. Die Schweißabsonderung und das Verdunsten der Flüssigkeit auf der Haut haben einen kühlenden Effekt – und das Fieber sinkt wieder.

Drei Erklärungen für das positive Image des Schwitzens – doch eine positive Wirkung auf die Gesundheit ist damit noch nicht bewiesen. Schließlich gibt es sogar Krankheiten, bei denen die Fähigkeit zu schwitzen eingeschränkt ist, wie es auch eine Form des krankhaften Schwitzens gibt, die so genannte Hyperhidrosis. Oft wird keine Ursache für das extreme Schwitzen gefunden. Es kann aber auch bei einer Überfunktion der Schilddrüse, bei einer krankhaften Überproduktion von Wachstumshormonen und bei Frauen in den Wechseljahren vorkommen. Wer an Hyperhidrosis in Extremform leidet, traut sich kaum unter Menschen, weil sofort Hemd oder Bluse durchgeschwitzt sind. Viele gemeinschaftliche Aktivitäten sind dann erschwert: Jeder Händedruck ist nass. Beim Restaurantbesuch wird die Tischdecke feucht, wenn sich die Betroffenen mit den Armen auflehnen.

Schwitzen II

Sportler schwitzen stärker als Nichtsportler.

Sportler schwitzen aus verschiedenen Gründen weniger als Nichtsportler. Zum einen, weil ihr Körper trainiert ist und sie deshalb für eine Anstrengung weniger Energie und Kraft brauchen. Zum anderen, weil sich der Stoffwechsel bei regelmäßiger körperlicher Betätigung darauf einstellt, weniger Flüssigkeit und weniger Salze und Mineralstoffe an die Umgebung abzugeben und den Körper auch mit weniger Schweiß ausreichend zu kühlen.

Seitensprünge

Frauen haben weniger Sex und weniger Seitensprünge als Männer. Männer machen ihre ersten Erfahrungen früher.

Diese Behauptungen hört man immer wieder und sie werden auch gern geglaubt. Schließlich meint man sie im Alltag bestätigt zu sehen: Frauen sind meist zurückhaltender, Männer prahlen mit ihren Erfahrungen. Dabei gehört zu jedem sexuell aktiven Mann (sofern es sich nicht um Homosexuelle handelt) und zu jedem männlichen Seitensprung auch die entsprechende Frau. Trotzdem ist in Umfragen immer wieder zu lesen, dass Männer zwei- oder dreimal so viele Sexpartner haben wie Frauen.

Ob männliche Angeberei oder weibliche Diskretion – Terri Fisher und Michele Alexander wollten diesem offensichtlichen Widerspruch auf den Grund gehen. Sie wählten dazu einen geschickten Studienaufbau. Die Forscher befragten 201 unverheiratete College-Studenten (96 Männer, 105 Frauen) zu ihren sexuellen Gewohnheiten: Wann sie das erste Mal Sex hatten, mit wie vielen Partnern sie insgesamt schon intim waren, welche Erwartungen sie haben und welche sie glauben, erfüllen zu müssen.

Die Befragung wurde in drei Gruppen in jeweils unterschiedlichen Situationen durchgeführt. Einmal glaubten die Studenten, sie seien an einen Lügendetektor angeschlossen. Dazu bekamen sie Elektroden auf Nacken und Arme geklebt, wurden aber allein in dem Raum gelassen, in dem sie den Fragebogen ausfüllten. Der Lügendetektor stand zwar vor ihnen, doch er funktionierte nicht – was die Studenten natürlich nicht wussten. In der zweiten Gruppe wurden die Studenten allein im Raum gelassen und ihnen wurde versichert, ihre Angaben seien vollkommen anonym. Der dritten Gruppe wurde schließlich vermittelt, dass die Forscher die Studenten dabei beobachten könnten, wie sie den Fragebogen ausfüllten.

Bei der Auswertung zeigte sich, dass die Frauen, die glaubten, dass sie beobachtet würden, ihre sexuellen Erfahrungen deutlich herunterspielten. So gaben sie beispielsweise an, im Durchschnitt nur 2,6 Sexpartner gehabt zu haben. Die Frauen, die glaubten, an einen Lügendetektor angeschlossen zu sein, antworteten, dass sie im Durchschnitt mit 4,4 Männern Sex hatten. Diejenigen, denen Anonymität bei der Beantwortung der intimen Fragen zugesichert wurde, kamen immerhin auf 3,4 Sexpartner.

Bei den Männern war der Unterschied in den Angaben längst nicht so ausgeprägt. Unter Einfluss des vermeintlichen Lügendetektors kamen die Männer im Durchschnitt auf 4,0 Sexpartnerinnen. Wenn sich die Männer beobachtet fühlten, gaben sie immer noch an, im Durchschnitt mit 3,7 Frauen Sex gehabt zu haben.

Eines der größten Rätsel der Menschheit scheint damit endlich gelöst zu sein. Denn schließlich kamen sowohl Männer wie auch Frauen auf durchschnittliche vier Sexpartner, wenn beide glaubten, aufrichtig antworten zu müssen – das sexuelle Verhalten der beiden Geschlechter scheint also ähnlicher zu sein als vermutet.

Terri Fisher erklärt die erstaunlichen Ergebnisse damit, dass Frauen sich eher »unter Druck fühlen, dem gesellschaftlichen Rollenbild zu entsprechen. Und das heißt: Die Pflege von Beziehungen ist das Wichtigste, und eine Frau sollte auf keinen Fall als leichtlebig oder gar promisk gelten.« Deshalb sei der Unterschied in den Antworten der Frauen je nach Situation auch so groß, und die Ehrlichkeit in diesen heiklen Fragen ist im Zweifel nicht so wichtig.

Vielleicht müssen aufgrund solcher Beobachtungen die Geschichte des Sex und die unzähligen Betrachtungen über die Unterschiede zwischen Mann und Frau umgeschrieben werden. Denn die großen Umfragen zum Sexverhalten von Mann und Frau beruhen fast ausschließlich auf Interviews, die von Angesicht zu Angesicht geführt wurden. Wenn die Frauen in diesen Befragungen glaubten, den sozialen Erwartungen entsprechen zu müssen, und falsche Antworten gaben, sollten zukünftig anonyme Umfragen an die Stelle solcher Interviews treten.

S

Literatur:
Alexander MG, Fisher TD: Truth and consequences: using the bogus pipeline to examine sex differences in self-reported sexuality. Journal of Sex Research 2003;40:27-35

Selbstmedikation

Weil Ärzte immer weniger Naturheilmittel verschreiben, sinkt der Anteil dieser Arznei an den eingenommenen Medikamenten.

Die Ärzte verordnen zwar immer weniger pflanzliche Arzneimittel, doch trotzdem erhöht sich der Anteil der Naturheilmittel an den Medikamenten. Der Glaube daran, dass pflanzliche Hilfsmittel zugleich »sanft« und außerordentlich wirksam sind, ist ungebrochen. Die Bereitschaft der Patienten, selbst Geld für die so genannten »Phytopharmaka« auszugeben, wenn der Arzt sie nicht verschreibt, wächst sogar noch.

Einer Studie des Instituts für Demoskopie in Allensbach zufolge nahm der Anteil der Menschen, die in Deutschland Naturheilmittel nehmen, von 52 Prozent im Jahr 1970 auf 65 Prozent im Jahr 1997 und auf 73 Prozent im Jahr 2002 zu. Die meisten Mittel werden zur Vorbeugung und Behandlung von Erkältungen, Grippe, Schlaflosigkeit, Kopfschmerz, Erschöpfungszuständen, Hautkrankheiten und Magen-Darm-Beschwerden verwendet.

Der Anteil der Naturheilmittel, die von Ärzten verschrieben worden sind, ist zwar im Jahr 2000 um zehn Prozent auf 800 Millionen Euro Umsatz gesunken. Gleichzeitig nahmen aber die Umsätze im Bereich der Selbstmedikation im Jahr 2000 um zehn Prozent zu. Insgesamt werden 4,3 Milliarden Euro in Deutschland jährlich für nicht verschreibungspflichtige Arzneimittel ausgegeben. Das entspricht rund 680 Millionen Packungen und damit etwa 40 Prozent der 1,6 Milliarden Packungen, die jährlich über deutsche Apothekentresen gehen.

Im Vergleich zu herkömmlichen Arzneimitteln genießen pflanzliche Stoffe noch immer einen immensen Vertrauensvorschuss. Die 2.172 Befragten der Studie sollten die möglichen Nebenwirkungen von Medikamenten auf einer Skala von null bis zehn einschätzen, wobei null als frei von Nebenwirkungen galt. Chemisch-synthetische Arzneimittel wurden bei 6,7 eingestuft, die Naturheilmittel bei dem deutlich niedrigeren Wert von 2,3.

Literatur:
Stiftung Warentest: Handbuch Selbstmedikation. Rezeptfreie Mittel – für Sie bewertet. Berlin 2002
Flintrop J: Allensbach-Studie »Naturheilmittel 2002«: Die Selbstmedikation boomt. Deutsches Ärzteblatt 2002;17:C881

Selbstmord I

Frauen begehen häufiger Selbstmord als Männer.

Das Verhältnis ist gerade umgekehrt, wie den Zahlen des Statistischen Bundesamtes zu entnehmen ist. Im Jahr 2000 registrierte die Behörde 11.065 Selbstmordopfer, wobei von einer Dunkelziffer von mindestens 25 Prozent ausgegangen wird. Der Anteil der Selbstmorde betrug bei den Männern etwa 20 auf 100.000 Einwohner, bei den Frauen sind es »nur« sieben von 100.000. Die Zahl der Selbstmordversuche wird auf das 10- bis 15fache geschätzt.

Selbstmord II

Die Selbstmordrate ist in Ostdeutschland etwa genauso hoch wie in Westdeutschland.

In Ostdeutschland bringen sich im Verhältnis deutlich mehr Menschen um als im Westen. Die schwierigere Arbeitslage, die schlechteren Zukunftsaussichten und die individuell-gesellschaftliche Umstellung nach der Wende werden als mögliche Ursachen angesehen. Auch mehr als 13 Jahre nach der »Wende« hat es hier noch keinen Ausgleich zwischen West und Ost gegeben.

Selbstmord III

Junge Menschen bringen sich eher um.

Das ist eine verbreitete Vorstellung – vielleicht, weil der Selbstmord junger Menschen als noch tragischer wahrgenommen wird als der von älteren. Die Rate der Selbstmorde ist in den jungen Jahren der Pubertät jedoch am niedrigsten und steigt danach nahezu kontinuierlich mit dem Alter an. Besonders dramatisch ist der Anstieg der Selbstmordrate nach dem 60. Lebensjahr. Jede zweite Frau, die sich umbringt, ist älter als 60 Jahre. Ein Grund dafür ist, dass – nicht zuletzt durch die Diskussion um die Sterbehilfe und um die Beschränkung medizinischer Leistungen im Alter – Selbstmord im Alter gesellschaftlich zunehmend als letzter Ausweg angesehen wird. Außerdem spiegelt die hohe Selbstmordrate im Alter die geringe Aufmerksamkeit wider, die alten Menschen in den westlichen Industrienationen gemeinhin entgegengebracht wird.

Senf

Senf macht dumm.

Im Senf sind tatsächlich Substanzen enthalten, die – in großen Mengen genossen – zu gesundheitlichen Schäden und zu einer Hirnschädigung führen können. Dabei handelt es sich um die Senföle, die wissenschaftlich als Isothiozyanate bezeichnet werden. Sie sind jedoch in der Menge, in der sie im handelsüblichen Senf vorkommen, vollkommen unschädlich. Im Gegenteil, manche haben sogar nützliche Wirkungen auf die Gesundheit und deshalb werden Senf und ätherische Senföle ja auch als Hausmittel zur äußerlichen Anwendung bei mancherlei Beschwerden empfohlen.

Sex

Sex setzt das körperliche Leistungsvermögen herab.

Ein Betreuer der New York Yankees hat einmal treffend gesagt: »Sex schadet den Burschen nicht. Es ist nur so wahnsinnig anstrengend, wenn sie deswegen die ganze Nacht hinter einem Mädchen her sein müssen.« Man hört trotzdem immer wieder von Trainern und Betreuern, die »ihren« Sportlern an den Tagen vor dem Wettkampf den Geschlechtsverkehr untersagen wollen. Besuche im Trainingslager sind deshalb – zumindest bei Fußballern – für die Spielerfrauen bis heute ein umstrittenes Tabu.

Bei Sportlerinnen hat man von diesen Einschränkungen bisher wenig gehört. Vielleicht liegt das an dem alten Aberglauben, mit dem Abgeben von Sperma und dem darin innewohnenden Zeugungsvermögen würden die Männer auch einen Teil ihrer Kraft und Energie verlieren.

Natürlich werden beim Geschlechtsakt Energien und Kraftreserven verbraucht. Aber das ist nicht alles, was beim Sport wichtig ist. Denn sexuelle Aktivität treibt auch den Testosteron-Spiegel bei Männern in die Höhe, außerdem steigert sie meist die Laune, die Aufmerksamkeit und verbessert das Lebensgefühl. Und ein erhöhtes Maß davon kann zu mehr Kampfkraft, mehr Leistungswille und positiver Aggression führen. Für manche Sportarten mag das wichtig sein, um den Wettkampf motiviert zu bestreiten und den Kampfgeist und Siegeswillen der Athleten zu stärken.

Sonnencreme

Wir tragen Sonnencreme meist zu dick auf.

Das Gegenteil ist der Fall. Von den meisten Menschen werden Sonnencremes und andere Sonnenschutzmittel viel zu dünn aufgetragen. Dadurch verringert sich ihr Sonnenschutz erheblich und entspricht nicht mehr dem auf der Packung angegebenen Lichtschutzfaktor. Üblicherweise wird angenommen, dass der Lichtschutzfaktor einem Multiplikator der Zeit entspricht, die man mit Sonnencreme länger in der Sonne bleiben kann, ohne dass die Haut dabei verbrennt. In der Praxis stimmt dies jedoch schon deshalb nicht, weil die Sonnencreme immer wieder falsch dosiert wird und es trotz ihrer Verwendung zum Sonnenbrand kommt. Der Gebrauch von Sonnencreme gilt daher mittlerweile sogar als Risikofaktor für Hautkrebs.

Bei Tests von Sonnencremes werden zwei Milligramm auf einen Quadratzentimeter Haut aufgetragen, die übliche Dosierung hingegen beträgt nur zwischen 0,5 und 1,3 Milligramm pro Quadratzentimeter. Dadurch verringert sich der Sonnenschutz auf 20 bis 50 Prozent. Trotz Sonnencreme treten derart ungeschützt immer wieder Sonnenbrände auf, und in der Folge greifen die Sonnenanbeter zu Produkten mit höherem Lichtschutzfaktor.

Nötig wäre dies nicht, denn verschiedene Untersuchungen haben ergeben, dass bei einem intensiven siebenstündigen Sonnenbad in Südeuropa ein Schutzfaktor 10 für nord- und mitteleuropäische Bleichgesichter vollkommen ausreichen würde. Selbst bei einem siebenstündigen Sonnenbad in den Tropen wäre die Haut mit dem Schutzfaktor 15 ausreichend geschützt, wenn denn die richtige Dosierung beachtet würde.

Die richtige Dosierung wird von britischen und neuseeländischen

Ärzten wie folgt empfohlen und liegt weit über den am Strand und im Freibad zu beobachtenden Gepflogenheiten. Zunächst sollte man die Oberflächenverteilung des Körpers gemäß der »Neuner-Regel« zugrunde legen. Demnach kann die Oberfläche des Menschen in neun, etwa gleich große Bereiche unterteilt werden: Kopf mit Nacken, jeder Arm, jeder Oberschenkel, jeder Unterschenkel mit Fuß, sowie Brust und Rücken. Für jeden dieser Körperbereiche sollte so viel Sonnencreme verwendet werden, wie auf die gesamte Innenseite von Zeige- und Mittelfinger passt – und zwar je ein Strang Creme auf jeden Finger.

S

Wer weniger Sonnencreme verwenden will, dem empfehlen die Mediziner, nur die Menge zu nehmen, die auf einen Finger passt, wobei dann aber der angegebene Lichtschutzfaktor bereits um die Hälfte reduziert ist.

Soweit bekannt ist, stehen die Ärzte, von denen die Fachartikel publiziert worden sind, nicht mit der Kosmetikindustrie oder den Herstellern von Sonnenschutzmitteln in Verbindung, sondern sie haben ihre Studien aus rein wissenschaftlichem Interesse vorgenommen. Skeptisch sind sie allerdings, was eine Veränderung des Wettbewerbs um den höchsten Sonnenschutz angeht. Mittlerweile bietet fast jeder Hersteller Cremes mit Lichtschutzfaktor 50 an. Eine von den Autoren vorgeschlagene Einteilung in hohen, mittleren und geringen Schutzfaktor für die drei in der weißen Bevölkerung vorherrschenden Hauttypen würde die Industrie zu teuren Umstellungen veranlassen und denen einen Nachteil verschaffen, die freiwillig auf die unnötigen, aber am teuersten verkauften hohen Lichtschutzfaktoren verzichten.

Literatur:
Diffey B: Has the sun protection factor had its day? British Medical Journal 2000;320:176-177
Neale R, Williams G, Green A: Application patterns among participants randomized to daily sunscreen use in a skin cancer prevention trial. Archives of Dermatology 2002;138:1319-1325
Taylor S, Diffey B: Simple dosage guide for suncreams will help users. British Medical Journal 2002; 324:1526

Sparmöglichkeiten

Durch Vorsorgemaßnahmen lassen sich erhebliche Kosten im Gesundheitswesen einsparen.

Diese Annahme ist durch nichts bewiesen, wird aber immer wieder gern vorgebracht, weil sie gut zu unserer vermeintlich gesundheitsbewussten Lebenseinstellung passt. Im Jahr 2001 betrugen die Ausgaben der gesetzlichen Krankenversicherungen in Deutschland ungefähr 135 Milliarden Euro. Die Ausgaben für nicht chronische Krankheiten machten etwa 35 Milliarden Euro aus. Von diesen Ausgaben, so eine Einschätzung des Sachverständigenrates im Gesundheitswesen, ließen sich etwa ein Drittel durch gezielte Vorsorgemaßnahmen einsparen. In einer Studie aus dem Jahr 1999 heißt es aber auch, dass diese Schätzungen andere Ausgaben ebenso unberücksichtigt lassen wie die Kosten für die dann gestiegene Lebenserwartung oder für andere Krankheiten.

Aus diesem Grund schätzen die meisten Experten, dass Vorsorgeprogramme kurz- und mittelfristig nicht Geld einsparen, sondern sogar mehr kosten würden. Denn zunächst erfordern die Präventionsmaßnahmen Investitionen: Vorsorge kostet Geld. Weitere Kosten entstehen durch eine höhere Lebenserwartung und die damit verbundenen steigenden Ausgaben im höheren Lebensalter. Die Annahme, Vorsorge führe zu mehr Gesundheit und wäre daher für die Gesellschaft insgesamt billiger, ist eine schöne Illusion. Wie sich eine verbesserte Vorsorge langfristig auf die Kosten im Gesundheitswesen auswirkt, ist ebenfalls noch unklar. Am billigsten kommen die Gemeinschaft die Menschen, die lange gesund bleiben und dann schnell sterben.

Sperma

Nach dem Beischlaf ist jedes Lebewesen traurig.

Das hatte schon Aristoteles vermutet: »Post coitum omne animal triste«, hinterließ er der Nachwelt. Doch immer wieder waren Zweifel an dieser Behauptung des griechischen Philosophen aufgekommen. Rund 2.500 Jahre nach dem Ausspruch von Aristoteles hat ein amerikanisches Forscherteam um Gordon Gallup junior von der State University in New York herausgefunden, dass das Gegenteil richtig ist.

Gallup war für seine heikle Untersuchung der Frage nachgegangen, ob Sperma womöglich antidepressive Eigenschaften aufweist. Dazu hatte er ein ziemlich ungewöhnliches Studienprotokoll gewählt. Er untersuchte die Depressionsrate bei 293 Studentinnen und unterteilte sie in drei Gruppen, abhängig davon, ob sie Sex mit oder ohne Kondom praktizierten.

Mit Hilfe eines standardisierten Stimmungstests und einer üblichen Depressionsskala zeigte sich, dass die Frauen, deren Partner niemals Kondome benutzten, am glücklichsten waren und am seltensten Suizidversuche unternommen hatten. In der Stimmungshitliste folgten ihnen die Frauen, deren Partner gelegentlich Kondome gebrauchten. Am unzufriedensten waren Frauen, deren Partner immer Kondome benutzten. Sie wurden beispielsweise in der Rate der Selbstmordversuche nur noch von den Frauen übertroffen, die sexuell vollkommen abstinent waren.

Gallup und seine Kollegen vermuten, dass die im Samen enthaltenen Hormone durch Vagina und Gebärmutter in das Blutsystem aufgenommen werden und dann zu einer Stimmungsaufhellung beitragen. Möglicherweise sei das auch bei analem und oralem Sex der Fall, doch hierzu liegen noch keine Untersuchungen vor. Auch ist bisher noch nicht untersucht worden, wie die Stimmung von Frauen ist, die zwar verhüten (etwa mit der »Pille«), bei denen aber dennoch Sperma in den Körper gelangt. Vielleicht hatte Aristoteles doch Recht. Schließlich hatte er seine Aussage eingeschränkt: »praeter mulierem gallumque«, was so viel bedeutet wie: alle seien nach dem Sex traurig – außer der Frau und dem Hahn. Denn der kräht ja anschließend.

Literatur:
Gallup GG, Burch RL, Platek SM: Does semen have antidepressant properties? Archives of Sexual Behavior, 2002;31:289-293

Sport I

Sport ist Mord.

Eine von Sportmuffeln immer wieder gern vorgebrachte Behauptung zur Abwehr körperlicher Betätigung. Und dann wird Churchills »No sports« zitiert (dabei hat Churchill in jungen Jahren viel Sport getrieben), der berühmte erste Marathonläufer erwähnt, der nach seinem Lauf von Marathon nach Athen tot auf dem Marktplatz zusammenbrach. Und in der Tagespresse finden sich immer wieder Berichte, wonach Menschen nach körperlicher Aktivität plötzlich starben.

Nach verschiedenen Untersuchungen ist das Risiko eines vorzeitigen Ablebens nach Sport jedoch außerordentlich gering. Es wird geschätzt, dass in einer Gruppe von 100.000 Männern mittleren Alters jährlich sechs Todesfälle nach sportlicher Aktivität vorkommen – wobei das Risiko in der ersten Stunde nach dem Sport am größten und für Menschen mit überwiegend sitzender Tätigkeit höher ist, als bei Menschen, die sich täglich bewegen und trainiert sind. Andererseits werden durch Sport die Herz-Kreislauf-bedingten Todesfälle von 70 auf 40 pro 10.000 Personenjahre vermindert – das heißt, jährlich lassen sich in einer Gruppe von 10.000 Menschen 30 retten, wenn sie Sport treiben. Schließlich sinkt ihr Blutdruck, das Herz wird trainiert und die Blut- und Sauerstoffversorgung des Körpers wird verbessert – alles Wirkungen, die Herzinfarkt und Schlaganfall vorbeugen und die Lebenserwartung steigern könnten (s.u.).

Literatur:
Paffenbarger RS, Hyde RT, Wing AL: The association of changes in physical-activity level and other lifestyle characteristics with mortality among men. New England Journal of Medicine 1993;328:538-545

Sport II

Ausdauersportler leben länger.

Natürlich ist Ausdauersport gesund. Er kräftigt die Muskulatur, trainiert Herz und Kreislauf und verbessert die Lungenfunktion. Außerdem fühlen sich die meisten Ausdauersportler aktiver, frischer und gesünder als der überwiegend sesshafte Teil der Bevölkerung.

Ein Einfluss des Trainingseffekts auf die Lebenserwartung konnte bisher jedoch trotz aller positiven Nebenwirkungen auf die Lebensqualität noch nicht beobachtet werden, was manchen Arzt zu dem Bonmot veranlasst hat: Sportler leben zwar nicht länger, aber sie sterben gesünder.

Eine Erklärung dafür könnte sein, dass bei Sportlern die Energiereserven in den Zellen und Organen früher verbraucht sind. Das Training ist jedes Mal eine Belastung, bei der die üblichen Körpervorgänge ausgeschöpft werden. Eine andere Erklärung macht die so genannten »freien Radikale« dafür verantwortlich, dass Sportler nicht deutlich älter werden als die Normalbevölkerung. Freie Radikale werden bei körperlicher Anstrengung und belastetem Stoffwechsel vermehrt gebildet und greifen die Gefäße und Organe an.

Sportlerherz

Sportler müssen ihr vergrößertes Herz wieder auf normale Größe »abtrainieren«.

Der Glaube an ein Sportlerherz hat sich bis heute hartnäckig gehalten. Zwar ist es unbestritten, dass Sportler durch Ausdauertraining ihr Herzvolumen und die Leistungsfähigkeit des Hohlmuskels erheblich steigern können. Bei Radsportlern etwa wurde eine Vergrößerung des durchschnittlich 500 Gramm schweren Hohlmuskels in Extremfällen auf mehr als 1 Kilogramm festgestellt. Viele Ausdauerathleten haben einen Ruhepuls von weniger als 40 Schlägen in der Minute. Doch nach der Beendigung einer Sportlerkarriere ist kein besonderes Programm zum »Abtrainieren« notwendig. Das Herz gewöhnt sich von selbst wieder an die geringeren Anforderungen. Manche Sportler berichten allerdings, dass sie in der ersten Zeit nach Beendigung ihres intensiven Trainings nicht mehr so gut schlafen und über den Tag unruhiger sind, weil sie sich weniger bewegen.

Stadtleben

In einer Stadt ist die medizinische Versorgung für alle Bewohner gleich.

S

Zugegeben, die Stadt, um die es hier geht, ist eine der größten und vielfältigsten der Welt: New York. Und dass es auch in wohlhabenden Staaten deutliche Unterschiede in der medizinischen Versorgung gibt, ist längst kein Geheimnis mehr. Man schaue sich nur die Behandlung von Privatpatienten und Kassenpatienten in Deutschland an. Wie unterschiedlich die Therapie jedoch in Abhängigkeit von Wohnort, Hautfarbe, sozialer Schicht und Einkommen selbst innerhalb einer Stadt sein kann, überrascht dennoch.

In einer Studie zweier Ärzte vom New Yorker Albert-Einstein-College für Medizin wurde untersucht, wie Patienten nach einem Herzinfarkt in der Millionen-Metropole versorgt wurden. Dazu bestimmten sie die Häufigkeit, wie oft die verschlossenen Herzkranzgefäße nach dem Infarkt durch einen Katheter-Eingriff wieder durchgängig gemacht wurden (Revaskularisation). Sie verglichen die Situation in zwei sozial benachteiligten Stadtteilen (South Bronx und Harlem) mit dem wohlhabendsten Distrikt Mittel-Manhattan und zogen die übrigen Gegenden New Yorks als Vergleichswerte heran.

Es zeigte sich, dass es deutliche Behandlungsunterschiede je nach Hautfarbe gab: Die Häufigkeit der Revaskularisation betrug für Weiße 29,2 Prozent, für Hispano-Amerikaner 19,9 Prozent und für Schwarze 12,5 Prozent. Geografisch unterteilt wurden die wenigsten Revaskularisationen in der South Bronx vorgenommen (12 Prozent), im Vergleich zu 24 Prozent in Harlem und 38,4 Prozent im Zentrum von Manhattan. Im Rest von New York City betrug die Rate 21,2 Prozent. Wer daher glaubt, wenigstens in den demokratischen Industrienationen sei das Ideal der klassenlosen Gesellschaft erreicht worden, sieht sich selbst in Bereich der Gesundheit massiv getäuscht.

Literatur:
Fang J, Alderman MH: Is geography destiny for patients in New York with myocardial infarction? American Journal of Medicine 2003;115:448-453

Stammzellen I

S

Embryonale Stammzellforschung führt zur Heilung bisher unheilbarer Krankheiten.

Das sind Wechsel auf die Zukunft, »Köder der Utopie«, wie der Philosoph Hans Jonas derartige Heilversprechen genannt hat. Die unbewiesene Behauptung vom Heilpotenzial der Stammzellen entspricht dem Wunschdenken mancher Forscher, nicht aber der Realität. Bisherige Studien, etwa mit Parkinson-Patienten, haben gezeigt, dass sich deren Zustand durch eine Therapie mit aus Stammzellen entwickeltem Gewebe nicht verbesserte, sondern verschlechterte.

Stammzellen II

Man darf Kranken die Chance auf Heilung mit Stammzellen nicht vorenthalten.

Die Heilungsaussichten mit einer aus Stammzellen abgeleiteten Therapie sind mehr als vage. Bezeichnenderweise sind es fast immer Grundlagenforscher und keine klinisch tätigen Ärzte, die mit der Stammzellforschung die Zukunft der Medizin beschwören. Auch wenn in Südkorea im Februar 2004 erstmalig ein menschlicher Embryo geklont und dann zur Gewinnung von Stammzellen gleich wieder vernichtet wurde, ist eine Therapie noch in weiter Ferne.

Gemeinhin werden ethische Zweifel an der Methode mit dem Hinweis auf eine immer realistischer erscheinende Therapie schwerer Volksleiden schnell vom Tisch gewischt. Die technische Machbarkeit dominiert über das Mahnen und Warnen der Bedenkenträger. Es ist wie beim Rennen Hase gegen Igel: Die Wissenschaft schreit ständig »bin schon da«, während die aufgeschreckte Öffentlichkeit noch überlegt, welche Wertvorstellungen gerade zu verschwinden drohen. Ethiker geben derweil den Forschern Schützenhilfe, indem sie aus den Zellstochereien im Embryo eine »Ethik des Heilens« abzuleiten versuchen.

Dabei werden mit der Aussicht auf Therapie falsche Hoffnungen geweckt. Die immer wieder in diesem Zusammenhang genannten Leiden Diabetes, Alzheimer und Parkinson werden sich mit ein paar im Labor hochgezüchteten Stammzellen nicht heilen lassen. Es ist zwar vergleichsweise einfach, im Reagenzglas ein paar Stammzellen umzuprogrammieren – dass mit Geschick, Glück und den richtigen Wachstumsfaktoren aus Herz Hirn und aus Blut Muskel werden kann, haben findige Forscher Ende der 1990er-Jahre bereits beweisen. Daraus funktionierendes Gewebe zu machen, sie in komplexe Organe wie die Bauchspeicheldrüse oder gar das Gehirn einzupflanzen und dort auch dauerhaft zu integrieren, ist allerdings etwas anderes.

Noch schwieriger, wenn nicht gar utopisch, ist es, ganze Organe aus Stammzellen zu züchten, was trotzdem angesichts jeder noch so abseitigen Klonmeldung immer wieder fantasiert wird. Der dreidimensionale Aufbau einer Leber beispielsweise, ihre Zusammensetzung aus verschiedenartigen Zelltypen, wie auch die Versorgung mit Blutgefäßen und Nervenbahnen sind auf absehbare Zeit nicht zu rekonstruieren.

Heutigen Kranken fehlen ganz andere Dinge als eine Stammzelltherapie: Die Schmerztherapie, etwa von Krebskranken, liegt oft noch im Argen. Ebenso die Betreuung Sterbender und die psychosoziale Begleitung bei langwierigen Therapien. Vielen Alten und Kranken in Heimen fehlt es an ebenso wichtigen wie einfach umzusetzenden Alltäglichkeiten wie regelmäßiger Körperpflege und ausreichender Trinkmenge. Nun kann man zwar das eine tun und das andere nicht lassen. Doch in der Praxis sind die Ressourcen begrenzt.

Stammzellen III

Wenn wir nicht an embryonalen Stammzellen forschen, machen es andere.

Mit dieser Logik lässt sich jeder Unsinn legitimieren. Lange Zeit haben deutsche Forscher neidisch auf die USA geschielt, das Land der scheinbar unbegrenzten Forschungsmöglichkeiten. Doch im Sommer 2001 hat George W. Bush die Gelder für embryonale Stammzellforschung vorerst eingefroren. Inzwischen werden Israel und Großbritannien als leuchtende Vorbilder dargestellt.

Stammzellen IV

Das »Töten« embryonaler Stammzellen und das Töten von Embryonen bei Abtreibungen ist ähnlich.

Bei der Abtreibung werden zwei Rechtsgüter gegeneinander abgewogen, bei der Stammzellforschung nicht. Die Abtreibungsregelung ist in einem schwierigen gesellschaftlichen Einigungsprozess entstanden. Dabei wird das Rechtsgut des Embryos gegen das Rechtsgut der Mutter abgewogen. Niemand kann eine Frau gegen ihren Willen zur Mutterschaft verpflichten. Im Fall der Stammzellforschung stehen aber nicht zwei Rechtsgüter zur Disposition. Hier geht es nur um den Embryo. Ihm stehen keine individuellen Interessen gegenüber, die betroffen wären oder seine Tötung rechtfertigen würden. Gesellschaftliche Interessen wie die Forschungsfreiheit oder die diffuse Aussicht auf Heilung können gegen diese Individualposition schwerlich in Anschlag gebracht werden.

Stammzellen V

Einem Zellhaufen kommt keine Menschenwürde zu. Die beginnt erst bei der Ausbildung von Bewusstsein.

Dann hätten auch Ohnmächtige, Demenzkranke und Komapatienten keine Menschenwürde. Niemand sollte sich zum Richter über Menschsein und Menschenwürde machen. Auf diesem Gedanken beruht Artikel 1 des Grundgesetzes. Auf ein daraus abgeleitetes »Definitionsverbot« des Menschen haben der ehemalige Verfassungsrichter Ernst-Wolfgang Böckenförde und der Philosoph Robert Spaemann schon vor Jahren hingewiesen: »Wenn es überhaupt so etwas wie Rechte des Menschen geben soll, kann es sie nur geben unter der Voraussetzung, dass niemand befugt ist, darüber zu urteilen, ob jemand Subjekt solcher Rechte ist.«

S

Stammzellen VI

Der Standort Deutschland ist in Gefahr, wenn nicht mit Stammzellen geforscht wird.

Der Wirtschaftsfaktor Gentechnik ist hier zu Lande bisher zu vernachlässigen. Der Forschungsstandort Deutschland ist so vielfältig, dass er sich nicht auf Stammzellforschung einengen lassen muss. In Deutschland hängen zwischen 20.000 und 30.000 Arbeitsplätze von der Gentechnik ab. Weniger als zwei Prozent der Arbeitnehmer in der Sparte Gentechnik sind weltweit mit Stammzellen beschäftigt. Durch gentechnische Verfahren ermöglichte Rationalisierungen in der chemischen und pharmazeutischen Industrie haben die Gentechnik hier zu Lande sogar zu einem »Arbeitsplatzvernichter« gemacht.

Stillen I

Wer als Baby gestillt wurde, ist später dicker.

Das Stillen ist in den vergangenen Jahrzehnten allerhand ideologischen Anfeindungen ausgesetzt gewesen. Lange Zeit wurde über die optimale Dauer des Stillens diskutiert. In den 1980er-Jahren wurden nur vier Monate Stillzeit empfohlen, weil danach angeblich das Gesundheitsrisiko der auch in der Muttermilch enthaltenen schädlichen Rückstände und Umweltgifte den Nutzen übersteigen würde. Mittlerweile sind es wieder sechs Monate, die von den Ärzten empfohlen werden. Wissenschaftler sind mehrheitlich der Überzeugung, dass es deutlich mehr positive Auswirkungen des Stillens gibt als negative.

S

Immer wieder wurde späteres Übergewicht als ein Nachteil des Stillens angegeben. Doch bisher hat sich dies nicht beweisen lassen. Im Gegenteil: Mehrere Studien an Kleinkindern, Schulkindern und jungen Erwachsenen haben den Schluss nahe gelegt, dass Stillen vor späterem Übergewicht schützt, einheitlich sind die Daten aber nicht. So konnten britische Wissenschaftler an rund 3.000 Kindern zeigen, dass die Kinder (im Alter zwischen 4 und 18 Jahren) im Durchschnitt am schlanksten waren, die zwei bis drei Monate gestillt worden waren. Die Ergebnisse waren statistisch jedoch nicht aussagekräftig genug.

Andere Forscher erfassten alle 1982 geborenen männlichen Babys in einer brasilianischen Stadt und untersuchten und befragten rund 2.200 von ihnen im Jahr 2000 im Alter von 18 Jahren. Diejenigen, die drei bis fünf Monate gestillt wurden, hatten in dieser Studie weniger Hang zu Übergewicht entwickelt als die anderen. Doch auch hier gab es so viele unklare Faktoren, dass sich die einheitliche Aussage »Stillen schützt vor Übergewicht« nicht machen ließ.

Genau wird sich dies – ebenso wie das Gegenteil – kaum jemals belegen lassen, denn eine Studie, die Babys zufällig zwei Gruppen zuteilt, von denen die eine gestillt und die andere mit Brei und Ersatzmilch gefüttert wird, wäre ethisch nicht vertretbar und zulässig. Und bei den bisher vorliegenden Beobachtungsstudien sind die Ergebnisse einfach zu ungenau, sodass viele Verzerrungen durch die nachträglich erhobenen Daten möglich sind.

Literatur:
Clifford TJ: Breast feeding and obesity. British Medical Journal 2003;327:879-880
Li L, Parsons TJ, Power C: Breast feeding and obesity in childhood: cross sectional study. British Medical Journal 2003;327:904-905
Victora CG, Barros FC, Lima RC: Anthropometry and body composition of 18 year old men according to duration of breastfeeding. British Medical Journal 2003;327:901-904

Stillen II

Stillende können nicht schwanger werden.

Das stimmt so absolut einfach nicht. Zwar ist es in der Tat so, dass es durch die hormonelle Umstellung während des Stillens nicht leicht zu einem Eisprung kommt und auch die Gebärmutterschleimhaut in dieser Zeit nicht besonders aufnahmebereit für eine befruchtete Eizelle ist. Die Wahrscheinlichkeit für eine Schwangerschaft ist also während des Stillens relativ gering. Durch das Stillen wird der hormonelle Regelkreis zwischen Hirnanhangsdrüse und Eierstock, der den Eisprung auslöst, gehemmt. Und ohne Eisprung steht kein befruchtungsfähiges Ei zur Verfügung und ist auch keine Schwangerschaft möglich.

Doch die hormonelle Umstellung ist bei keiner Frau so »hundertprozentig«, dass mit Sicherheit eine Schwangerschaft in der Stillperiode ausgeschlossen werden könnte. Die Häufigkeit, trotz Stillens schwanger zu werden, wird je nach Publikation auf zwei bis zwölf Prozent geschätzt. Und nach wissenschaftlichen Untersuchungen ist der Verhütungsschutz bereits bei Stillpausen von mehr als sechs Stunden deutlich herabgesetzt. Diese Phase erreichen viele Frauen schon wenige Wochen nach der Geburt ihres Kindes, wenn der Nachwuchs zumindest nachts nicht mehr so oft zur Brust genommen werden muss.

Literatur:
Labbok MH: Breastfeeding and fertility. Mothers and Children 1989;8:1-3

Stillen III

Frauen stillen Neugeborene, sofern sie dazu in der Lage sind.

Es gibt eine Vielzahl von Gründen, warum Frauen ihre Neugeborenen nicht stillen können oder wollen, auch wenn heute von Kinderärzten eine Stillzeit von rund sechs Monaten aus verschiedensten Gründen allgemein befürwortet wird. Denn Muttermilch ist nicht nur aus gesundheitlichen Gründen während des ersten halben Lebensjahres des Kindes (viele behaupten: auch darüber hinaus) die optimale Ernährung. Stillen fördert auch die Beziehung zwischen Mutter und Kind. Manchmal hat die Frau allerdings Schmerzen beim Stillen, oder ihre Brustwarzen sind zu flach oder sogar leicht nach innen gewölbt, so dass das Baby nicht gestillt werden kann.

S

Ob die Frauen das Kind wollen oder nicht, hat allerdings auch einen erheblichen Einfluss auf die Bereitschaft zu stillen. Eine Befragung von gut 33.000 Frauen, die Mitte der 1990er-Jahre im Großraum New York ein Kind zur Welt brachten, hat das ergeben. Die Frauen, die zum falschen Zeitpunkt oder ungewollt schwanger wurden, stillten ihre Kinder deutlich seltener und insgesamt kürzer als jene Frauen, die angaben, dass sie sich das Kind gewünscht hatten.

Literatur:
Dye TD, Wojtowycz MA, Aubry RH, et al: Unintended pregnancy and breast-feeding behaviour. American Journal of Public Health 1997;87:1709-1711

Stillen IV

Eine Frau mit großen Brüsten kann besser stillen als eine Frau mit kleinen Brüsten.

Die Größe der weiblichen Brüste ist unabhängig davon, wie viel Milch einer Frau zum Stillen zur Verfügung steht. Denn die weibliche Oberweite wird hauptsächlich von der Menge und Verteilung des eingelagerten Fettgewebes bestimmt – und beides hat nichts mit dem Stillen zu tun.

Die Milch wird hingegen nur im Drüsenkörper der weiblichen Brust hergestellt. Er ist bei fast allen Frauen von ähnlicher Größe und dehnt sich in der Schwangerschaft und während der Stillzeit beträchtlich aus. So kann es sein, dass eine Frau mit Körbchengröße A genauso viel Milch zur Verfügung hat wie eine Frau mit Körbchengröße C.

S

Stimmung

Gute Laune kann man nicht essen.

Dass eine stimmungsvoll angerichtete Tafel mit Kerzen, aufwendigem Gedeck, üppigen Speisen – und dem richtigen Mitesser – den meisten Menschen gute Laune machen kann, ist eine Alltagserfahrung und jedem bewusst. Aber nicht nur ein ansprechend dekorierter Tisch, auch die zu sich genommene Nahrung selbst kann zu einer besseren Stimmung beitragen. Besonders dann, wenn die verzehrten Lebensmittel den Wirkstoff Serotonin enthalten. Serotonin gilt als »Glückshormon«. Bereits ein zehntel Gramm im Körper tut der Stimmung gut. Manche Antidepressiva wirken, indem sie den Abbau von Serotonin im Körper hemmen.

Fehlt Serotonin im Stoffwechsel, sind wir eher antriebslos, depressiv, neurotisch und wälzen uns in der Nacht schlaflos im Bett hin und her. In einigen Lebensmitteln ist eine Vorstufe von Serotonin, das Tryptophan, enthalten – etwa in Schokolade, Bananen, Ananas, Erdbeeren und Himbeeren. Manche dieser Sachen muss man allerdings schon kiloweise genießen, um in den erhofften, die Stimmung aufhellenden Zustand zu kommen.

Literatur:
Lohmann C: Machen Bananen glücklich? Der etwas andere Ernährungsberater. München 1999

Strahlen

S

Die Belastung mit Strahlen ist bei einem Flug über den Atlantik höher als bei einer Röntgenaufnahme.

Vergleicht man einen Flug von Deutschland an die Ostküste der Vereinigten Staaten mit einem einfachen »Röntgen-Thorax«, wie Mediziner die Aufnahme der Lunge nennen, stimmt das in der Tat. Die Strahlenbelastung ist bei Transatlantikflügen um das Zwei- bis Dreifache höher. Der Röntgen-Thorax ist allerdings auch die Röntgen-Untersuchung mit der geringsten Strahlenbelastung, da zur Durchdringung und Darstellung des Lungengewebes wenig Strahlung erforderlich ist. Doch schon bei anderen Röntgenaufnahmen wie etwa einer Darstellung der Wirbelsäule, des Beckens oder gar einer Magen-Darm-Passage oder eines Dickdarmeinlaufs mit Kontrastmittel ist die Strahlenbelastung um ein Vielfaches höher als während eines Transatlantikfluges.

Die Strahlung während der Flüge ist übrigens kosmischer Natur. Wir werden andauernd von geladenen Partikeln aus dem Weltall beschossen. In Flughöhe, in der Nähe der Pole und im Hochgebirge ist sie deutlich stärker als auf dem flachen Land.

Stress

Stress macht krank.

Das trifft nicht immer zu: Wer seinen Stress genießt, wird seltener krank als derjenige, der darunter leidet. Der Biochemiker Hans Selye hat 1950 den Begriff »Stress« für körperliche Anpassungsreaktionen auf schädigende Einflüsse geprägt. Selye hatte zwar schon 1936 in einem Fachartikel von »Stress« gesprochen, doch erst nach dem Zweiten Weltkrieg setzte sich die von ihm vorgeschlagene Bezeichnung durch. Für Selye lief die Reaktion des Körpers auf Stress immer nach einem bestimmten Programm ab – egal welcher Einfluss als Belastung empfunden wurde. Selye teilte die Folgen einer von ihm als »Stressor« bezeichneten Belastung in verschiedene Stufen ein: Zunächst reagiert der Körper mit einer Alarmreaktion und der Ausschüttung von Stresshormonen wie Adrenalin und Kortison. Darauf folgt die Abwehrphase, in der sich der Körper auf eine Auseinandersetzung einstellt. Danach folgt die letzte Phase – die Erschöpfung. Dieser Regulationsvorgang des Körpers sei völlig normal und habe nichts Ungesundes oder Krankhaftes an sich, betonte Selye immer wieder.

Ungesund wird Stress erst dann, wenn er als »stressig« empfunden wird, das heißt, wenn die Anpassungsvorgänge des Körpers überstrapaziert werden. Das kann man in gewissen Maßen selbst steuern. Wir können es beeinflussen, was wir als wie belastend wahrnehmen. Besonders stressanfällig, heißt es, seien erfolgsorientierte, ehrgeizige Menschen, die sich im Hamsterrad des Lebens keine Ruhe gönnen. Reizbarkeit und Wut, Misstrauen und Zynismus erhöhen die schädlichen Wirkungen von Stress.

Als die größten Stressfaktoren in der Arbeitswelt gelten jedoch nicht Ehrgeiz und Erfolgsstreben, sondern Ausweglosigkeit und fehlender Gestaltungsspielraum. Schon der Angestellte, der sich seine Tätigkeit selbst einteilen kann, ist weniger gefährdet als der Fließbandarbeiter, der seinem monotonen Arbeitsrhythmus nicht entrinnen kann. Manche Wissenschaftler lehnen es deshalb sogar ab, von Stress zu sprechen, wenn man frei entscheiden kann, wie viel man sich zumutet. Wer hingegen einen Job ohne Aussicht auf Beförderung hat, eine monotone

Arbeit unter Akkordbedingungen verrichten muss und wenig Anerkennung bekommt, steigert sein Krankheitsrisiko erheblich.

Tätowierungen

Kernspinuntersuchungen sind für Tätowierte gefährlich.

T

Die Vorstellung hat etwas Gruseliges: Man legt sich zur Untersuchung in den Kernspintomographen und plötzlich fängt es an zu kribbeln und zu jucken – zumindest wenn man tätowiert ist. Über mehrere Tage schürte die Bild-Zeitung im Juni 2003 die Angst vor den medizinischen »Killermaschinen« (»Wer Tattoo trägt, kann in dieser Röhre verbrennen«, war einer der Artikel betitelt). Besorgte Patienten riefen bei Ärzten an. Und die Tattoo-Studios spürten schon bald darauf die Skepsis ihrer Kunden und verzeichneten abnehmendes Interesse. Dabei werden in den meisten Studios die Farben jährlich vom Gesundheitsamt kontrolliert. Zudem wurde hier unbegründet Panik verbreitet: Nur sehr selten kommt es überhaupt zu Hautirritationen bei Tätowierten im Kernspin und diese sind dann vollkommen ungefährlich.

Der Streit dreht sich um die eisenhaltigen Partikel. Sie sind gelegentlich in geringer Konzentration in den üblichen Tätowierfarben (besonders in schwarzer Farbe) und im permanenten Make-up (etwa in Liplinern und Lidstrichen), aber auch bei chirurgischen Rekonstruktionen der Brustwarze nach plastischen Operationen enthalten.

Mediziner geben einhellig Entwarnung. Oliver Schäfer, Oberarzt der Abteilung Röntgendiagnostik an der Freiburger Uniklinik, hat noch keine Beschwerden von tätowierten Patienten vernommen. »Obwohl wir 30 bis 40 Patienten täglich im Kernspin untersuchen und darunter gelegentlich auch Tätowierte sind, kennen wir das Phänomen nur aus der Literatur«, so Schäfer. Aus der Literatur ist ebenfalls bekannt, dass manche Radiologen so verunsichert sind, dass sie Tätowierten die Untersuchung verweigern.

Wie gering das Risiko tatsächlich ist, belegen nicht nur die Erfahrungen einzelner Mediziner, sondern auch Artikel in der Fachliteratur.

In einer im Jahr 2002 veröffentlichten Studie wurden die Nebenwirkungen von Kernspinaufnahmen bei 135 Patienten mit »permanenter Kosmetik« untersucht. Nur bei zwei Probandinnen kam es überhaupt zu Irritationen, wenn auch nur vorübergehend: Eine spürte ein »leichtes Kribbeln«, die andere ein »Brennen« an den tätowierten Stellen.

»Selbst wenn solche Ereignisse auftreten sollten, sind sie kaum von medizinischer Bedeutung für die Patienten«, kommentiert Schäfer die Studien. Die Kernspintomographie bleibe eine der wichtigsten und sichersten Verfahren der Bildgebung, für deren Erfindung und technische Verbesserung im Jahr 2003 der Medizinnobelpreis vergeben wurden. »Und wenn sich doch jemand unwohl fühlen sollte, kann er während der Untersuchung jederzeit den Alarmball drücken, um sofort aus der Röhre geschoben zu werden«, beruhigt der Mediziner.

Tätowierungen stellen allenfalls für die Mediziner ein Problem dar. So ist unter Radiologen bekannt, dass ausgeprägte Tätowierungen die Bildqualität bei der Kernspinuntersuchung verschlechtern können. Gelegentlich treten durch die Hautverzierungen Artefakte auf den Bildern auf.

Bei anderem Körperschmuck und metallischen Altlasten im Körper sind vor dem Gang in die Röhre jedoch ein paar Vorsichtsmaßnahmen zu beachten. Piercings müssen entfernt werden, weil sie zu einer Störung des Bildes führen und die Magnetfelder und Hochfrequenzimpulse des Kernspintomographen ablenken. Aus demselben Grund werden Patienten mit Herzschrittmacher nur unter bestimmten Bedingungen untersucht (siehe Herzschrittmacher). Kriegs- oder Unfallopfer, die noch Metallteile im Körper tragen, können oft nicht im Kernspin durchleuchtet werden. Keine Probleme bereiten hingegen Gold- und Silberschmuck. Auch aus medizinischen Gründen eingebrachte Fremdkörper wie Hüftprothesen, Clips oder Stents (Gefäßstützen) stören nicht, da sie aus Titan oder aus Legierungen bestehen, die das Magnetfeld nicht beeinflussen.

Literatur:
Tope WD, Shellock FG: Magnetic resonance imaging and permanent cosmetics (tattoos): Survey of complications and adverse events. Journal of Magnetic Resonance Imaging 2002;15:180-184
Carr JJ: Danger in performing MR imaging on women who have tatooed eyeliner or

T

similar types of permanent cosmetic injections. American Journal of Roentgenology 1995;165:1546-1547
Shellock FG: Guide to MR procedures and metallic objects. Philadelphia 2001

Tee

Tees sind – im Gegensatz zu Kaffee und Alkohol – nicht wassertreibend.

Früher wurde in Restaurants und Cafés häufig ein Glas Wasser zum Kaffee gereicht – in vielen südeuropäischen Ländern ist das heute noch Sitte. Eine Erklärung für die zusätzliche Flüssigkeit könnte darin bestehen, dass Kaffee dem Körper Wasser entzieht. Bei Ratschlägen für den Flüssigkeitsausgleich während heißer Tage wird deshalb von Kaffee abgeraten und neben Fruchtsäften auch immer wieder Tee empfohlen, da diese Getränke angeblich nicht so wassertreibend seien.

Dies ist nur zum Teil richtig. Neben Alkohol und Kaffee entzieht auch schwarzer und grüner Tee dem Körper Wasser durch eine vermehrte Ausscheidung über die Nieren. Keinen wasserentziehenden Effekt haben hingegen Säfte, Roibusch- und Früchtetees. Den Zusammenhang erläutert Martin Reincke, Professor für Endokrinologie an der Uniklinik München. Der Hormonexperte erklärt die verschiedenen Effekte: Alkohol wirkt auf ein als Vasopressin bezeichnetes Hormon in der Hirnanhangsdrüse. Das Hormon begrenzt die über die Niere ausgeschiedene Flüssigkeitsmenge. Durch Alkohol wird jedoch seinerseits dieses Hormon gehemmt, woraufhin die über die Niere ausgeschiedene Flüssigkeitsmenge steigt. Der Effekt tritt – wie die Alltagserfahrung zeigt – schnell ein, hält aber auch noch einige Stunden am nächsten Morgen an, wenn abends Alkohol konsumiert wurde. Der Flüssigkeitsverlust treibt die Menschen aufs Klo und ist sicher auch für den »dicken Kopf« mit verantwortlich, so Reincke. Ob Bier, Wein oder Schnaps – alle Alkoholika haben diesen Effekt, wobei beim Bier die Flüssigkeitsaufnahme üblicherweise am größten ist und der Harndrang dadurch noch weiter erhöht wird.

Doch zurück zum Tee: Wer die gleiche Menge Wasser trinken würde, müsste auch ziemlich häufig aufs Klo, insofern ist die Quantität nicht ganz unwichtig. Nach dem Genuss von Tee muss man jedoch noch etwas öfter das stille Örtchen aufsuchen als bei reinem Wassergenuss. Das im Tee enthaltene Teein ähnelt chemisch dem Koffein. Beide wirken nicht nur stimulierend auf Herz und Hirn, sondern auch auf die Blutgefäße der Nieren. Diese werden erweitert, dadurch steigt die Nierendurchblutung. Bei der vermehrten Durchblutung der Nieren wird automatisch auch mehr Blut gefiltert und zu Harn verarbeitet – und der Harndrang steigt.

Testosteron

Männer mit hohem Testosteronspiegel werden von Frauen bevorzugt.

Fragt man Frauen nach ihrem Traummann, bekommt man(n) eine ähnliche Antwort wie von dem Bauern, wenn man ihn nach dem idealen Nutztier fragt: die eierlegende Wollmilchsau. Viele Frauen wünschen sich einen männlichen Typ, der aber kein Macho ist – aber auch bloß kein als »Weichei« verschriener Softie. Zwar stimmt das Vorurteil nicht, dass besonders aggressive Männer oder auch besonders athletische Typen einen höheren Testosteronspiegel haben als die zurückhaltenden Vertreter ihrer Spezies. Aber eine stärkere Körperbehaarung und die Tendenz zum schnelleren Muskelaufbau haben Männer mit höheren Testosteronwerten schon.

Zumindest für die Partnerinnen von Harvard-Studenten scheint der Testosteronspiegel nicht entscheidend zu sein. Wer mit klugen Köpfen zusammen sein will, für den zählen wohl andere Werte. In einer Untersuchung an 122 Studenten der Elite-Universität fanden Forscher jedenfalls heraus, dass die jungen Männer, die in »hingebungsvollen, romantischen Beziehungen« zu einer Frau standen, um 21 Prozent niedrigere Hormonspiegel aufwiesen als die Männer, die noch ungebunden waren. Auch verheiratete Männer hatten eine niedrigere Hormonkonzentration als die Studenten, die noch solo waren.

Literatur:
Burnham TC, Chapman JF, Gray PB, et al: Men in commited, romantic relationships have lower testosterone. Hormones and Behaviour 2003;44:119-122

Tod I

Die Todeszeit lässt sich auf wenige Minuten genau bestimmen.

T

Man kennt das aus vielen Krimis. Der Kommissar kommt an den Tatort, schaut kurz auf die Leiche und wendet sich dann an den bereits anwesenden Gerichtsmediziner. Auf die Frage, wie und wann der Mord geschah, gibt der Mann aus der Rechtsmedizin meist eine ebenso lakonische wie präzise Antwort: »Der Tod ist zwischen 00:47 und 00:52 eingetreten«, heißt es dann oder: »Sie ist zwischen zwei und halb drei gestorben.«

So hilfreich es für die Ermittler auch wäre – diese Genauigkeit bekommt kein Kommissar und kein Rechtsmediziner hin, es sei denn, der Mörder hat eine Nachricht mit dem Todeszeitpunkt hinterlassen. Selbst unter optimalen Bedingungen kann nicht genauer als mit einem Intervall von plus/minus zwei Stunden gerechnet werden. Die Bestimmung der Todeszeit geschieht mit Hilfe möglichst vieler am Leichnam zu bestimmender Faktoren mittels eines so genannten Nomogramms: Dazu gehören insbesondere Leichenflecken und die Leichenstarre, weiterhin die Körpertemperatur und die Umgebungstemperatur, sowie der Zustand der Bekleidung und der Windverhältnisse. Hinzugezogen werden kann eventuell noch die Reizbarkeit der Pupillen und der Muskulatur, die beide noch mehrere Stunden nach dem Tod auf elektrische Impulse reagieren können. Bestimmte biochemische Parameter geben ebenfalls Hinweise auf den Zeitpunkt des Ablebens, doch auch unter optimalen Umständen wird die Bestimmung eine Ungenauigkeit von mindestens zwei Stunden aufweisen.

Tod II

Man kann Toten im Gesicht ablesen, ob sie friedlich oder qualvoll gestorben sind.

Noch so eine Legende, die in schöner Regelmäßigkeit in Fernsehkrimis wiederbelebt wird. Kommissare, Ermittler und andere TV-Spürnasen kommen an einen Tatort und sehen die Leiche. Vom Gesichtsausdruck des Toten schließen sie auf dessen letzte Sekunden oder auch darauf, ob das Opfer den Täter gekannt hat, sich gewehrt hat, erschrocken ist oder furchtbar gelitten hat.

Für die Dramaturgie des Films mag das von Bedeutung sein. Die Wirklichkeit sieht jedoch anders aus. Nach dem Tod erlischt jede Aktivität aus den Muskeln und Organen des Körpers. Und für unsere Mimik und unseren Gesichtsausdruck ist nun mal ausschließlich die mimische Gesichtsmuskulatur zuständig. Sie erschlafft mit dem Tod und mit dem Versiegen jeder Kontraktur. Die Muskeln entspannen sich, die Züge werden ruhig, sodass jeder Tote sanft und friedlich aussieht. Die in Todesanzeigen immer wieder zu findende Formulierung »friedlich entschlafen« ist daher alles andere als eine Beschönigung. Jeder Tote sieht friedlich aus, egal wie schwer sein Todeskampf war und wie schockiert er im Angesicht seines Mörders gewesen sein mag.

Tod III

Weltweit sterben die meisten Menschen an Infektionskrankheiten.

In Zeiten der Globalisierung ist viel von der weltweiten Gesundheitslage die Rede. Zweifellos haben die Aids-Katastrophe, die SARS-Epidemie, das gelegentliche Aufflackern der Ebola-Seuche und andere Infektionskrankheiten viel Aufmerksamkeit erregt. Die Rückkehr längst vergessener oder besiegt geglaubter Erkrankungen wie Tuberkulose, Lepra, Cholera oder Ruhr hat zudem dazu beigetragen, die weltweiten Gefahren ansteckender Krankheiten nicht zu unterschätzen. Laurie Garretts Buch »Die kommenden Plagen« über die Rückkehr der Seuchen hat sich Ende der 1990er-Jahre mehr als 300.000-mal verkauft und gemeinsam mit dem allgemeinen Medieninteresse dazu beigetragen, die Bedrohung durch Infektionen als immens hoch anzusehen.

In der weltweiten Todesursachenstatistik nehmen Infektionskrankheiten jedoch nicht den ersten Platz ein. Nach Schätzungen der Weltgesundheitsorganisation WHO sind im Jahr 2003 rund 56 Millionen Menschen weltweit gestorben. Etwa 60 Prozent von ihnen starben nicht an ansteckenden Krankheiten: Rund 16 Millionen starben an Herz-Kreislauf-Erkrankungen, besonders an Herzinfarkt, sieben Millionen an Krebs, 3,5 Millionen an chronischen Atemwegserkrankungen und fast eine Million an Diabetes. Afrika ist der einzige Kontinent, in dem Infektionskrankheiten häufiger die Todesursache sind als die nicht ansteckenden Krankheiten.

Internationale Hilfsorganisationen und Politiker vernachlässigen das Problem der chronischen Erkrankungen in Entwicklungsländern oder so genannten Schwellenländern. Aber auch hier machen sich das Altern der Bevölkerung, veränderte Ernährungsgewohnheiten mit mehr Fett und Zucker, weniger Bewegung und vermehrtes Rauchen bemerkbar. So kam es allein in China im Jahr 2003 zu 2,8 Millionen Herzinfarkten.

Literatur:
Beaglehole R, Yach D: Globalisation and the prevention of non-communicable disease: the neglected chronic disease of adults. Lancet 2003;362:903-908

Tod IV

Nach dem Tod wachsen Fingernägel und Haare weiter.

Dieser Eindruck beruht auf einer optischen Täuschung. Weil die Haut sich schon bald nach dem Tod zusammenzieht, ist der Abstand zwischen Fingerkuppe und Fingernägeln dann größer als zu Lebzeiten. Das liegt aber nicht daran, dass die Fingernägel weitergewachsen wären, sondern an dem Flüssigkeitsverlust der Haut. Das gleiche Phänomen erweckt den Anschein, dass die Barthaare nach dem Tod noch weiter wachsen. Die Haut zieht sich zurück, ist nicht mehr so prall und deshalb stehen die zum Todeszeitpunkt bereits vorhandenen Barthaare weiter vor. Aus diesem Grund werden männliche Leichen auch in aller Regel in der Klinik oder vom Bestatter rasiert.

Tod V

Ein Mord mit Arsen lässt sich nicht nachweisen.

T

Dieser Glaube mag auch durch den Filmklassiker »Arsen und Spitzenhäubchen« befördert worden sein. Denn in dem 1944 von Frank Capra gedrehten Kultstreifen haben die beiden reizenden Tante Abby und Tante Martha zwar 13 Leichen im Keller (»Auf zwei Liter Holunderbeerwein nehme ich einen Teelöffel voll Arsen und einen halben Teelöffel voll Strychnin – und dann eine klitzekleine Prise Zyankali dazu«), doch niemand kommt ihnen auf die Spur.

Der Nachweis von Arsen wurde bereits im Jahre 1836 möglich. Der britische Chemiker James Marsh (1790–1846), der in einem Giftmordprozess als Gutachter aussagen musste, entwickelte dazu ein Gerät, das bis zu einem millionstel Gramm einer Arsenverbindung nachweisen konnte und bis weit ins 20. Jahrhundert eingesetzt wurde.

In dem so genannten »Marsh-Apparat« wird das Arsen in der zu untersuchenden Substanz unter Zugabe von Zink und Schwefelsäure zu Arsenwasserstoff reduziert. Das entstehende Gas entweicht durch eine Röhre, in der es sich als glänzender Spiegel niederschlägt.

Die genaue Nachweismethode führte dazu, dass der Giftmord mit Arsen in der zweiten Hälfte des 19. Jahrhunderts deutlich seltener vorkam.

T

Tod VI

Der Selbstmord mit E 605 ist mit wenig Leid verbunden und »sicher«.

Das Pflanzenschutzmittel E 605 hatte in den 1950er-Jahren eine unrühmliche Popularität. In Deutschland unternahmen viele Menschen Selbstmordversuche mit der körnigen Substanz. Der Tod durch E 605 war jedoch langsam und qualvoll. Denn die Substanz ist ein Zellgift, die die Zellatmung blockiert. Dadurch kommt es zu einem grausamen Tod durch inneres Ersticken.

Tod VII

Tote beißen nicht wirklich ins Gras.

Früher schon. Der Ausdruck stammt aus den Schriften des griechischen Dichters Homer. In der »Ilias« schildert er den Kampf um Troja. Immer wieder kommt es dabei im Schlachtgetümmel zu garstigen Verletzungen der griechischen und der vorderasiatischen Helden. Dabei schildert Homer auch die Folgen von Wundinfektionen – zumeist den Wundstarrkrampf, der auch als Tetanus bezeichnet wird.

Dabei kommt es durch ein bakterielles Gift zu einer Anspannung aller Muskelpartien des Körpers. Da die Muskeln des Rückens kräftiger sind als die des Bauches, wird der Körper nach hinten gebeugt. Der vom Wundstarrkampf Befallene kann sich nicht mehr auf den Beinen halten und liegt nach hinten gekrümmt am Boden. Außerdem ist die Gesichtsmuskulatur stark verkrampft und angespannt, sodass es zu einer Grimasse kommt, die als »sardonisches Lächeln« (»risus sardonicus«) beschrieben wurde. Diese Muskelverspannungen des Sterbenden sehen so aus, als ob er »ins Gras beißen« würde.

Die meisterhafte antike Schilderung durch Homer hat dazu beigetragen, dass sich bis heute dieser bildhafte Begriff für das Sterben gehalten hat – auch wenn mittlerweile die meisten Menschen gegen Tetanus geimpft sind und der Wundstarrkrampf im Frühstadium mit muskelentspannenden Mitteln behandelt werden kann, sodass es zu diesen Symptomen nur noch in den seltensten Fällen kommt.

Trinkpause

Man soll während der Halbzeitpausen im Sport nicht trinken, sondern den Mund nur ausspülen.

Eine seltsame Regel, die zumindest für unsere Jugendfußballmannschaft galt. Auch im Hochsommer sollten wir bei Punktspielen in der Halbzeitpause das mitgebrachte Mineralwasser nicht trinken, sondern nur zur Erfrischung den Mund damit ausspülen und das Wasser dann wieder ausspucken. Angeblich hätten wir sonst zu viel »Wasser im Bauch« und könnten nicht mehr schnell und ausdauernd genug laufen.

Sportphysiologisch macht diese Empfehlung überhaupt keinen Sinn. Gerade bei körperlicher Anstrengung ist es wichtig, dass dem Körper genügend Flüssigkeit zugeführt wird, damit es nicht zu einer gefährlichen Austrocknung kommt.

Tuberkulose

Die Tuberkulose ist eine Krankheit, die kaum noch vorkommt.

Die Tuberkulose – früher noch als Schwindsucht bezeichnet – galt viele Jahre als eine längst besiegte Krankheit. Sie wurde als häufiges Leiden zu Beginn des 20. Jahrhunderts angesehen, an dem viele Menschen aufgrund mangelnder Hygiene und fehlender Behandlungsmöglichkeiten starben. In Thomas Manns »Zauberberg«, in Carl Zukkmayrs »Hauptmann von Köpenick« und zahlreichen anderen Romanen und Theaterstücken spielt das Leiden eine wichtige Rolle. Es schien aber ebenso alt zu sein wie die Bücher, in denen es vorkam, und allenfalls noch in die 1920er-Jahre zu gehören. Spätestens als in den

1940er-Jahren die ersten wirksamen Arzneien gegen die Tuberkulose entdeckt wurden, ging die Erkrankung weltweit dramatisch zurück.

Seit einigen Jahren ist die Zahl der Tuberkulose-Kranken jedoch wieder deutlich gestiegen. Erst Mitte der 1980er-Jahre bemerkte die Weltgemeinschaft, dass sie die Krankheit in den vergangenen 20 Jahren weitgehend vernachlässigt hatte. Seit 1985 ist allein in den USA die Zahl der jährlichen Neuerkrankungen auf etwa 27.000 gestiegen. In Deutschland breitete sich die Erkrankung ebenfalls weiter aus. Das lag auch daran, dass durch Globalisierung und neue Migrantenströme fast völlig eingedämmte Krankheiten wieder eine Renaissance erleben. Zudem werden die Keime immer resistenter gegen die verfügbaren Medikamente. In New York war zu Beginn der 1990er-Jahre jeder dritte Tbc-Kranke resistent gegen mindestens ein Antibiotikum. Weltweit wird der Anteil der Tbc-Kranken, die gegen alle verfügbaren Medikamente Resistenzen entwickelt haben, auf zwei bis drei Prozent geschätzt.

Die weltweiten Bemühungen zur Eindämmung der Tuberkulose haben seit 1992 dazu geführt, dass die Zahl der Erkrankungen – nach dem Anstieg von 1985 bis 1992 – wieder rückläufig ist. Trotzdem ist die Tbc immer noch eine der größten globalen Gesundheitsgefahren: Gegenwärtige Schätzungen von Epidemiologen und der Weltgesundheitsorganisation WHO gehen davon aus, dass weltweit jedes Jahr rund zwei Millionen Menschen an der Tuberkulose sterben und dass es jährlich zu etwa acht Millionen Neuerkrankungen kommt. Besonders schlimm ist die Lage in Afrika, wo sich das Leiden vieler Aids-Kranker durch eine zusätzliche Infektion mit Tuberkulose verschlimmert. Häufig kommt die Krankheit auch in einigen Regionen Chinas vor sowie im Gebiet der ehemaligen Sowjetunion, besonders in Litauen, der Ukraine und Russland. Seit 1991 stieg die Zahl der Tbc-Infizierten dort von rund 34 pro 100.000 Einwohner auf mehr als 85 pro 100.000 Einwohner im Jahr 2000.

Literatur:
Iademarco MF, Castro KG: Epidemiology of tuberculosis. Seminars in Respiratory Infection 2003;18:225-240
Frieden TR, Sterling TR, Munsiff SS, et al: Tuberculosis. Lancet 2003;362:887-899

Übergewicht I

Wenn Menschen zu viel wiegen, liegt das an ihren »schweren Knochen«.

»Schwere Knochen« sind eine ebenso beliebte wie weit verbreitete Erklärung für die überflüssigen Pfunde, die mancher mit sich herumschleppt. Dabei ist Übergewicht keineswegs eine Frage des Skelettsystems. Die Knochen machen nur etwa acht bis neun Prozent unseres Körpergewichts aus und sind bei allen Menschen im Verhältnis zur Körpergröße ungefähr gleich schwer. Trotzdem wird der Hinweis auf einen massigen Körperbau immer wieder als Entschuldigung für Hüftringe und Übergewicht angeführt.

Übergewicht II

Dicke sind »schlechte Futterverwerter«.

»Leben ist Stoffwechsel« – so definierte das Brockhaus-Lexikon in den 1890er-Jahren das, was uns ausmacht. Von dieser Definition scheint bis heute viel in den Alltagsglauben übernommen worden zu sein, denn eine häufige Erklärung für Übergewicht lautet, man sei ein »schlechter Futterverwerter«. Das soll wohl bedeuten, dass die wenige Nahrung, die man zu sich nimmt, »immer schnell ansetzt«. Oft heißt es dann noch, dass man »gar nicht so viel esse«. Die Übergewichtigen, so hat es den Anschein, sind ein Opfer der Umstände: »Schwere Knochen« – oder eben ein Stoffwechsel, der nicht so mitmacht, wie er das bei den Ranken und Schlanken dieser Welt tut.

Forscher aus Großbritannien haben diesen Mythos untersucht. Die Wissenschaftler aus Cambridge maßen dazu bei 319 Erwachsenen die Energiezufuhr und den -verbrauch. Sie unterteilten die Probanden in vier Gewichtsklassen (Normalgewichtige, Übergewichtige, stark Übergewichtige und sehr stark Übergewichtige) und analysierten Energieumsatz und Stoffwechsel. Das Ergebnis war – zumindest für die Dicken, die an die Mär von der »schlechten« Nahrungsverwertung glaubten – niederschmetternd. Mit jeder Gewichtsklasse nahmen der Energieverbrauch und -umsatz kontinuierlich und mit einer immer deutlicheren Steigerung zu. Auch die Stoffwechselfunktion, die mit verschiedenen Parametern gemessen wurde, zeigte eine ständige Steigerung von den Normgewichtigen hin zu den besonders Übergewichtigen. Die auch in medizinischen Umfragen und Studien immer wieder angeführte Behauptung von Übergewichtigen, sie seien trotz verhältnismäßig geringer Nahrungsaufnahme so dick geworden, entbehrt jeder wissenschaftlichen Grundlage.

Literatur:
Prentice AM, Black AE, Coward WA, Cole TJ: Energy expenditure in overweight and obese adults in affluent societies: an analysis of 319 doubly-labelled water measurements. European Journal of Clinical Nutrition 1996;50:93-97

Übergewicht III

Dicke sterben früher als Dünne.

Dass starkes Übergewicht zu massiven gesundheitlichen Schäden führen kann, ist nicht neu. Herz-Kreislauf-Erkrankungen, Diabetes, Erkrankungen des Skelettsystems und Stoffwechselstörungen kommen bei Übergewichtigen häufiger vor als bei Normgewichtigen. Trotzdem ist der Zusammenhang zwischen Übergewicht und erhöhter Sterblichkeit nicht so deutlich, wie man vermuten würde.

Eine systematische Zusammenfassung der Literatur hat ergeben, dass die Sterblichkeit bei Männern mit erheblichem Übergewicht deutlich ansteigt – allerdings ebenso wie bei Männern, die stark untergewichtig sind. Bei Frauen war der Zusammenhang lange nicht so ausgeprägt. Wenn sich diese Beobachtungen bestätigen, ist das derzeitige Schlankheitsideal aus gesundheitlichen Gründen kein erstrebenswertes Ziel. Gesünder und langlebiger sind demnach Menschen mit Normalgewicht, die sich durchaus ein paar Hüftrollen und einen kleinen Bauchansatz gönnen.

Literatur:
Troiano RP, Frongillo EA, Sobol J, Levitsky DA: The relationship between body weight and mortality: a quantitative analysis of combined information from existing studies. International Journal of Obesity and Related Metabolic Disorders 1996;20:63-75

U

Übergewicht IV

Wer mehrere kleinere Mahlzeiten am Tag zu sich nimmt, wird nicht so leicht dick wie jemand, der drei größere Mahlzeiten vertilgt.

Immer wieder hört man die Empfehlung, lieber mehrere kleine Zwischenmahlzeiten über den Tag verteilt zu sich zu nehmen, als bei Frühstück, Mittagessen und Abendessen massiv »zuzuschlagen«. Einzuwenden dagegen ist nichts, vielleicht ist es geselliger und ein Völlegefühl stellt sich auch nicht so schnell ein – ebenso wenig wie ein Hungergefühl bei langen Pausen zwischen den großen Mahlzeiten.

Als Vermeidungsstrategie gegen Übergewicht scheinen die Zwischenmahlzeiten jedoch nicht geeignet zu sein. Zwar konnte in einzelnen Untersuchungen gezeigt werden, dass eine definierte Essensmenge mehr Energie im Körper freisetzt, wenn sie in mehrere kleine Mahlzeiten zerteilt und zu verschiedenen Zeitpunkten gegessen wird, als wenn sie auf einmal verzehrt wird. Doch der Effekt war gering. In der Praxis zeigte sich zudem, dass es in verschiedenen Studien mit mehreren Tausend Probanden keinen Unterschied in der Energieaufnahme innerhalb von 24 Stunden gab – egal ob die Teilnehmer schlemmten oder nur nippten.

Literatur:
Bellisle F, McDevitt R, Prentice AM: Meal frequency and energy balance. British Journal of Nutrition 1997;77(Suppl. 1)57-70

Übergewicht V

Paare versuchen füreinander begehrenswert und schlank zu bleiben.

Das mag nur gelten, solange man sich des anderen noch nicht ganz sicher ist. Wissenschaftler haben nämlich festgestellt, dass verheiratete Männer erheblich übergewichtiger sind als nicht verheiratete. Auch wenn das Volksempfinden davon ausging, dass Männer nach der Hochzeit zunehmen (weil sie dann, so die Legende, besser versorgt und bekocht werden), ging die Wissenschaft lange von einer anderen Vermutung aus: Demnach sind Eheleute eher dünner als Ledige, weil bei der Partnerwahl ein attraktives, schlankes Gegenüber bevorzugt wird und daher Dünne bessere Heiratschancen haben als Dicke. Das mag zu Beginn der Zweisamkeit noch zutreffen, schon bald nach der Eheschließung sind viele Ehen jedoch zusätzlichen Belastungen in Form von Extrapfunden ausgesetzt.

Forscher von der Cornell-Universität im Staat New York gingen dem Zusammenhang von Familienstatus, Gewichtszunahme und Übergewicht auf den Grund. Dazu untersuchten und befragten sie mehr als 3.000 Erwachsene in den USA im Alter zwischen 20 und 64 Jahren. Es zeigte sich, dass die verheirateten Männer deutlich dicker waren als nicht verheiratete oder vor kurzem geschiedene Männer. Bei Frauen waren die Unterschiede im Gewicht abhängig vom Familienstand lange nicht so ausgeprägt.

Nun weiß man zwar, dass verheiratete Männer wie Frauen insgesamt gesünder sind und im Durchschnitt auch länger leben als Singles. Wie dieser Befund jedoch mit dem beobachteten – und als gesundheitsschädlich geltenden – Übergewicht in Einklang zu bringen ist, muss wohl erst noch erforscht werden.

Literatur:
Sobal J, Rauschenbach BS, Frongillo EA: Marital status, fatness and obesity. Social Science and Medicine 1992;35:915-923

U

Unfruchtbarkeit I

Wenn Paare kinderlos bleiben, liegt das meist an der Frau.

Etwa zwölf bis 15 Prozent aller Paare in Mitteleuropa bleiben ungewollt kinderlos, das heißt, auch nach einem Jahr ungeschütztem Verkehr ist die Frau noch nicht schwanger. Der Irrglaube ist weit verbreitet, dass Kinderlosigkeit in erster Linie auf die Frau zurückführen ist. Dabei ist mittlerweile bekannt, dass es in fast der Hälfte der Fälle am Mann liegt. Dafür gibt es verschiedene Ursachen: Die unfruchtbaren Männer haben entweder zu wenige Spermien in ihrer Samenflüssigkeit oder die Spermien sind fehlgebildet oder unbeweglich. Gelegentlich kommt es auch vor, dass die Spermien äußerlich und von der Form her in Ordnung sind, aber trotzdem nicht die äußere Schicht der Eihülle durchdringen können und es deshalb auch nicht zu der für die Befruchtung notwendigen Verschmelzung von Ei und Samenzelle kommen kann.

Mit den Methoden der künstlichen Befruchtung können einige dieser mechanischen Hindernisse überwunden werden. Bei der »normalen« In-vitro-Fertilisation, wie die Reagenzglasbefruchtung genannt wird, werden Ei und Samenzelle im Labor zusammengebracht. Seit Beginn der 1990er-Jahre ist es sogar möglich, die Samenzelle gezielt in die Eizelle einzubringen. Mit einer Mikropipette werden die Samen unter dem Mikroskop in das Ei injiziert (IntraCytoplasmatische SpermienInjektion = ICSI). Das so befruchtete Ei wird dann in Kultur gezüchtet, bis es sich mehrfach geteilt hat und schließlich in die Gebärmutter eingepflanzt wird. Allerdings liegt die Erfolgsrate für derartige Versuche der künstlichen Befruchtung bisher nur zwischen zehn und 20 Prozent. Bei etwa 40 bis 50 Prozent der Paare muss damit gerechnet werden, dass trotz intensiver Behandlungen der Kinderwunsch nicht erfüllt werden kann.

Wenn die Frau unfruchtbar ist, können verschiedene mechanische und hormonelle Ursachen dafür ausschlaggebend sein. Bei manchen Frauen sind die Eileiter verklebt und verwachsen, sodass der Transport des Eis vom Eierstock in die Gebärmutter verhindert wird. Bei anderen Frauen ist der hormonelle Zyklus so sehr gestört, dass kein Ei befruchtet werden kann. Manchmal ist auch die Einnistung und der Verbleib der befruchteten Eizelle in der Gebärmutter nicht gewährleistet, weil sich die Schleimhaut dort nicht richtig aufbaut und das befruchtete Ei nach wenigen Tagen wieder abgeht.

Unfruchtbarkeit II

Ein Kaiserschnitt wirkt sich nicht auf die Fruchtbarkeit aus.

Es kann Zufall sein – auffällig ist es allerdings schon, dass in den vergangenen 20 Jahren die Häufigkeit der Kaiserschnittentbindungen kontinuierlich gestiegen ist und gleichzeitig die Anzahl der unfruchtbaren Paare sprunghaft zugenommen hat. Doch kann beides überhaupt etwas miteinander zu tun haben?

Anscheinend schon, behauptet eine gynäkologische Arbeitsgruppe aus Schottland. Dabei ist aber wohl in erster Linie nicht der medizinische Eingriff von Bedeutung. Denn auch wenn bei der Frau nichts verletzt wird und alle anatomischen Strukturen im Bereich der Geschlechts- und Fortpflanzungsorgane noch intakt sind, lässt sich – rein statistisch – ein Zusammenhang zwischen Kaiserschnitt und Unfruchtbarkeit nachweisen. Insofern führt ein Kaiserschnitt wohl doch häufiger zur Unfruchtbarkeit, als angenommen wird. Die Ursache ist aber nicht pathologischer Natur, so die Mediziner aus Schottland, sondern beruht auf den psychischen und/oder sozialen Folgen, die der Kaiserschnitt für die Betroffene haben kann.

Literatur:
Porter M, Bhattacharya S, van Teijlingen E, Templeton A: Does caesarian section cause infertility? Human Reproduction 2003;18:1983-1986
Basso O, Baird DD: Infertility and preterm delivery, birthweight, and caesarian section: a study within the danish national birth cohort. Human Reproduction 2003;18:2478-2484

Unterhemden

Wer keine Unterhemden trägt, bekommt es an der Niere.

An diesem nicht auszurottenden Mythos ist nur auf vielen Umwegen etwas Wahres dran. Wer keine Unterhemden trägt und sich erkältet, kann zwar anfälliger für eine Blasenentzündung werden – doch das kommt auf die restliche Garderobe an. Wenn allerdings eine Blasenentzündung vorliegt, die nicht richtig behandelt oder chronisch verschleppt wird, kann sich das zu einer Nierenbeckenentzündung und schließlich zu einer chronischen Nierenerkrankung ausweiten.

Vaterschaft

Zehn Prozent aller Kinder in den USA stammen nicht von dem Mann ab, den sie für ihren leiblichen Vater halten.

Diese Zahl kursiert immer wieder in Zeitungsartikeln und Rundfunkberichten, um das angeblich so promiske Verhalten in westlichen Gesellschaften allgemein und in den Vereinigten Staaten im Besonderen mit der hohen Zahl fremder Vaterschaften zu belegen. Diese zehn Prozent beruhen aber nur auf einer groben Schätzung, die bisher statistisch nicht nachgewiesen werden konnte. Zwar berichten die Institute, die Vaterschaftstests durchführen, von zehn bis zwölf Prozent der untersuchten Fälle, in denen die sozialen Väter nicht die leiblichen Väter sind. Doch die Gruppe der Männer, die einen Vaterschaftstest machen lässt, ist nicht repräsentativ für alle Väter, sodass hier sicher eine geringere Quote angenommen werden muss.

Verhütung

V

Auch wenn ein Paar regelmäßig verhütet, kommt es zu ungewollten Schwangerschaften.

Im Prinzip stimmt das, doch die mittlerweile zugänglichen Verhütungsmittel sind schon sehr sicher, wenn sie denn richtig angewendet werden. So kommt es bei Anwendung der Pille statistisch gesehen nur zu einer Schwangerschaft pro 100 Jahre, die eine Frau verhütet (ein seltsamer Maßstab, aber die »100 Frauenjahre« sind das übliche Kriterium, um die Zuverlässigkeit von Verhütungsmethoden anzugeben). Die Spirale, aber auch Kondome und natürliche Methoden der Empfängnisverhütung (Zeitwahl, Temperaturmessung, Beschaffenheit des Zervixschleims) haben Werte, die nicht viel schlechter sind (zwei bis sechs Schwangerschaften pro 100 Jahre Verhütung).

Deshalb wundert es nicht, dass die meisten ungewollten Schwangerschaften entstehen, wenn nicht verhütet wird. Aus den USA weiß man, dass sieben Prozent der sexuell aktiven Frauen nicht verhüten – aber auch nicht schwanger werden wollen – und deshalb 53 Prozent der ungewollten Schwangerschaften ausmachen.

Literatur:
Kulczycki A, Potts M, Rosenfield A: Abortion and fertility regulation. Lancet 1996;347:1663-1668

Verliebte

Verliebte nehmen die Welt intensiver und konzentrierter wahr.

Für die Gedanken, die einzig und allein um die Angebetete oder den Angebeteten kreisen und sich die gemeinsame rosige Zukunft ausmalen, mag das zutreffen. Der angehimmelte Gegenüber wird nur noch durch die rosarote Brille gesehen und jede Begegnung intensiv wahrgenommen. Allerdings geht das auf Kosten das rationalen Denkens: Das ist bei Verliebten nämlich massiv eingeschränkt. Sie sind vorübergehend nicht voll zurechnungsfähig. Ein Grund dafür ist, dass bei Verliebten der Serotoninspiegel häufig fällt. Dieses Hormon beeinflusst nicht nur die Stimmung, sondern auch die Aufmerksamkeit. Dadurch kommt es zu den zeitweiligen Ausfallerscheinungen im Gehirn, von denen jeder, der mit Verliebten zu tun hat, zu berichten weiß.

Viagra

Wenn Männer, die keine Potenzprobleme haben, Viagra nehmen, »können« sie nicht länger und intensiver.

Als die ersten Potenzmittel auf den Markt kamen, wurden gesunde Männer vor der Anwendung gewarnt. Es helfe ihnen nichts und würde das sexuelle Erleben nicht verbessern, hieß es. Doch das Gegenteil ist der Fall: Viagra und die anderen Mittel gegen Erektionsstörungen sind zu wahren Liefestyle-Medikamenten geworden. Gesunde Probanten berichten davon, dass »alle Qualitäten« gesteigert werden, so der Freiburger Urologe Axel Münch. Die Steifigkeit werde gestärkt, das sexuelle Erleben intensiver und länger. »Natürlich sind solche Schilderungen immer etwas übertrieben«, so Münch, »aber im Prinzip stimmt es.« Vor einer Überdosierung sei allerdings gewarnt: Kopfschmerzen und Farbirritationen – die Welt erscheint blau – sind die harmlosen Nebenwirkungen. Bei entsprechender Vorschädigung können Herzprobleme die Folge sein.

Zu einer Dauerversteifung kommt es bei einem seltenen Krankheitsbild, dem Priapismus. Die nicht enden wollende Erektion ist äußerst schmerzhaft und muss notfallmäßig behandelt werden. Sie ist keinem Mann zu wünschen, unabhängig davon, wie es um seine Potenz steht.

Vitamine I

V

Wir müssen Vitamine zusätzlich zu unserer Nahrung zuführen.

Der Glaube an die Heilkraft von Vitaminen ist in den westlichen Ländern noch immer ungebrochen. Vitamin C gilt als ein Allheilmittel gegen Stress und Alter, als Hoffnungsträger für die Bekämpfung schwerer Leiden wie Krebs und Herzinfarkt. Doch der Nutzen von Vitaminzusätzen ist höchst umstritten. Denn selbst bei einer Ernährung mit Fastfood sind gesunde Europäer und Nordamerikaner ausreichend mit Vitaminen versorgt. In den industrialisierten Ländern sind die Zeiten von Skorbut, Beriberi und anderen Vitaminmangel-Krankheiten längst vorbei. Die Menschen dort sind mit Vitaminen eher über- als unterversorgt.

Niemand verneint, dass der Körper regelmäßig Vitamine braucht. Doch in unserer Nahrung, selbst in Fertiggerichten, sind genügend Vitamine enthalten. Zudem hat sich der Anteil der industriell hergestellten Lebensmittel, die künstlich mit Vitaminen und anderen Zusatzstoffen angereichert sind, in den vergangenen zehn Jahren mehr als verdoppelt. Häufig sind die Anreicherungen zwar nicht nötig. Der Zusatz von Vitamin C in Fruchtsäften, Schokoriegeln oder Bonbons dient beispielsweise hauptsächlich dazu, die schlechte Ernährung zu kaschieren. Aber mit diesen Zusätzen füttern wir das schlechte Gewissen bei Diätsünden oder einer ungesunden Lebensführung.

Multivitaminpräparate sind besonders unsinnig. Wir werden von klein auf mit Vitaminen voll gestopft. Neben dem gestiegenen Verzehr von Obst und Gemüse ist durch Treibhausanbau, bessere Transportverfahren und Lagertechniken der Vitamingehalt in der Nahrung gestiegen. Zur Färbung von Lebensmitteln und zur Verlängerung der Haltbarkeit werden Vitamine eingesetzt. Mastvieh erhält so viel Vitamine, dass die EU Frauen im gebärfähigen Alter vor dem Konsum von Leber warnen musste. Das darin in hoher Konzentration enthaltene Vitamin A hätte die Leibesfrucht schädigen können.

Vitamine II

Zu viele Vitamine können nicht schaden.

Der Begriff Vitamin klingt gesund, nützlich und harmlos. Kaum zu glauben, dass Vitamine auch schädlich sein können. Wird jedoch zu viel Vitamin C eingenommen, kann es akut zu Magen-Darm-Beschwerden kommen. Bei einer chronischen Überdosierung bilden sich Nierensteine. Wird dem Körper zu viel Vitamin A und D über einen längeren Zeitraum zugeführt, können neben harmloseren Beschwerden wie Kopfschmerzen auch Muskelschwäche, Lebervergrößerung und eine eingeschränkte Nierenfunktion die Folge sein.

Vitamine III

Vitamin C beugt Erkältungen vor.

Keine wissenschaftliche Studie hat dies bisher eindeutig beweisen können. Trotzdem nehmen Kinder und Jugendliche seit Jahren mehr Vitamin C mit der Nahrung auf als die von der Deutschen Gesellschaft für Ernährung empfohlenen 100 Milligramm am Tag. Und selbst diese Empfehlungen sind im internationalen Vergleich Spitze, auch wenn sie bei weitem nicht an die von dem zweifachen Nobelpreisträger Linus Pauling empfohlenen fünf Gramm heranreichen. Erst im Jahr 2000 wurden sie von 75 Milligramm auf 100 erhöht. Selbst die vitamingläubigen Amerikaner geben sich mit 60 Milligramm täglich zufrieden, die WHO und der Lebensmittelausschuss der EU begnügen sich sogar mit »nur« 30 Milligramm.

Linus Pauling hatte im Alter jeden Tag grammweise Vitamin C zu sich genommen. Er hielt die Substanz nicht nur für ein Mittel gegen Erkältungen, sondern auch für einen Jungbrunnen und eine Vorsorge gegen Krebs. Pauling hat zwar versucht, die wissenschaftliche Literatur objektiv zu bewerten, bevor er zu seiner Vitamintheorie kam. Da er von seiner These jedoch so überzeugt war, hat er die zahlreichen Studien, die keinen Nutzen von Vitamin C entdecken konnten, unterbewertet oder sogar ignoriert. Und die wenigen – und zumeist methodisch nicht zuverlässigen – Studien, die einen Nutzen nahe legten, überschätzte er wohlwollend.

Literatur:
Chalmers I, Altman DG (Hg.): Systematic Reviews. London 1995
Greenhalgh T: Einführung in die Evidence-based Medicine. Kritische Beurteilung klinischer Studien als Basis einer rationalen Medizin. Bern 2000
Pauling L: How to live longer and feel better. New York 1986

Vollmond

Bei Vollmond werden mehr Kinder geboren als zu anderen Mondphasen.

Seit Urzeiten werden die unterschiedlichsten Einflüsse auf die Geburt und den Geburtstermin diskutiert. Warum der Geburtsvorgang zu einem bestimmten Zeitpunkt einsetzt und welche Faktoren im Einzelnen bewirken, dass das Baby plötzlich auf die Welt drängt, wissen die Forscher bis heute noch nicht genau. Noch vor hundert Jahren war selbst im Brockhaus-Lexikon zu lesen, dass die meisten Kinder »zwischen 12 und 3 Uhr in der Nacht« zur Welt kommen würden. Nein, etliche Studien beweisen es, die Geburten sind gleichmäßig über den Tag, die Woche und den Monat verteilt.

Ein Zusammenhang mit den Mondphasen wurde zwar immer wieder für möglich gehalten, weil der weibliche Zyklus bei vielen Frauen die gleiche Dauer wie der Mondzyklus hat. Etliche Untersuchungen mit mehreren Tausend Frauen haben jedoch ergeben, dass bei Vollmond auch nicht mehr neue Erdenbürger zur Welt kommen als während der anderen Mondphasen.

Vorurteile

Wir brauchen eine Weile, um uns ein Bild von einem fremden Menschen zu machen.

Die Einschätzung des anderen vollzieht sich weitaus schneller, als die meisten Menschen glauben. Eine halbe Sekunde reicht bereits aus, um sich ein ungefähres Bild von Alter, Intelligenz und Charakter eines Gegenübers zu machen. Aus den verhältnismäßig wenigen Einzelinformationen, die in dieser Zeit aufgenommen werden können, setzt das Gehirn ein Gesamtbild zusammen, von dem es auch später nur wenig abweicht. Auch wenn der erste Eindruck bekanntlich trügt, bleibt er entscheidend für den weiteren Verlauf der Beziehung.

Winterspeck

Während der Weihnachtszeit nehmen die Menschen mehrere Kilogramm zu.

Nichts ist schwerer zu ertragen als eine Reihe von zu guten Tagen. Viel Essen, viel Sitzen, wenig Bewegung. Kein Wunder, dass im Januar alle klagen, sie hätten über die Feiertage mehrere Kilo zugenommen. Doch ist das wirklich so? Die Amerikaner schätzen ihre durchschnittliche Gewichtszunahme während der Feiertage (die in den USA von Thanksgiving Ende November bis Anfang Januar dauern) auf mindestens 2,3 Kilogramm (5 amerikanische Pfund).

So berichtete der Fernsehsender CNN, »dass der durchschnittliche

Amerikaner sieben bis zehn Pfund (3,2 bis 4,5 Kilogramm) von Weihnachten bis Neujahr zunehmen werde«. Die Ärztevereinigung in Texas ging von einer Zunahme von acht Pfund (3,6 Kilogramm) aus und in verschiedenen Zeitungen wurden jeweils mindestens fünf Pfund (2,3 Kilogramm) zusätzliches Gewicht angegeben. Auch in Deutschland hört man oft, dass jemand »während der Feiertage mehrere Kilos« zugelegt habe.

Forscher der amerikanischen Gesundheitsinstitute NIH untersuchten die Hypothese, dass die Gewichtszunahme mehrere Kilogramm beträgt, denn in der Fachliteratur konnten sie keinen Beleg dafür finden. Sie bestimmten dazu die Gewichtsveränderung bei 195 Erwachsenen. Die Teilnehmer der Studie wurden in verschiedenen Phasen regelmäßig gewogen: In der Zeit vor den Feiertagen (Mitte September bis Mitte November), in der Zeit der Feiertage (Ende November bis Anfang Januar) und danach (Mitte Januar bis Anfang März). Abschließend wurde das Gewicht noch im September oder Oktober des Folgejahres gemessen, um den Verlauf über ein Jahr beurteilen zu können.

W

Während der Feiertagszeit erhöhte sich das Gewicht im Durchschnitt um 0,37 Kilogramm. Die Gewichtszunahme direkt davor und danach war minimal, sodass es in den Herbst- und Wintermonaten von September/Oktober bis Februar/März insgesamt zu einer Erhöhung des Gewichts um 0,48 Kilogramm kam. Zwischen März und September des Folgejahres änderte sich das Gewicht der Probanden so gut wie gar nicht – es wurde jedenfalls nicht weniger.

Anders als allgemein angenommen, beträgt die Gewichtszunahme rund um die Feiertage nur mehrere hundert Gramm und nicht ein paar Kilo. Im gesamten Winter beträgt die Zunahme weniger als ein halbes Kilogramm. Da jedoch im Frühling und im Sommer keine entsprechende Gewichtsabnahme erfolgte, mag die an sich geringe Gewichtszunahme im Winter dazu beitragen, dass Erwachsene häufig mit den Jahren weiter zunehmen.

Literatur:

Yanovski JA, Yanovski SZ, Sovik KN, et al: A prospective study of holiday weight gain. New England Journal of Medicine 2000;342:861-867

Wochenbettdepression

Nur Frauen bekommen eine Wochenbettdepression.

Manche Frauen bekommen in den ersten Wochen und Monaten nach der Geburt eine Wochenbettdepression. Damit sind nicht die Stimmungsschwankungen gemeint, die jede Frau in dieser Zeit der enormen körperlichen und psychischen Umstellung kennt. Wochenbettdepressionen können mit massiven Beschwerden einhergehen und sind in manchen Fällen sogar so ausgeprägt, dass eine Gefahr für das Neugeborene besteht und/oder die Mutter sich umzubringen droht. Meist wird wenig darüber gesprochen, wie schlecht es vielen Frauen in dieser Zeit wirklich geht.

Die Wochenbettdepression ist allerdings nicht nur auf Frauen begrenzt. Man(n) kennt das auch, wie Janice Goodman in einer Übersichtsarbeit festgestellt hat. Goodman hat 20 Untersuchungen zum Thema postpartale Depressionen bei Männern ausgewertet, die zwischen 1980 und 2002 erschienen sind. In diesen Studien schwankte die Häufigkeit der Depression bei frisch gebackenen Vätern im ersten Jahr nach der Geburt zwischen 1,2 Prozent und 25,5 Prozent. Litten die Frauen an einer Wochenbettdepression, betrug der Anteil der Männer mit Depressionen sogar zwischen 24 und 50 Prozent.

Dieser erschreckend hohe Prozentsatz kann erhebliche Auswirkungen auf den Zustand der gesamten Familie haben. Wenn die Mutter schon an einer Wochenbettdepression leidet, ist es umso wichtiger, dass wenigstens der Partner die prekäre Familiensituation stützend ausgleichen kann. Ärzte und Psychologen, die depressive Frauen in der schwierigen Zeit nach der Geburt betreuen, sollten daran denken, auch eine eventuelle Depression beim Partner in ihr therapeutisches Konzept mit einzubeziehen.

Literatur:
Goodman JH: Paternal postpartum depression, its relationship to maternal postpartum depression, and implications for family health. Journal of Advanced Nursing 2004;45:26-35

W

Wunschkinder

Die Mehrzahl der Kinder sind Wunschkinder.

Eine Illusion, die Eltern ihrem Nachwuchs gern vermitteln. Weltweit trifft dies aber kaum zu – und auch in den Ländern, in denen jedes Paar problemlos Zugang zu Verhütungsmitteln hat, liegt die Zahl der Wunschkinder unter der Zahl der entweder zu diesem Zeitpunkt ungeplanten oder insgesamt ungewollten Kinder. So wird von Wissenschaftlern geschätzt, dass in den USA 60 Prozent aller Schwangerschaften ungewollt sind oder zumindest äußerst unpassend, weshalb rund 50 Prozent der davon betroffenen Frauen abtreiben. Für die meisten europäischen Länder wird angenommen, dass etwa 66 Prozent der Frauen schon einmal mindestens eine ungeplante Schwangerschaft hatten.

Ein paar absolute Zahlen zum globalen Zeugungsverhalten belegen eindrucksvoll, wie selten Wunschkinder wirklich sind: Wenn man der Weltgesundheitsorganisation WHO glauben mag, finden alle 24 Stunden weltweit über 100 Millionen Geschlechtsakte statt. Sie führen zu einer Million Empfängnissen, von denen 500.000 ungeplant und 250.000 ungewollt sind. In der Folge kommt es alle 24 Stunden zu geschätzten 150.000 Abtreibungen (weltweit jährlich zwischen 36 und 53 Millionen), an denen täglich etwa 500 Frauen sterben.

Literatur:
Kulczycki A, Potts M, Rosenfield A: Abortion and fertility regulation. Lancet 1996;347:1663-1668
Djerassi C: This Man's Pill. Sex, die Kunst und Unsterblichkeit. Innsbruck 2001

Zähne

Wenn man nach dem Zähneputzen noch einen Apfel isst, schadet das den Zähnen nicht.

Auch Äpfel enthalten Stoffe, die den Zahnschmelz angreifen und zu Karies führen können. Zucker bietet einen idealen Nährboden für kariesfördernde Bakterien. Diese Keime produzieren Säuren, die den Zahnschmelz zerstören können. Zucker ist Hauptbestandteil vieler Nahrungsmittel, aber nicht nur der Haushaltszucker ist ein Übeltäter für unsere Zähne. Auch andere Kohlehydrate können diese Rolle spielen, wie etwa der in Äpfeln in größeren Mengen enthaltene Fruchtzucker. Kekse, ebenso Mehl- und Teigwaren, werden im Mund ebenfalls in einfache Zucker zersetzt, die dann auch zum Zahnverfall beitragen können. Das ist beispielsweise auch von Chips, Cräckern oder anderem salzigen Gebäck bekannt. Die Reste bleiben in den Zahnzwischenräumen kleben und aus ihnen wird dann Zucker freigesetzt.

Einen wahren Kern hat die Einschätzung, dass Äpfel für die Zähne nicht so schädlich sind, dennoch. Manche Nahrungsmittel machen die Zähne weniger anfällig für Karies und Parodontose als andere. Ballaststoffreiches Essen, Obst und Gemüse haben beispielsweise den Vorteil, dass sie gründlich gekaut werden müssen. Dadurch wird das Zahnfleisch massiert, der Speichelfluss angeregt und damit auch die Selbstreinigung der Zähne. Denn der Speichel spült Zähne und Zahnzwischenräume, zudem kann er einen Teil der aggressiven Säure neutralisieren. Das Zähneputzen ersetzt ein Apfel allerdings dennoch nicht.

Zecken I

Zecken muss man mit Öl, Butter oder Klebstoff und mit einer drehenden Bewegung im Uhrzeigersinn entfernen.

Die Angst vor Zecken ist weit verbreitet. Nicht ganz zu Unrecht, denn die kleinen Insekten können zwei Krankheiten übertragen. Zum einen die virale Frühsommer-Meningoenzephalitis (FSME), zum anderen die durch Bakterien verursachte Borreliose. Bei beiden Krankheiten kann es zu schweren neurologischen Komplikationen, insbesondere zu einer Hirnhautentzündung kommen. Borreliose kann von Zecken in ganz Deutschland übertragen werden, die FSME ist fast ausschließlich auf Gebiete in Süddeutschland, wie den Bayerischen Wald und den Schwarzwald, begrenzt.

Für die Entfernung der Zecken gibt es eine Menge gut gemeinter Ratschläge. Die meisten davon sind allerdings falsch. Viele Empfehlungen gehen dahin, die Zecke mit Öl oder Butter, in manchen Fällen auch mit Klebstoff zu ersticken und sie dann im Uhrzeigersinn herauszudrehen. Der Zecke schadet das zweifellos, für den Menschen ist es aber auch nicht ungefährlich. Führt die Zecke infektiöse Erreger mit sich, sind diese konzentriert in Speichel und im Magensaft des Insekts enthalten. Wird das Tier erstickt, erbricht es sich im Todeskampf in das Blut des Opfers, sodass dann besonders viele Keime übertragen werden.

Die Drehrichtung ist übrigens egal. Die Zeckenstachel haben kein Gewinde, sondern Widerhaken. Sie sind schwer zu entfernen, unabhängig davon, in welche Richtung man sie dreht.

Am besten werden Zecken ohne jede zusätzliche Vorbehandlung entfernt: Mit einer feinen Zange oder Pinzette den Insektenkörper möglichst nah an der Haut umfassen und dann gerade herausziehen.

Verbleibt ein Teil der Zecke in der Haut, befürchten viele Menschen, dass sie jetzt noch stärker infiziert werden können. Aber das ist meist harmlos, denn die Zecke überträgt die gefährlichen Erreger, wie schon erwähnt, nur solange sie lebt mit dem Speichel, während sie Blut saugt. Wenn ihr der restliche Leib abgerissen wurde, kann sie keine weiteren Erreger ausspucken, selbst wenn Teile ihres Körpers noch im Körper des Menschen stecken.

Zecken II

Man soll im Wald nicht mit freiem Oberkörper oder unbedeckten Armen herumlaufen, weil sonst Zecken von den Bäumen fallen und sich festbeißen könnten.

Auch wenn dieser Glaube sehr weit verbreitet ist – Zecken fallen nicht von Bäumen. Denn die kleinen Blutsauger schaffen es maximal auf eine Höhe von 1,20 Meter. Gefahr besteht also nicht beim Wandern auf breiten Waldwegen, sondern vielmehr beim Streifen durchs Gebüsch oder im hohen Gras. Dann lassen sich die Zecken gern auf den Menschen nieder und bohren sich in dessen Haut. Wenn eine Zecke doch einmal am Hals oder an den Schultern gefunden wird, ist sie meistens unbemerkt den Körper hochgekrabbelt.

Zecken III

Zeckenstiche sind immer infektiös.

Die Infektiösität der Zecken hängt von der Region ab, in der man gestochen wird. In weiten Teilen Nord- und Mitteldeutschland sind Zecken überhaupt nicht infektiös und übertragen keinen Krankheitserreger. Als Endemiegebiete gelten hingegen der Bayerische Wald, die Schwäbische Alb und der Schwarzwald. Doch auch in diesen Gegenden führen Stiche von Zecken – obwohl sie so gefährliche Krankheiten übertragen können – verhältnismäßig selten zu einer Erkrankung. Bei der Borreliose besteht eine Häufigkeit von etwa 1 zu 100, bei der FSME ist es sogar nur eine Wahrscheinlichkeit von 1:1.000, dass der Gestochene erkrankt.

Literaturverzeichnis

(Zeitschriften zitiert nach Jahr; Bandzählung: Seitenzahlen)

A

Adriaanse AH, Pel M, Bleker OP: Semmelweis: the combat against puerperal fever. European Journal of Obstetrics, Gynecology and Reproductive Biology 2000;90:153-158

Ahmed S, Shellock FG: Magnetic resonance imaging safety: implications for cardiovascular patients. Journal of Cardiovascular Magnetic Resonance 2001;3:171-182

Ainsworth S: Puerperal fever. Disaster and triumph. Practical Midwife 1999;2:34-35

Alderman MH, Cohen HW, Madhavan S: Dietary sodium intake and mortality: the National Health and Nutrition Examination Survey (NHANES I). Lancet 1998;351:781-785

Alderman MH: Salt, blood pressure, and human health. Hypertension 2000;36:890-893

Alderman MH, Cohen HW: Impact of dietary sodium on cardiovascular disease morbidity and mortality. Current Hypertension Report 2002;4:453-457

Alexander MG, Fisher TD: Truth and consequences: using the bogus pipeline to examine sex differences in self-reported sexuality. Journal of Sex Research 2003;40:27-35

Allen VM, O'Connell CM, Liston RM, Baskett TF: Maternal morbidity associated with cesarean delivery without labor compared with spontaneous onset of labor at term. Obstetrics and Gynecology 2003;102:477-482

Altmann LK: Who goes first? The Story of Self-Experimentation in Medicine, New York 1987

Amelung W, Puntmann E: Clinical aspects and therapy of the so-called Contergan-polyneuropathy. Nervenarzt 1966;37:189-199

van Andel P: Semmelweis and puerperal fever. Journal of Psycho-somatics in Obstetrics and Gynaecology 2001;22:3-5

Andersen KV, Bovim G: Impotence and nerve entrapment in long distance amateur cyclists. Acta Neurologica Scandinavia 1997;95: 233-240

Anderson KV, Odell PM, Wilson PWF, Kannel WB: Cardiovascular disease risk profiles. American Heart Journal 1991;121:293-298

Anonymus: Robert Knox and the body snatchers. Medical Journal of Australia 1965;2:929-930

Anonymos: Steep decline in world fertility rates: contraceptives use up sharply. Sozial- und Präventivmedizin 1992;37:254-255

Ariyo AA, Haan M, Tangen CM, et al: Depressive symptoms and risks of coronary heart disease and mortality in elderly americans. Circulation 2000;102:1773-1779

Ashenden R, Silagy C, Weller D: A systematic review of the effectiveness of promoting lifestyle change in general practice. Family Practice 1997;14:160-176

Atkin WS, Morson BC, Cuzick J: Long-term risk of colorectal cancer after excision of rectosigmoid adenomas. New England Journal of Medicine 1992;326:658-662

B

Backe J: Brustkrebs beim Mann. Deutsches Ärzteblatt 2002; 17:C913

Baker R: Sex im 21. Jahrhundert. Der Urtrieb und die moderne Technik. München 2000

Bakker J: Sexual differentiation of the neuroendocrine mechanisms regulating mate recognition in mammals. Journal of Neuroendocrinology 2003;15:615-621

Barbash GI, Reiner J, White HD, et al: Evaluation of paradoxic beneficial effects of smoking in patients receiving thrombolytic therapiy for acute myocardial infarction: mechanism of the »smoker's paradox« from the GUSTO-I-trial, with angiographic insights. Journal of the American College of Cardiology 1995;26:1222-1229

Barendregt JJ, Bonneux L, van der Maas PJ: The health care costs of smoking. New England Journal of Medicine 1997;337:1052-1057

Baron JA: Beneficial effects of nicotine and cigarette smoking: the real, the possible and the spurious. British Medical Bulletin 1996; 52:58-73

Bartens W: Die Tyrannei der Gene. Wie die Gentechnik unser Denken verändert. München 1999

Bartens W: Revolutionäre Zellen. Eine Reise durch deutsche Labors, wo das Ersatzteillager Mensch entsteht. Die Zeit 35/2000:11-14

Bartens W: Tausche Niere gegen Niere. In Deutschland fehlen Organe. Eine Überkreuzspende könnte vielen Kranken helfen. Aber Juristen haben Bedenken. Die Zeit 31/2001:23

Bartens W: Bakterien ist die Hautfarbe egal. Trotz aller Forschermühen lassen sich Erreger nicht als ethnische Waffen nutzen. Die Zeit 3/2002:11

Bartens W: Dem Leben auf der Spur. Biografie einer Entdeckung. Stuttgart/München 2003

Bartens W: Was hab ich bloß? Die besten Krankheiten der Welt. München 2003

Basso O, Baird DD: Infertility and preterm delivery, birthweight, and caesarian section: a study within the danish national birth cohort. Human Reproduction 2003;18:2478-2484

Beaglehole R, Yach D: Globalisation and the prevention of non-communicable disease: the neglected chronic disease of adults. Lancet 2003;362:903-908

Bellisle F, McDevitt R, Prentice AM: Meal frequency and energy balance. British Journal of Nutrition 1997;77(Suppl. 1)57-70

Bergman NA: Michael Faraday and his contribution to anesthesia. Anesthesiology 1992;77:812-816

Bhugra D, Mastrogianni A: Globalisation and mental disorders: Overview with relation to depression. British Journal of Psychiatry 2004;184:10-20

Biddiss MD: The politics of anatomy: Dr. Robert Knox and Victorian Racism. Proceedings of the Royal Society of Medicine 1976; 69:245-250

Bircher F: Paul Niehans' cellular therapy. Medizinische Klinik 1953;48:1895-1896

Birtwistle J, Hall K: Does nicotine have beneficial effects in the treatment of certain diseases? British Journal of Nursery 1996;13: 1195-1202

Blum W: Bündnis gegen die Schwermut, Die Zeit 51/2001:38

Bonita R: Epidemiology of stroke. Lancet 1992;339:342-344

Booth W: For the love of it. Amateuring and its rivals. Chicago 1999

Botting J: The history of thalidomide. Drug News and Perspectives 2002;15:604-611

Bowie C: Lessons from the pertussis vaccine trial. Lancet 1990; 335:397-399

Boyd L, O'Leary JP: Roentgen and his ray: an early impact on modern medicine. American Surgery 1999;65:292-294

Brinkmann B, Banaschk S, Bratzke S, et al: Fehlleistungen bei der Leichenschau in der Bundesrepublik Deutschland (I+II). Archiv für Kriminologie 1997;199:1-12 und 65-74

Brown BG, Zhao XQ, Chait A, et al: Simvastatin and niacin, antioxidant vitamins, or the combination for the prevention of coronary disease. New England Journal of Medicine 2001;345:1583-1592

Bunzel B, Laederach-Hofmann K, Schubert MT: Patients benefit – partners suffer? The impact of heart transplantation on the partner relationship. Transplant International 1999;12:33-41

Bunzel B, Laederach-Hofmann K: Noncompliance in organ transplantation: a review. Wiener Klinische Wochenschrift 2000;112: 423-440

Burnham TC, Chapman JF, Gray PB, et al: Men in commited, romantic relationships have lower testosterone. Hormones and Behaviour 2003;44:119-122

Bursztyn M, Ginsberg G, Hammerman-Rozenberg R, Stessman J: The siesta in the elderly: risk factor for mortality? Archives of Internal Medicine 1999;159:1582-1586

Bursztyn M, Ginsberg G, Stessman J: The siesta and mortality in the elderly: effect of rest without sleep and daytime sleep duration. Sleep 2002;25:187-191

C

Cameron HA, McKay RD: Restoring production of hippocampal neurons in old age. Nature Neuroscience 1999;2:894-897

Campbell SS, Murphy PJ: Extraocular circadian phototransduction in humans. Science 1998;279:396-399

Cardiac Arrhythmia Suppression Trial (CAST) Investigators. Preliminary report: Increased mortality due to encainid or flecainid in a randomized trial of arrhythmia suppression after myocardial infarction. New England Journal of Medicine 1989;321:406-412

Cardiac Arrhythmia Suppression Trial (CAST II) Investigators. Effect of the anti-arrhythmic agent moricizine on survival after myocardial infarction. New England Journal of Medicine 1992;327:227-233

Carr JJ: Danger in performing MR imaging on women who have tatooed eyeliner or similar types of permanent cosmetic injections. American Journal of Roentgenology 1995;165:1546-1547

Carter JF, Sleeman R, Parry J: The distribution of controlled drugs via counting machines. Forensic Science International 2003;3539:1-7

Catalano RA: Sex ratios in the two Germanys: a test of the economic stress hypothesis. Human Reproduction 2003;18:1972-1975

Chalmers I, Altman DG : Systematic Reviews. London 1995

CIBIS-II Investigartors and Committees: The cardiac insufficiency bisoprolol study II (CIBIS II): a randomised trial. Lancet 1999;353: 9-13

Clifford TJ: Breast feeding and obesity. British Medical Journal 2003;327:879-880

Cook A, Woodward A, Pearce N, Marshall C: Cellular telephone use and time trends for brain, head and neck tumours. New Zealand Medical Journal 2003;116:457

Coolsaet C: Der Pinsel der Liebe. Leben und Werk des Penis. Köln 1999

Corns CM: Herbal remedies and clinical biochemistry. Annals of Clinical Biochemistry 2003;40:489-507

Cowie MR, Mosterd A, Wood DA, et al: The epidemiology of heart failure. European Heart Journal 1997;18:208-225

D

Daniel HW: Osteoporosis of the slender smoker. Archives of Internal Medicine 1976;136:298-304

Debus AG: Chemists, physicians, and changing perspectives on the scientific revolution. Isis 1998;89:66-81

Dekkers M: An allem nagt der Zahn der Zeit. München 1999

Desbarax P: Morton's design of the early ether vaporisers. Anaesthesia 2002;57:463-469

Diffey B: Has the sun protection factor had its day? British Medical Journal 2000;320:176-177

Dinan TG: The physical consequences of depressive illness. British Medical Journal 1999;318:826

Djerassi C: This Man's Pill. Sex, die Kunst und Unsterblichkeit. Innsbruck 2001

Dobson R: Women who drink wine get pregnant more quickly. British Medical Journal 2003;327:468

Doll R, Peto R, Hall E, et al: Mortality in relation to consumption of alcohol: 13 years observation on male British doctors. British Medical Journal 1994;309:911-914

Doll R, Peto R, Wheatley K, et al: Mortality in relation to smoking: 40 years' observations on male British doctors. British Medical Journal 1994;309:901-911

Drösser C: Stimmt's? Moderne Legenden im Test. Reinbek 1998

Drösser C: Stimmt's? Neue moderne Legenden im Test. Reinbek 2002

Dye TD, Wojtowycz MA, Aubry RH, et al: Unintended pregnancy and breast-feeding behaviour. American Journal of Public Health 1997;87:1709-1711

E

Egger M, Schneider M, Davey Smith G: Spurious precision? Meta-analysis of observational studies. British Medical Journal 1998;316:140-144

Eisenman R: Penis size: Survey of female perceptions of sexual satisfaction. BMC Women's Health 2001;1:1-2

Elmore JG, Feinstein AR: Joseph Goldberger: an unsung hero of American clinical epidemiology. Annals of Internal Medicine 1994; 121:372-375

Ernst E: Herbal medicine put into context. British Medical Journal 2003; 327:881-882

Evans AS: Two errors in enteric epidemiology: the stories of Austin Flint and Max von Pettenkofer. Review of Infectious Diseases 1985;7:434-440

Evans AS: Pettenkofer revisited: the life and contributions of Max von Pettenkofer (1818–1901). Yale Journal of Biology and Medicine 1973;46:161-176

F

Fang J, Alderman MH: Is geography destiny for patients in New York with myocardial infarction? American Journal of Medicine 2003;115:448-453

Farah MH, Edwards R: International monitoring of adverse health effects associated with herbal medicine. Pharmacoepidemiology and Drug Safety 2000;9:105-112

Fischer M, Bartens W: Zwischen Erfahrung und Beweis. Medizinische Entscheidungen und Evidence-based Medicine. Bern 1999

Fletcher SW, Colditz GA: Failure of Estrogen plus progestin therapy for prevention. Journal of the American Medical Association 2002;288:366-367

Flintrop J: Allensbach-Studie »Naturheilmittel 2002«: Die Selbstmedikation boomt. Deutsches Ärzteblatt 2002;17:C881

Fölsing A: Wilhelm Conrad Röntgen. Aufbruch ins Innere der Materie. München/Wien 1995

Ford DF, Mead LA, Cang PP, et al: Depression predicts cardiovascular disease in men: the precursors study. Circulation 1994;90:614

Forster J, Kuehr J: The role of ozone. Pediatric Allergy and Immunology 2000;11 (Suppl. 13):23-25

Frieden TR, Sterling TR, Munsiff SS, et al: Tuberculosis. Lancet 2003;362:887-899

G

Gallup GG, Burch RL, Platek SM: Does semen have antidepressant properties? Archives of Sexual Behavior 2002;31:289-293

Garcia-Caceres U, Garcia FU: Bartonellosis. An immunodepressive disease and the life of Daniel Alcides Carrion. American Journal of Clinical Pathology 1991;95:58-66

Garret L: Das Ende der Gesundheit. München 2002

Gassner-Bachmann M, Wüthrich B: Bauernkinder leiden seltener an Heuschnupfen und Asthma. Deutsche Medizinische Wochenschrift 2000;125:924-931

Gazziano JM, Buring JE, Breslow JL, et al: Moderate alcohol intake, increased levels of high density lipoprotein and its subfractions and decreased risk of myocardial infarction. New England Journal of Medicine 1993; 329:1829-1832

Gazziano JM: Randomized trials of dietary antioxidants in cardiovascular disease. Journal of Cardiovascular Risk 1996;3:368-371

Giles GG, Severi G, English DR, et al: Sexual factors and prostate cancer. British Journal of Urology 2003; 92:211-216

Goodman JH: Paternal postpartum depression, its relationship to maternal postpartum depression, and implications for family health. Journal of Advanced Nursing 2004;45:26-35

Gould AL, Rossouw JE, Santanello NC, et al: Cholesterol reduction yields clinical benefit: impact of statin trials. Circulation 1998;97:946-952

Grammer K: Signale der Liebe. Die biologischen Gesetze der Partnerschaft. Hamburg 1993

Greenhalgh T: Einführung in die Evidence-based Medicine. Kritische Beurteilung klinischer Studien als Basis einer rationalen Medizin. Bern 2000

Greinacher A, Lubenow N, Hinz P, Ekkernkamp A: Heparininduzirte Thrombozytopenie. Deutsches Ärzteblatt 2003;34/35A: 2220-2229

Greinacher A: Treatment options for heparin-induced thrombocytopenia. American Journal of Health Systems and Pharmacology 2003;60 (Suppl.):12-18

H

Hackshaw AK, Law MR, Wald NJ: The accumulated evidence on lung cancer and tobacco smoke. British Medical Journal 1997;315:980-988

Halliday HL: Overview of clinical trials comparing natural and synthetic surfactants. Biology of the Neonate 1995;67 (Suppl. 1): 32-47

Hallowell EM, Ratey JJ: Zwanghaft zerstreut. Die Unfähigkeit aufmerksam zu sein. Reinbek 1999

Hammar L: The dark side to Donovanosis: color, climate, race and racism in American South venerology. Journal of Medical Humanities 1997;18:29-57

Hartlmaier KM: The contergan tragedy – a brutal lesson. Zahnärztliche Mitteilungen 1971;61:62-65

Haubold H: Cellular therapy according to Paul Niehans or K. Fr. Bauer's method. Medizinische Klinik 1954;49:1468-1472

Hausotter W: Parkinson in der Praxis. Bern 2003

Heinze A: Migräne – wenn es hämmert und pocht. Deutsches Ärzteblatt 2001;98:C708-709

Hillier V, Salib E: A case-control-study of smoking and Alzheimer's disease. International Journal of Geriatric Psychiatry 1997; 12:295-300

Höfling S, Dworzak H, Butollo W, Neef W: Der Angstprozeß unter verschieden hohen Thalamonaldosen zur Prämedikation. Anästhesist 1983;32:512-518

Hoffmeister H, Schelp FP, Mensink GB, et al: The relationship between alcohol consumption, health indicators and mortality in the German population. International Journal of Epidemiology 1999;6: 1066-1072

Howard RF: Current status of pain management in children. Journal of the American Medical Association 2003;290:2464-2469

Hopkins Tanne J: Children are often undertreatet for pain. British Medical Journal 2003;327:1185

Hupka S: »Ehret die Alten.« Interview mit Manfred Rommel. Badische Zeitung 20.12.2003

I

Iademarco MF, Castro KG: Epidemiology of tuberculosis. Seminars in Respiratory Infection 2003;18:225-240

Inskip PD, Tarone RE, Hatch EE, et al: Cellular-telephone use and brain tumors. New England Journal of Medicine 2001;344:79-86

Intersalt cooperative Research Group: Intersalt. An international study of electrolyte excretion and blood pressure: results for 24 hour sodium and potassium excretion. British Medical Journal 1998; 297:319-328

Ivory SJ, Knight RG, Longmore BE, Caradoc-Davies T: Verbal memory in non-demented patients with idiopathic Parkinson's disease. Neuropsychologia 1999;37:817-828

J

Jacobs D, Blackburn H, Higgins M, et al: Report of the conference on low blood cholesterol: mortality associations. Circulation 1992;86:1046-1060

Jäger L: Allergien. Ursachen, Therapien, Vorbeugung. München 2000

Jang M, Cai L, Udeani GO, et al: Cancer chemopreventive activity of resveratrol, a natural product derived from grapes. Science 1997;275:218-220

Jee SH, He J, Whelton PK, et al: The effect of chronic coffee drinking on blood pressure: a meta-analysis of controlled clinical trials. Hypertension 1999;33:647-652

Joseph KS, Young DC, Dodds L: Changes in maternal characteristics and obstetric practice and recent increase in primary cesarean delivery. Obstetrics and Gynecology 2003;102:791-800

Judd LL: Surveys show that 20-30% of elderly patients exhibit SSD symptomatology. Intern Medicine World Report 1997;12:33-34

Juhl M, Olsen J, Andersen AM, Gronbaek: Intake of wine, beer, spirits and waiting time to pregnancy. Human Reproduction 2003; 18:1967-71

Jungblut C: Meinen Kopf auf deinen Hals. Die neuen Pläne des Dr. Frankenstein alias Robert White. Stuttgart/Leipzig 2001

K

Kanitakis J, Alhaj-Ibrahim L, Euvrad S, Claudy A: Basal cell carcinomas in solid organ transplant recipients: clinicopathologic study of 176 cases. Archives of Dermatology 2003;139:1133-1137

Karagas MR, Weiss NS, Strader CH, Daling JR: Elevated intrascrotal temperature and the incidence of testicular cancer in noncryptorchid men. American Journal of Epidemiology 1989;129:1104-1109

Katerndahl DA, Lawler WR: Variability in meta-analytic results concerning the value of cholesterol reduction in coronary heart disease: a meta-meta-analysis. American Journal of Epidemiology 1999;149:429-441

Kauhanen J, Kaplan GA, Goldberg DE, Salonen JT: Beer binging and mortality: results from the Kuopio ischaemic heart disease risk factor study, a prospective population based study. British Medical Journal 1997;315:846-851

Kiecolt-Glaser JK, Bane C, Glaser R, Malarkey WB: Love, marriage, and divorce: newlyweds' stress hormones foreshadow relationship changes. Journal of Consulting in Clinical Psychology 2003;71:
176-188

Kim KH, Sobal J, Wethington E: Religion and body weight. International Journal of Obesity and Related Metabolic Disorders 2003;27:469-477

Klatsky AL: Can »a drink a day« keep a heart attack away? Patient Care 1995;29:39-42

Kinderärztliche Praxis: Soziale Pädiatrie und Jugendmedizin. Sonderheft »Unaufmerksam und hyperaktiv«. 15.1.2001, 72. Jahrgang

Klag MJ, Wang NY, Meoni LA, et al: Coffee intake and risk of hypertension. Archives of Internal Medicine 2002;162:657-662

Koch K: Amalgam und die Angst. Zahnmetall bereitet vielen Patienten psychische Probleme. Süddeutsche Zeitung 6.4.1999

Krause KH, Krause J, Trott GE: Diagnostik und Therapie der Aufmerksamkeitsdefizit-/Hyperaktivitätsstörung im Erwachsenenalter. Deutsche Medizinische Wochenschrift 1999;124:1309-1313

Kriener M: Mensch und Mikrobe: Es wird spannend, wer wen umbringt. Tageszeitung 31.12.2003

Kulczycki A, Potts M, Rosenfield A: Abortion and fertility regulation. Lancet 1996;347:1663-1668

L

Labbok MH: Breastfeeding and fertility. Mothers and Children 1989;8:1-3

Lamberg L: If I work harder, I will be loved. Roots of physician stress explored. Journal of the American Medical Association 1999;282:13-14

Lampidius MS; Irnich W: Schrittmacher und Kernspintomographie: Frage der Programmierung oder doch kontraindiziert? Deutsches Ärzteblatt 2002;11:C531

Law MR, Hackshaw AK: A meta-analysis of cigarette smoking, bone mineral density and risk of hip fracture: recognition of a major effect. British Medical Journal 1997;315:841-846

Law MR, Morris JK, Wald NJ: Environmental tobacco smoke exposure and ischaemic heart disease: an evaluation of the evidence. British Medical Journal 1997;315:973-980

Law M, Tang JL: An analysis of the effectiveness of interventions intended to help people stop smoking. Archives of Internal Medicine 1995;155:1933-1941

Leiß O: Ärztliche Weltbilder: Helicobacterisierung psychosomatischer Konzepte? Deutsches Ärzteblatt 2001;98:A886-890

Lester D, Wood P, Williams C, Haines J: Correlates of motives for suicide. Psychology Report 2003;93:378

Levesque H, Lafont O: Aspirin throughout the ages: a historical review. Revue Medical Interne 2000;21:8-17

Levin RJ: The physiology of sexual arousal in the human female: a recreational and procreational synthesis. Archives of Sexual Behaviour 2002;31:405-411

Li L, Parsons TJ, Power C: Breast feeding and obesity in childhood: cross sectional study. British Medical Journal 2003;327:904-905

Lin EH, Katon W, von Korff M, et al: Effect of improving depression care on pain and functional outcomes among older adults with arthritis: a randomized controlled trial. Journal of the American Medical Association 2003;290:2428-2429

Liu AH, Murphy JR: Hygiene hypothesis: fact or fiction? Journal of Allergy and Clinical Immunology 2003;111:471-478

Locher WG: Max von Pettenkofer – life stations of a genius on the 100th anniversary of his death (February 9, 1901). International Journal of Hygiene and Environmental Health 2001;203:379-391

Lohmann C: Machen Bananen glücklich? Der etwas andere Ernährungsberater. München 1999

M

Maio G: On the history of the Contergan (thalidomide) catastrophe in the light of drug legislation. Deutsche Medizinische Wochenschrift 2001;126:1183-1186

Mainka I: Mamas schwache Helfer. Die Zeit, 13. Juni 2001

Majeed AW, et al: Randomised, prospective, single-blind comparison of laparascopic versus small-incision cholecystectomy. Lancet 1996; 347:989-994

Mantyselka PT, Turunen JH, Ahonen RS, Kumpusalo EA: Chronic pain and poor self-rated health. Journal of the American Medical Association 2003;290:2435-2442

Matser EJ, Kessels AG, Lezak MD, et al: Neuropsychological impairment in amateur soccer players. Journal of the American Medical Association 1999;282:971-973

Matser EJ, Kessels AG, Lezak MD, Troost J: A dose-response relation of headers and concussions with cognitive impairment in professional soccer players. Journal of Clinical and Experimental Neuropsychology 2001;23:770-774

Masters WH, Johnson VE: Human sexual response. Boston 1966, 1970

McGinnis JM, Foege WH: Actual causes of death in the United States. Journal of the American Medical Association 1993;270: 2207-2212

McKechnie MD, Robertson C: The resuscitation greats. William Harvey. Resuscitation 2002;55:133-136

McMillan NC: Developments in imaging. An historical review. Scottish Medical Journal 1999;44:180-185

McSweeney JC, Cody M, O'Sullivan P, et al: Women's early warning symptoms of acute myocardial infarction. Circulation 2003 (online)

McSweeney JC, Cody M, Crane PB: Do you know them when you see them? Women's prodromal and acute symptoms of myocardial infarction. Journal of Cardiovascular Nursery 2001;15:26-38

MERIT-HF Study Group: Effect of metoprolol CR/XL in chronic heart failure: metoprolol CR/XL randomised intervention trial in congestive heart failure. Lancet 1999;353:2001-2007

Meurice E: Overall results of attempts to treat schizophrenia by hemodialysis. Reflections on the placebo effect in a psychosis. Acta Psychiatria Belgiae 1986;86:266-286

Meyer R: Krebsprävalenz: Mit dem Wohlstand steigt die Rate. Deutsches Ärzteblatt 2002;99:C1465

Michelson D, Stratakis C, Hill L, et al: Bone mineral density in women with depression. New England Journal of Medicine 1996; 335:1178-1181

Moore TJ: Deadly Medicine. Why tens of thousands of heart patients died in America's worst drug disaster. New York 1995

Morris D: Körpersignale: Vom Dekolleté zum Zeh. München 1986

Mueller RL, Scheidt S: History of drugs for thrombotic disease. Discovery, development, and directions for the future. Circulation. 1994;89:432-449

Mühlhäuser I: Mammographie-Screening – informierte Entscheidung statt verzerrte Information. In: Koppelin F, Müller R, Keil A, Hauffe U (Hg.): Die Kontroverse um die Brustkrebs-Früherkennung. Bern 2001, S. 79-90

Mukamal KJ, Conigrave KM, Mittleman MA, et al: Roles of drinking pattern and type of alcohol consumed in coronary heart disease in men. New England Journal of Medicine 2003;348:109-118

N

Neale R, Williams G, Green A: Application patterns among participants randomized to daily sunscreen use in a skin cancer prevention trial. Archives of Dermatology 2002;138:1319-1325

Nemery B, et al: Mass sociogenic illness. Lancet 1999;354:77

Nettle D: Women's height, reproductive succes and the evolution of sexual dimorphism in modern humans. Proceedings of the Royal Society of London in Biological Sciences 2002;269:1919-1923

Nutrition classics: Public Health Reports, Vol. 37, March 3, 1922: Amino-acid deficiency probably the primary etiological factor in pellagra. By Joseph Goldberger and W. F. Tanner. Nutrition Review 1987;45:149-151

O

Odent M: Is the participation of the father at birth dangerous? Midwifery Today 1999;51:23-44

Olbrich H, Fliegauf M, Hoefele J, et al: Mutations in a novel gene,

NPHP3, cause adolescent nephronophthisis, tapeto-retinal degeneration and hepatic fibrosis. Nature Genetics 2003;34:455-459

Olsen O, Götzsche PC: Cochrane review on screening for breast cancer with mammography. Lancet 2001;358:1340-1342 (und 1284-85)

P

Paffenbarger RS, Hyde RT, Wing AL: The association of changes in physical-activity level and other lifestyle characteristics with mortality among men. New England Journal of Medicine 1993;328:538-545

Passolt M (Hg.): Hyperaktivität zwischen Psychoanalyse, Neurobiologie und Systemtheorie. München/Basel 2001

Pattullo EL: Governmental regulation of the investigation of human subjects in social research. Minerva 1985;23:521-533

Pauling L: How to live longer and feel better. New York 1986

Pawlowski B, Dunbar RI, Lipowicz A: Tall men have more reproductive succes. Nature 2000;13:156

Payne L: »With much nausea, loathing, and foetor«: William Harvey, dissection, and dispassion in early modern medicine. Vesalius 2002;8:45-52

Pease A, Pease B: Warum Männer nicht zuhören und Frauen immer Schuhe kaufen. Berlin 2002

Peterson CL, Ferrara MS, Mrazik M, et al: Evaluation of neuropsychological domain scores and postural stability following cerebral concussion in sports. Clinical Journal of Sport and Medicine 2003;13:230-237

Peyron R, Aubeny E, Targosz V, et al: Early termination of pregnancy with mifepristone (RU 486) and the orally active prostaglandin misoprostol. New England Journal of Medicine 1993;328:1509-1513

Pierce JR: »In the interest of humanity and the cause of science«: the yellow fever volunteers. Milestones in Medicine 2003;168: 857-863

Pluck GC, Brown RG: Apathy in Parkinson's disease. Journal of Neurology Neurosurgery and Psychiatry 2002;73:636-642

Porst H: Die gekaufte Potenz. Viagra, Sex, Lifestylemedizin. Darmstadt 1999

Porter M, Bhattacharya S, van Teijlingen E, Templeton A: Does caesarian section cause infertility? Human Reproduction 2003;18:1983-1986

Portillo W, Paredes RG: Sexual and olfactory preference in noncopulating male rats. Physiology and Behaviour 2003;80:155-162

Prentice AM, Black AE, Coward WA, Cole TJ: Energy expenditure in overweight and obese adults in affluent societies: an analysis of 319 doubly-labelled water measurements. European Journal of Clinical Nutrition 1996;50:93-97

Prentice AM, Jebb SA: Beyond body mass index. Obesity Review 2001;2:141-147

Q

Queneau P: The saga of aspirin: centuries-old ancestors of an old lady who doesn't deserve to die. Therapie 2001;56:723-726

R

Raju TN: Ignaz Semmelweis and the etiology of fetal and neonatal sepsis. Journal of Perinatology 1999;19:307-310

Rauschenbach BS, Sobal J, Frongillo EA: The influence of change in marital status on weight change over one year. Obesity Research 1995;3:319-327

Revicki D, Sobal J, DeForge B: Smoking status and the practice of other unhealthy behaviors. Family Medicine 1991;23:361-364

Redelmeier DA, Singh SM: Survival in Academy Award-winning actors and actresses. Annals of Internal Medicine 2001;134:955-962

Reed W, Carroll J, Agramonte A, Lazear JW: Classics in infectious diseases. The etiology of yellow fever: a preliminary note. Walter Reed,

James Carroll, A. Agramonte, and Jesse W. Lazear, Surgeons, U.S. Army. The Philadelphia Medical Journal 1900. Revue of Infectious Diseases 1983;5:1103-1111

Richards E: The »moral anatomy« of Robert Knox: the interplay between biological and social thought in Victorian scientific naturalism. Journal of the History of Biology 1989;22:373-436

Riedinger F, Kuehr J, Strauch E, et al: Natural history of hay fever and pollen sensitization, and doctors' diagnosis of hay fever and pollen asthma in German schoolchildren. Allergy 2002;57:488-492

Riggs JE: The »protective« influence of cigarette smoking on Alzheimer's and Parkinson's disease. Quagmire or opportunity for neuroepidemiology? Neurology Clinic 1996;14:353-358

Röhrich L: Lexikon der sprichwörtlichen Redensarten. Freiburg 1991

Rortveit G, Daltveit AK, Hannestad YS, et al: Urinary incontinence after vaginal delivery or cesarean section. New England Journal of Medicine 2003;348:900-907

Rückert S: Tote haben keine Lobby. Berlin 2002

Rufli T, Rudin W: Biochirurgie: Bewährtes Verfahren in der Wundbehandlung. Deutsches Ärzteblatt 2002;30:C1621-22

S

Scheppen A: Warum gibt es in Japan so viele Hundertjährige? Frankfurter Allgemeine Zeitung, 16.Oktober 2001

Schlich T: Die Konstruktion der notwendigen Krankheitsursache: Wie die Medizin Krankheit beherrschen will. In: Borck C (Hg.): Anatomien medizinischen Wissens. Frankfurt a.M. 1996, S.201-229

Schrag A, Ben-Shlomo Y, Quinn N: How common are complications of Parkinson's disease. Journal of Neurology 2002;249:419-423

Schulman A: Hemodialysis in the treatment of a group of schizophrenic patients. Acta Psychiatria Scandinavia (Suppl.) 1985;321:1-127

Schuit AJ, van Dijk CRMJ, Dekker JM, et al: Inverse association between serum cholesterol and cancer mortality in Dutch civil servants. American Journal of Epidemiology 1993;137:966-976

Schulte-Wissermann H: The Contergan (Thalidomide) case. Catastrophic consequences. Kinderkrankenschwester 2000;19:360-366

Schultz MG: Joseph Goldberger and pellagra. American Journal of Tropical Medicine and Hygiene 1977;26:1088-1092

Schultz SG: William Harvey and the circulation of the blood: the birth of a scientific revolution and modern physiology. News in Physiological Sciences 2002;17:175-80

Schwarzer U, Sommer F, Klotz T, et al: Cycling and penile oxygen pressure: the type of saddle matters. European Urology 2002;41: 139-143

Selby JV, Friedman GD, Quesenberry CP Jr, Weiss NS: A case-control study of screening sigmoidoscopy and mortality from colorectal cancer. New England Journal of Medicine 1992;326:653-657

Shellock FG: Guide to MR procedures and metallic objects. Philadelphia 2001

Shem S: The House of God. New York 1978 (Deutsch: House of God, 1996)

Silverman WA: Where's the Evidence? Debates in Modern Medicine. New York 1998

Simon GE, et al: An international study of the relation between somatic symptoms and depression. New England Journal of Medicine 1999;341:1329-1335

Simons SH, van Dijk M, Anand KS, et al: Do we still hurt newborn babies? A prospective study of procedural pain and analgesia in neonates. Archives of Pediatric and Adolescent Medicine 2003;157:1058-1064

Skrabanek P: Haemodialysis in schizophrenia: déjà vu or idée fixe. Lancet I 1982:1404-1405

Skrabanek P, McCormick J: Torheiten und Trugschlüsse in der Medizin. Mainz 1995

Smith R: Why are doctors so unhappy? British Medical Journal 2001;322:1073-1074

Smolle J, Prause G, Kerl H: A double-blind, controlled clinical trial of homeopathy and an analysis of lunar phases and postoperative outcome. Archives of Dermatology 1998;134:1368-1370

Sobal J, Rauschenbach BS, Frongillo EA: Marital status, fatness and obesity. Social Science Medicine 1992;35:915-923

Sobal J, Rauschenbach BS, Frongillo EA: Marital status changes and body weight change: a US longitudinal analysis. Social Science Medicine 2003;56:1543-1555

Sommer F, König D, Graft C, et al: Impotence and genital numbness in cyclists. International Journal of Sports Medicine 2001;22: 410-413

Sonke GS, Stewart AW, Beaglehole R, et al: Comparison of case fatality in smokers and non-smokers after acute cardiac event. British Medical Journal 1997;315:992-993

Southorn T: Great balls of fire and the vicious cycle: a study of the effects of cycling on male fertility. Journal of Family Planning and Reproductive Health Care 2002;28:211-213

Speicher, CE: Rationale Labordiagnostik, Bern 2001

Spina G: Eusebio Valli. Scientia Medica Italiana 1959;7:393-409

Stanislaw H, Rice FJ: Correlation between sexual desire and menstrual cycle characteristics. Archives of Sexual Behaviour 1988;17: 499-508

Stapleton J: Cigarette smoking prevalence, cessation and relapse. Statistical Methods in Medical Research 1998;7:187-203

Stegmayr B, Asplund K, Hulter-Asberg K, et al: Stroke units in their natural habitat: can results of randomized trials be reproduced in routine clinical practice? Stroke 1999;30:709-714

Stewart WF, Ricci JA, Chee E, et al: Lost productive time and cost due to common pain conditions in the US workforce. Journal of the American Medical Association 2003;290:2443-2454

Stiftung Warentest: Handbuch Selbstmedikation. Rezeptfreie Mittel – für Sie bewertet. Berlin 2002

Streeck U: Die generalisierte Heiterkeitsstörung – Diagnose, Differentialdiagnose, Therapie. Forum der Psychoanalyse 2000;16: 116-122

Streeck U: Noch einmal zur »generalisierten Heiterkeitsstörung«. Forum der Psychoanalyse 2000;17:94-96

Suzuki M, Wilcox BJ, Wilcox CD: Implications from and for food cultures for cardiovascular disease: longevity. Asian and Pacific Journal of Clinical Nutrition 2001;10:165-171

T

Taylor S, Diffey B: Simple dosage guide for suncreams will help users. British Medical Journal 2002; 324:1526

Tölle R: Depressionen. Erkennen und Behandeln. München 2000

Tope WD, Shellock FG: Magnetic resonance imaging and permanent cosmetics (tattoos): Survey of complications and adverse events. Journal of Magnetic Resonance Imaging 2002;15:180-184

Trichopoulos D, Adami HO: Cellular Telephones and Brain Tumors. New England Journal of Medicine 2001;344:133-134

Troiano RP, Frongillo EA, Sobol J, Levitsky DA: The relationship between body weight and mortality: a quantitative analysis of combined information from existing studies. International Journal of Obesity and Related Metabolic Disorders 1996;20:63-75

U

Ulmann A, Silvestre L: RU 486: the French experience. Human Reproduction 1994; (Suppl. 1):126-130

V

Valmadrid CT, Klein R, Moss SE, et al: Alcohol intake and the risk of coronary heart disease mortality in persons with older-onset diabetes mellitus. Journal of the American Medical Association 1999; 282:239-246

Vennemann B, DuChesne A, Brinkmann B: Die Praxis der ärztlichen Leichenschau. Deutsche Medizinische Wochenschrift 2001;126: 712-716

Victora CG; Barros FC, Lima RC: Anthropometry and body composition of 18 year old men according to duration of breastfeeding. British Medical Journal 2003;327:901-904

W

Wagemaker H, Rogers JL, Cade R: Schizophrenia, hemodialysis, and the placebo effect. Results and issues. Archives of General Psychiatry 1984;41:805-810

Wahrendorf J, Michaelis J, Blettner M: Mobilfunk und Gesundheit: Noch keine gesicherten epidemiologischen Studien verfügbar. Deutsches Ärzteblatt 2000;97:C662-665

Westhorpe R: William Morton and the first successful demonstration of anaesthesia. Anaesthesia and Intensive Care 1996;24:529

Wetterneck TB, et al: Worklife and satisfaction of general internists. Archives of Internal Medicine 2002;162:649-656

Weverling-Rijnsburger AW, Blauw GJ, Lagaay AM, et al: Total cholesterol and risk of mortality in the oldest old. Lancet 1997;350: 1119-1123

Weymayr C, Koch K: Mythos Krebsvorsorge. Frankfurt 2003

White HD: Lifting the smoke-screen: the enigma of better outcome in smokers after myocardial infarction. American Journal of Cardiology 1995;75:278-279

Whelton PK, Appel LJ, Espeland MA, et al: Sodium reduction and weight loss in the treatment of hypertension in older people. Journal of the American Medical Association 1998;279:839-846

Wolbank S, Prause G, Smolle-Juettner F, et al: The influence of lunar phenomena on the incidence of emergency cases. Resuscitation 2003;58:97-102

Wright KP, Czeisler CA: Absence of circadian phase resetting in response to bright light behind the knees. Science 2002;297:571

Writing Group for the Women's Health Initiative Investigators: Risks and Benefits of Estrogen plus Progestin in Healthy Postmenopausal Women. Journal of the American Medical Association 2002;288:321-333

Wunder E, Schardtmüller M: Moduliert der Mond die perioperative Blutungsgefahr und andere Komplikationsrisiken im Umfeld von chirurgischen Eingriffen? Zeitschrift für Anomalistik 2002;2:91-108

Y

Yanovski JA, Yanovski SZ, Sovik KN, et al: A prospective study of holiday weight gain. New England Journal of Medicine 2000;342: 861-867

Z

Zhu BQ, Heeschen C, Sievers RE, et al: Second hand smoke stimulates tumor angiogenesis and growth. Cancer Cell 2003;4:191-196
Ziska LH, Gebhard DE, Frenz DA, et al: Cities as harbingers of climate change: common ragweed, urbanization, and public health. Journal of Allergy and Clinical Immunology 2003;111:290-295

Sach- und Personenregister

Jürgen Brater

Lexikon der rätselhaften Körpervorgänge

Von Alkoholrausch bis Zähneknirschen. 464 Seiten. Serie Piper

Fördert ein Schnaps nach einem opulenten Essen die Verdauung? Warum ist Gähnen ansteckend? Wie entstehen dunkle Ringe unter den Augen? Und spricht ein Bauchredner wirklich mit dem Bauch? Der Mediziner Jürgen Brater liefert unterhaltsame, lehrreiche und überraschende Erklärungen für fast 700 alltägliche Rätsel unseres Körpers – von A wie Anspannung über M wie Muskelkater bis Z wie Zähneklappern.

»Obwohl das Buch lexikonartig aufgebaut ist, ist man immer wieder versucht, es wie einen Roman zu lesen, da oft die Antwort auf die folgende Frage mindestens so interessant ist wie die gerade gelesene.«
Der Allgemeinarzt

05/1557/02/L

Katja Doubek

Lexikon merkwürdiger Todesarten

Seltsame Spielarten und Formen des Exitus von Amoklauf bis Zyankali. 334 Seiten. Serie Piper

Was passiert, wenn man mit einem Revolver telefoniert? Ist Golfspielen wirklich lebensgefährlich? Mit welchen Mordwerkzeugen operierte die Inquisition? In diesem eigenwilligen Lexikon erfährt der Leser Verblüffendes über denkbar bizarre Todesarten. Katja Doubek erzählt von Schiffsunglücken, Schierlingsbechern, Schlaftabletten und Amokläufern, vom Tod durch Elefantentritte, Meuchelmörder und Zeppelinabstürze. Ein skurriles, schauerliches, bisweilen aber auch sehr amüsantes Panoptikum.

»Ein Buch, vor dem Einschlafen zu lesen, das zeigt, zu welch makabren Scherzen der Tod oft aufgelegt ist und wie komisch und brutal er zuschlägt – Trost durch Trostlosigkeit.«
Hellmuth Karasek, Der Tagesspiegel

05/1148/01/R

SERIE PIPER

Udo Pollmer, Susanne Warmuth

Lexikon der populären Ernährungsirrtümer

Mißverständnisse, Fehlinterpretationen und Halbwahrheiten von Alkohol bis Zucker. 368 Seiten. Serie Piper

Margarine ist gesünder als Butter, Müsli ist nahrhafter als Weißbrot, Tiefkühllebensmittel enthalten mehr Nährstoffe als Dosenware – die Liste von gängigen Ernährungsirrtümern ließe sich beliebig fortsetzten. Der Lebensmittelchemiker Udo Pollmer und die Biologin Susanne Warmuth haben liebgewonnene Ernährungsgewohnheiten und Halbwahrheiten von A wie Alkohol bis Z wie Zucker kritisch unter die Lupe genommen. Ihr informatives Lexikon ist ein Plädoyer für einen gelasseneren Umgang mit unserem Essen und für mehr Vertrauen in unseren Körper und seine Bedürfnisse.

»Pollmer und Warmuth stellen fast alles auf den Kopf, was wir über die Wirkungen des Essens zu wissen glaubten.«
Focus

05/1828/01/L

Rolf Degen

Lexikon der Psycho-Irrtümer

Warum der Mensch sich nicht therapieren, erziehen und beeinflussen lässt. 376 Seiten. Serie Piper

Dachten auch Sie, daß Psychotherapie seelische Störungen und Neurosen heilt? Daß die Persönlichkeit des Menschen durch Erziehung bestimmt wird und Kreativität sich durch geeignete Techniken erheblich steigern lässt? Alles falsch, sagt Rolf Degen und fegt die schillernden Mythen der Seele vom Tisch. Er brandmarkt vor allem die psychologischen Irrtümer, die sich besonders heimtükkisch in unserer Selbstwahrnehmung eingenistet haben, und zeigt, dass sie vor allem einem dienen – dem kollektiven Selbstbetrug. Seine provokante Erkenntnis: Unsere Erwartungen an die Formbarkeit des Menschen lassen sich empirisch in keiner Weise untermauern. Auch hundert Jahre nach Sigmund Freud ist der Schlüssel zur Seele noch nicht entdeckt und wird vielleicht auch nie gefunden werden. Sein Fazit: Der Mensch ist nicht zu ändern. Er ist, wie er ist.

05/1156/01/R

Klaus Waller

Lexikon der klassischen Irrtümer

Wo Einstein, die katholische Kirche und andere total danebenlagen.
293 Seiten. Serie Piper

Daß die Erde keine Scheibe ist und die »Titanic« keinesfalls unsinkbar war, daß Adlige kein blaues Blut und Männer ebensoviele Rippen haben wie Frauen – all das sind, wie wir jetzt wissen, Irrtümer und Fehleinschätzungen. Allerdings sind bis heute nicht einmal Fachleute davor gefeit, ziemlich falsche Dinge zu behaupten. So versicherte beispielsweise ein Computerfachmann im Jahr 1977: »Es gibt überhaupt keinen Grund, warum irgend jemand einen Computer bei sich zu Hause haben will.« Und ein Plattenproduzent lehnte das Angebot, Schallplatten mit den Beatles zu machen, seinerzeit mit der denkwürdigen Begründung ab, daß Gitarrengruppen ohnehin nicht gefragt seien ... Klaus Waller hat in seinem unterhaltsamen Lexikon berühmte Irrtümer der Menschheitsgeschichte zusammengetragen.

05/1151/01/L

Walter Krämer, Götz Trenkler

Lexikon der populären Irrtümer

500 kapitale Mißverständnisse, Vorurteile und Denkfehler von Abendrot bis Zeppelin.
411 Seiten. Serie Piper

Vorurteile und Irrtümer bestimmen unseren Blick auf die Welt im großen und ganzen, aber auch im kleinen und im besonderen. Die Autoren, renommierte Professoren, zeigen wissenschaftlich belegt und statistisch untermauert, von wie vielen und von welchen Irrtümern wir umgeben sind und wie es sich daneben mit der Wahrheit verhält.
Daß Spinat nicht gesünder ist als sonstige Gemüsesorten, Hamburg mehr Brücken als Venedig hat und Nero nicht grausamer war als andere römische Despoten, hat sich allenthalben herumgesprochen, doch immer noch kursieren Hunderte von weiteren Irrtümern und Mißverständnissen im sogenannten Allgemeinwissen.

05/1150/01/R

SERIE PIPER

Das darf doch wohl nicht wahr sein!

Werner Bartens
Das neue Lexikon der Medizin-Irrtümer
Noch mehr Kunstfehler, Halbwahrheiten, Vorurteile
324 Seiten · gebunden/Schutzumschlag
€ 19,90 (D) · sFr 34,90 · € 20,50 (A)
ISBN 3-8218-5635-1

Deckt der jährliche Gesundheitscheck verborgene Krankheiten auf? Entzieht Kaffee dem Körper Wasser? Verursachen Haarfärbemittel Krebs? Lebt länger, wer weniger ißt? Sind schwere Nebenwirkungen selten? Soll man bei Grippe viel trinken?

In kaum einem Bereich existieren so viele verblüffende, erschreckende und unglaubliche Halbwahrheiten wie in der Medizin. Werner Bartens hat die populärsten Irrtümer gesammelt, denn nirgends ist die Fortschrittsgläubigkeit so groß und der Wissensstand so flüchtig. Ein Trost und ein Vergnügen für Patienten und ihre Ärzte.